행복을 부르는 쉬운 연금투자

행복을 부르는 쉬운 연금투자

초판발행일 | 2023년 7월 7일

지은이 | 이영철
펴낸곳 | 도서출판 황금알
펴낸이 | 金永馥

주간 | 김영탁
편집실장 | 조경숙
인쇄제작 | 칼라박스
주소 | 03088 서울시 종로구 이화장2길 29-3, 104호(동숭동)
전화 | 02) 2275-9171
팩스 | 02) 2275-9172
이메일 | tibet21@hanmail.net
홈페이지 | http://goldegg21.com
출판등록 | 2003년 03월 26일 (제300-2003-230호)

값은 뒤표지에 있습니다.

ISBN 979-11-6815-051-5-93320

연금 대해부 그리고 마음 편한 안전마진투자

행복을 부르는
쉬운 연금투자

이영철 지음

황금알

머리말

마음이 무너져 내리고 우울한 감정이 들 때면 프랑스 철학자 미셸드 몽테뉴의 한마디를 되뇐다. '가장 현명한 지혜는 늘 긍정적인 자세를 잃지 않는 것.'

세월 앞에 장사 없고 나이는 단지 숫자일 뿐이라고 들어왔지만, 요즘에 와서야 몸과 마음으로 실감한다. 그토록 더디게 가던 청년의 시간이었는데, 이제는 가속도가 붙어 질주하고 있는 듯하다. 한 우물에서 30년간 우물쭈물하는 사이 진짜 퇴장할 시간이 다가왔다. 이제는 철저한 개별자로 현실의 퇴직과 노후 그리고 마지막 죽음까지 깊숙이 들여다보고 있다.

한편, 지구별 여행에 비록 내 의지로 찾아온 건 아니지만, 그래도 이만하면 괜찮은 인생이었다고 생각한다. 아프리카 오지에 태어나지 않은 것이 감사하고, 초가삼간 초근목피로 연명하던 어려운 시절 태어나지 않은 것도 감사하고, 가진 재주 부족했지만, 한 분야에서 오래 근무할 수 있었던 것도 감사하다.

그러나 누구도 피할 수 없는 생로병사의 숙명은 나 또한 져야 하는 몫이다. 내 인생인데 내 뜻대로 살지 못하고, 미지의 보이지 않는 손이 이끌어 가는 것만 같다. 아직도 철들기는 멀었나 보다. 살아볼수록 미로를 걷는 듯 난해한 수수께끼투성이니 말이다. 나이가 들면 격정은 가라앉고 평화로운 성정으로 변화될 줄 알았는데, 마음의 동요는 여전하다. '너도 나이 먹어 봐'라 하던 어머니의 넋두리가 이제 이 나이가 되어 경험하고 겪어보니 알 것 같다. '실험을 통해 경험을 얻을 수는 없다. 만들 수도 없다. 반드시 겪어야 한다.'라는 알베르 카뮈의 말도 인생의 여정을 겪어보고서 이런 명언을 남겼을 것이다.

그러니 말귀 못 알아듣는 아이에게 잔소리할 일이 아니다. 경험되지 않은 세계를 백날 이야기 해봐야 헛수고다. 마찬가지로 실감 나지 않는 청춘에게 노후연금을 이야기해야 입만 아플 뿐이다. 당장 먹고살 것도 없는데 무슨 연금 타령이냐고 소귀에 경 읽기이다.

짧지 않은 기간을 투자업계에 머물며 건강한 투자와 노후연금의 전도사로 영혼을 불살랐다. 때로는 세상의 관찰자로, 때로는 현장경험자로 냉혹한 투자 생태계에서 파란만장한 세월을 보냈다. 무엇보다 2005년 우리나라 퇴직연금제도 도입부터 실무 원년 멤버로 참여하여, 줄곧 16년을 연금전문가로 현장에서 살아왔다. 물론 여전히 투자와 연금을 이야기하기에는 많이 부족하다. 이제 퇴직을 앞둔 은퇴준비자가 되어서 그동안 고뇌해 왔던 투자와 연금에 대한 소회를 정리해 보고자 한다. 돌아보면 허울만 가득하고 관전평만 잘했던 헛똑똑이 아니었나 싶기도 하다.

변화무쌍한 금융환경에서 자신을 지키며 지금까지 존속하는 데는 나름의 상식과 원칙을 중시하는 소신이 있었다. 사람을 만나고 투자를 이야기하고 싦을 논할 때 진심을 중심에 두었다. 돈이 오가는 냉혹한 시장에서 어떻게 하면 낙오자와 실패자로 전락하지 않도록 할 것인가 고민하였다. 그렇지만 나름의 건강한 투자상식과 원칙들은 시장에서 무용지물이 될 때가 많았다. 어떻게 하면 투자자들이 허망하게 자산을 잃지 않고 현명하게 투자하도록 할까? 특히 최후 보루인 퇴직연금자산 투자를 손해나지 않고 편안하게 관리할 수 있을까? 투자로 손실을 경험하고 퇴직연금에 손실이 발생할 때 속이 상하던 심정을 누구보다 잘 알고 있다. 그러므로 어리석은 실수를 줄일 방법에 대하여 끊임없이 고민하였다.

결국, 투자의 환상을 버리고 상식과 원칙에 기반하여 정직하게 꼬박꼬박 적립하는 것이 최선이라는 결론을 얻었다. 요동치는 시장을 예측하며 단기매매하는 것은 일반 투자자들에게 투자필패의 길이다. 긴 안목으로 시장 사이클에 구애받지 않고 꾸준하게 지수형 상품에 적립투자하는 게 현명한 투자법이다. 이러한 투자법과 원리를 설명해도 눈앞의 수익률에 관심이 커서 쉽사리 정석투자를 하지 못하고 있다. 여전히 투자대박의 환상을 꿈꾸며 무리한 단기투자를 습관적으로 반복하는 투자자들이 많이 있다. 심지어 퇴직연금조차 ETF를 이용해 단기매매하는 가입자들이 있다. 건강한 투자문화 조성과 건강한 투자습관 확산을 위한 인식의 전환과 행동 변화가 시급하다.

누구나 경제적 자유를 꿈꾼다. 넉넉한 부자로 남부럽지 않게 여유로운 삶을 살고 싶은 꿈에 투자 활동을 한다. 그런데 투자가 생각대로 쉽지가 않다. 주식투자로 개인투자자의 95%가 손실을 보고 있다는 자료도 있다. 개중에 투자고수나 시장에서 가끔 스타들이 탄생하기도 하지만, 대개의 투자자들이 실제 크고 작은 투자손실을 보는 게 현실이다.

일반 투자자들이 투자에 실패하는 근본적인 이유가 뭘까? 어차피 손해를 보게 되는 구조적 문제일까? 아니면 다른 문제가 있는 걸까? 모든 문제의 발견은 외부요인보다 항상 자기로부터 찾는 게 올바른 순서이다. 한 발 떨어져 관찰자로 시장참가자들을 바라보면 문제는 쉽게 발견된다. 투자상식을 무시하고 잘못된 투자습관으로 시장과 맞서고 있다. 금융시장에 대한 무지, 무개념, 무모함이 그 원인이다. 냉혹한 투자시장을 몰라도 너무 모르고, 알아도 너무 겁 없이 달려든다.

　의사에게 의사 면허증을 발급하고 운전자에게 운전면허증을 발급하듯, 투자 시에도 일정한 자격요건을 부여하는 것이 어떨까 하는 생각을 하게 된다. 어떤 업무를 담당할 때, 먼저 업무 매뉴얼을 숙지하고 어떤 제품을 사용하기 전 사용설명서를 꼼꼼히 살펴본 후 이용하듯, 투자에 임하기 전에 투자대상에 대한 이해, 작동원리, 매매기술 등을 제대로 익히고, 참여하는 것이 기본 상식일 것이다. 누구나 자기 분야에서는 최고의 전문가일지 모르겠지만, 투자에서도 그냥 전문가가 되는 것은 아니다. 자기 분야의 전문가는 하루아침에 그냥 적당히 노력하여 얻는 게 아닐 터이다. 투자대상이 무엇이 되든 주식, 채권, 부동산 심지어 코인이라도 땀 흘려 모은 재산을 투자하는 일에, 즉흥적으로 또는 자기 느낌으로 한다는 것은 비상식적인 행동이다. 세상에 눈먼 돈이나 공짜가 없다는 것, 돈 버는 일이 그렇게 호락호락하지 않다는 것은 누구나 알고 있다. 건강한 투자는 투자상식과 올바른 투자습관을 갖는 것에서 시작한다. 건강한 투자습관이 인생을 자유롭게 할 것이다. 특히 중고령자가 무모한 투자로 인해 투자실패를 겪으면 은퇴하고도 죽는 날까지 일을 해야 할지 모른다.

　그렇다면 상식과 원칙에 기반한 건강한 투자란 무엇일까? 눈앞의 이익을 좇아 시장을 예측하여 단기매매하는 것은 건강한 투자도 투자성공도 기대할 수 없는 소모적인 일이다. 단기매매는 절대 금물이다. 시장을 이기려는 생각을 버리고 시간의 여유를 갖고 일정 기간 꾸준히 쌓아 가는 적립투자이어야 한다. 물론 일등주식(초우량주식)을 투자대상으로 삼을 수 있으나, 가급적 주가지수(지수형)상품에 여유자금을 쌓아가는 것이다. 투자에 실패하는 이유가 다름 아닌 조급증이고 매매 타이밍을 예측하는 착각증후군 때문이다. 시장의 족집게나 미다스 손은 없다. 투자성공은 흔들리지 않는 평정심과 상식을 믿고 기다릴 수 있어야 한다. 눈앞에 보이는 현상에 흔들려 요동치는 시장에 장단을 맞추는 것은 삼류 투자자들의 공통점이다.

만약 철없는 자식이 무턱대고 주식과 코인 투자를 하겠다고 선언한다면, 보유자산이 얼마 안 되어 대출을 받아 한번 제대로 투자해 보겠다고 덤빈다면, 부모로서 어떤 생각이 들까? 요즘 유행인 곱버스 투자로 2배, 3배 레버리지 투자를 위해 서학개미로 나서서 밤낮으로 단말기에서 눈을 떼지 못하고 있다면, 용기가 가상하고 모험적인 자세가 부럽다고 칭찬할 것인가? 아니라면 당신의 투자방식과는 무슨 차이가 있을까?

주식시장 빚투 주도세력은 20~30대 못지않게 바로 50대 이상의 중장년 투자자들이다. 증권사 신용융자 건수와 금액에서 50대 이상의 빚투 비중이 압도적이라는 사실이다. 인생의 황금기를 지나 제2의 인생으로 접어든 중고령 투자자들이 노후자금으로 아슬아슬한 곡예 투자를 하는 것이다. 편리한 스마트폰을 장난감으로 짬짬이 주식투자를 하겠다는 발상 자체가 너무 위험하다. 피 같은 퇴직금이나 힘들게 모아온 목돈을 누군가에게 기부하는 것이나 다름없기에 안타까움이 더한다.

필자는 예나 지금이나 주식투자에 올인하면 패가망신하는 것에 전적으로 동의하는 사람 중 하나이다. 정상적인 건강한 투자가 아닌 투기적 동기나 안일한 생각으로 무모한 투자를 하는 사람에게 행복은 결단코 없다. 경제적 여유나 여유로운 노년도 기대할 수 없다. 무모한 투자는 노후폭망의 지름길이다. 만약 당신에게 주식을 권유하거나 소개하는 사람이 있다면, 당신을 해롭게 하는 사람으로 멀리하는 것이 좋다. 결코, 로또식 재테크나 도깨비방망이 두드리듯 뚝딱 일확천금이 얻어지는 건 없다.

　일반 투자자로 현업에 종사하면서 투자에 자신이 없으면, 과감히 투자전문가에게 맡기거나 간접투자 방법을 찾아야 한다. 직접 나서기보다 투자전문가를 믿고 맡기는 편이 훨씬 낫다. 대표적으로 펀드투자와 상장지수펀드 ETF투자이다. 공통적으로 장기투자가 가능하며 자산배분 및 분산투자가 이루어지는 투자이다. 투자자는 투자할 펀드나 ETF 종목으로 좁혀서 투자대상을 상세히 살펴볼 수 있다. 적정한 목표수익률을 정하여 적립투자하므로 높은 수익률이 아니어도, 안정적인 수익을 기대하면서 현업에 몰두할 수 있다. 투자를 열심히 하여 수익을 높이는 것보다 자기 본업에서 능력을 인정받아 성공하는 편이, 훨씬 쉬운 방법이고 보람찬 인생이다.

　투자로 일확천금을 바라는 것이 아니라면, 이렇게 마음 편한 투자방법을 선택하는 게 현명하다. 투자자들의 우려가 있는 게 사실이지만, 펀드를 운용하는 펀드메니저는 투자전문가로 회사의 명운과 자신의 이름을 걸고 최선을 다해 투자한다. 펀드의 투자수익률로 고과평가와 연봉이 결정되고, 계약기간이 좌우되는데 사활을 걸고 투자하지 않겠는가? 투자전문가라도 예측불허의 시장 상황에서 기대수익률에 미치지 못하는 일이 있다. 때로는 인덱스형 수익률에도 미치지 못하는 경우가 생긴다. 그렇다고 본인이 직접 투자에 나서기라도 하면 정말 더 큰 손해를 볼 가능성이 크다.

펀드운용자는 나를 대신해 투자를 전담해주는 고용한 집사로 생각하여 믿고 맡겨야 한다. 설령 크게 불려주지 못할 수는 있지만, 그렇다고 대형 사고를 내는 일도 없다. 사실 투자로 자산을 불리는 것도 쉽지 않지만, 손실 없이 지키는 것도 결코 쉬운 일이 아니다.

필자가 연금의 가치를 처음 인식한 것은 40대 무렵 장인어른의 노후를 지켜보면서다. 교직에서 정년퇴직을 하시고 60대 중반부터 공무원연금에 의지하여 큰 어려움 없이 여생을 보내셨다. 가끔 해외여행도 다녀오시고 좋아하시는 사진찍기와 음악 애호가로 나름의 여유로운 삶을 충분히 누리셨다. 통장에 꼬박꼬박 들어오는 연금으로 명절이나 가족행사 때, 손주들에게 용돈도 챙겨주시고 가족들에게 맛있는 식사를 베푸는데도 아끼지 않으셨다. 그때까지 별생각 없이 불입해 오던 국민연금과 퇴직연금의 역할을 알게 된 것이다. 그 이후로 무슨 일이 있어도 의무가입인 국민연금과 퇴직연금은 은퇴할 때까지 절대 건드리지 않기로 했다.

여기에 회사가 운영하는 우리사주(ESOP)를 차곡차곡 쌓아 꼭꼭 묻어 두었다. 퇴직이 가까워져 오는 요즘 그래도 잘한 일이라면, 퇴직연금과 우리사주를 지금까지 잘 유지해 온 것이다. 그간 퇴직연금과 우리사주를 중도인출하여 다른 투자를 해볼까 하는 유혹도 있었지만, 노후연금의 최후 보루자금으로 생각하고 건들지 않았다. 설령 투자 기회로 중도인출하여 투자성공을 했더라도 퇴직연금은 사라진 것이다.

내 집 마련을 위한 중도인출이라도 가급적 퇴직연금은 건들지 말 것을 권한다. 연금은 연금으로 유지하고, 내 집 마련은 별도의 계획으로 준비하는 것이 바람직하다. 사실 노후연금 준비는 노후3층 연금제도를 충실히 따라 하는 게 가장 쉽고 좋은 방법이다.

노후 3층연금만 충실히 따라 해도 충분히 연금부자로 안정된 여생을 보낼 수 있다. 3층 연금의 핵심은 강제가입인 국민연금과 의무가입인 퇴직연금이다. 국민연금은 연금액에 매년 물가상승률이 반영되어, 평생 지급되는 필수연금이고 퇴직연금은 퇴직 시 받게 되는 목돈으로 노후연금의 근간이 되기 때문이다. 쉽게 찾을 수 없는 두 개의 강제 연금을 유지하면서, 다양한 용도의 개인연금을 추가로 적립해 간다면, 노후준비는 크게 걱정하지 않아도 된다.

어떤 사람들은 국민연금 고갈을 걱정하며 설왕설래하는데, 불필요한 걱정보다 국가를 믿고 부지런히 쌓아가는 것이 현명하다. 물론 연금개혁의 시대적 과제가 필연적으로 진행될 수밖에 없겠지만, 그러함에도 국가를 믿고 우선은 중단없이 쌓아가는 것이 중요하다.

미국 직장인들이 연금으로 넉넉한 노후를 즐길 수 있는 비결은, 매월 월급통장에서 퇴직연금과 개인연금에 자동이체로 빠져나가 장기적립이 되었기 때문이다. 사회생활을 시작하여 급여를 받기 시작하면, 자연스럽게 연금관리계좌에 불입금이 먼저 자동이체 되고, 남은 돈으로 생활비를 쓰게 된다. 노후준비를 제도적 시스템으로 관리하는 현명한 방법이다. 최소한 국민연금과 퇴직연금은 절대 손대지 말고 최후의 보루로 유지해 가야 한다. 아예 처음부터 없던 것으로 생각하고 잊어버리는 것이 마음 편하다.

직장인들에게 퇴직연금은 퇴식할 때 만겨볼 수 있는 유일한 목돈이자 종잣돈이다. 우리나라에도 퇴직연금제도가 도입되면서, 기존 퇴직금제도와 유사한 확정급여형과 유형이 다른 확정기여형을 선택할 수 있게 되었다. 확정급여형에 가입된 근로자에게는 크게 변화가 없지만, 확정기여형에 가입된 근로자는 기존과 다른 운용관리 절차에 주의와 신중함이 필요하다.

현장 실무자로 오랜 기간 경험하면서 확정기여형 가입자들의 애로와 어려움을 수없이 접할 수 있었다. 알다시피 확정기여형은 근로자가 각자 자기의 퇴직금을 투자하여 퇴직 시 받아가는 방식이다. 금융기관과 함께 다양한 금융상품에 투자하며, 본인의 책임으로 관리하면서 직장 업무를 수행해 가야 한다. 앞서서 이야기했듯이 투자가 생각같이 쉬운 일이 아니어서 자칫 잘못하면, 불리기는커녕 원금도 지키지 못하는 경우도 많이 있다. 특히 금융과 투자에 문외한인 근로자들이 본인의 퇴직금을 직접 투자해야 하는 일은 큰 부담이 될 수밖에 없다. 같은 해에 입사한 동기라도 투자방식과 투자결과에 따라 퇴직금액이 크게 차이가 날 수 있는 것이다.

어떻게 하면 퇴직연금을 손실 없이 효과적으로 운용할 수 있을까? 필자는 경험자로서 가입자들에게 매번 당부한다. 퇴직연금 투자는 가급적 보수적 관점에서 신중하게 해야 한다. 철저히 장기적립투자 방법으로 자산군을 나누어 마음 편한 투자를 해야 한다. 투자에 정답은 없지만, 예측이 어려운 장기투자는 반드시 안전자산과 실적배당상품으로 나누어 전략적으로 투자하는 것이 바람직하다. 안전자산으로 확정수익을 고정한 후 국내외 인덱스펀드에 나누어 적립투자하는 것이다. 누구나 쉽게 따라 할 수 있는 뛰어난 적립투자로 국내 KOSPI200 인덱스펀드와 미국S&P500지수 추종 인덱스펀드에 나누어 투자하는 것도 방법이다. 물론 투자에 대한 기본 개념과 이해가 있는 가입자이어야 한다. 만약 투자상품에 낯설고 투자경험이 없어 불안한 마음이 들면, 원리금보장상품 위주로 투자해야 된다. 아무리 효율적 투자방법이라도 자신이 잘 모르는 분야에 무턱대고 투자하는 것은 좋은 방법이 아니다. 투자에 대한 책임은 오로지 자신의 몫으로 자신이 주체가 되어야 한다. 더구나 퇴직연금은 본인의 노후 최후 보루자금이므로 신중하게 관리해야 한다.

필자의 DC형계좌는 보수적인 투자성향이 반영되어 고금리저축은행 예금을 60% 고정해 재투자하고, 나머지 40%를 실적배당상품 2개로 나누어 꾸준히 적립투자 하고 있다. 기대수익 5% 수준으로 확정금리상품에서 3% 이상 확보하고 적립투자하는 인컴형펀드(TIF)와 인덱스펀드에서 10%를 기대하고 있다. 여기에 추가적립하는 일정금액은 상장지수펀드(ETF)를 매수하여 꾸준히 쌓아가고 있다. 퇴직연금 투자로 머리 아프게 신경 쓰며 에너지를 낭비하고 싶지 않기 때문이다. 정석투자는 매매 횟수가 아니고 인덱스상품을 지속적으로 쌓아가는 것이라는 원리를 그대로 실천하는 것이다. 사실 신도 모르는 주가를 예측하여 단기매매하는 행위 자체가 어리석은 일이다.

행복한 삶은 경제적 여유만으로 충족되지 않는다. 얼마 전 가까운 지인의 환골탈태 한 모습에 깜짝 놀란 적이 있다. 만 35년 경찰공무원으로 봉직한 후 정년을 맞아 새로운 인생을 꿈꾸며 버켓리스트를 정하였다. 60대 중반 꽃중년의 버켓리스트 1번은 시니어 모델로 워킹룸을 걸어보는 것이었다. 강한 의지로 일 년 남짓 몸을 단련하며 피나는 워킹 훈련을 통해 완전히 변화된 모습으로 다시 태어난 것이다. 정말 일 년 만에 만들어진 몸이라고는 믿어지지 않는 완벽한 아이돌 몸매였다. 멋지게 차려입고 나타난 60대 꽃중년에 모두가 환호성을 질렀다. 저 나이에도 열정과 노력이 뒷받침되면 얼마든지 원하는 변화를 이룰 수 있음을 확인하는 자리였다. 나이는 단지 숫자일 뿐이라는 말이 꼭 맞았다. 지금도 아이돌 꽃중년은 어디를 가나 인기 만점의 상종가를 올리고 있다. 같은 나이 다른 느낌이랄까?

인간에게 생로병사는 필연적 운명이다. 그러나 자기관리 노력 여하에 따라 누리는 삶의 모양은 달라진다. 건강한 체력 유지로 건강수명을 이어가는 사람이 있는가 하면, 골골체력으로 살아도 사는 것이 아닌 고단한 운명도 있다. 건강체력은 자기 몸에 맞는 운동을 선택하여 꾸준히 관리해 가야 한다. 따라서 규칙적이고 적절한 운동은 하루의 일과가 되어야 한다. 작심삼일이라도 반복되면 좋은 습관이 된다. 꾸준한 운동만이 노화가 진행되고 있는 신체에 활력과 살아가는 의미를 불어 넣어 줄 것이다.

그러함에도 살아가다 보면 변화무쌍한 수많은 일들이 수시로 찾아온다. 아무리 자기관리를 잘하고 건강관리에 신경을 써도, 뜻밖의 질병이나 사고로 가족을 잃기도 하고 그로 인해 경제적 능력을 상실할 때도 생긴다. 이같이 예측할 수 없는 장래의 위험에 대비해 준비해야 하는 것이 연금과 더불어 보험이다. 재무설계에서 가장 먼저 점검해야 하는 것이 적정한 보험설계이다. 왜냐하면 장래 위험에 대한 아무런 대책이 없는 재무설계는 반쪽짜리거나 무용한 일이 될 수 있기 때문이다. 아무리 노후준비로 노후연금이 잘 준비되어도 적절한 보험설계가 되어있지 않으면, 불의의 사고에 모든 것이 허사가 되어 버린다. 대부분 보험은 당장에 효용이 발생하지 않기 때문에 손해 본다는 느낌이 들 수 있다. 그러나 세상일은 아무도 모르는 것이고, 보험은 나이 60이 넘어가면 그때부터 효자가 된다. 공공의료체계가 양호한 우리나라이지만, 여전히 무방비의 의료비 부담으로 노후가 휘청이고 의료비가 없어 수명이 단축된다. 보험은 통제할 수 없는 미래의 위험에 대비하는 가장 유용한 수단이다.

이 책은 대신증권에 근무하면서, 연금과 투자에 관한 현장의 실제와 에피소드 그리고 퇴직의 당사자로 겪었던 여정을 종횡무진으로 엮으면서, 연금과 투자에 관한 고민과 경험을 공유하며 투자자들에게 더 많은 보탬이 되길 바라는 마음에서 집필하였다.

2023년 초여름 명동에서
이영철

차 례

제2부 100% 이기는 투자

제1부

연금부자 꿈꿔라

제1장 우리나라 연금제도 체계

우리나라의 연금제도는 크게 공적연금과 사적연금이 있다. 공적연금에는 국가주도의 전 국민을 대상으로 하는 기초연금과 국민연금 그리고 특수직역의 직역연금이 있다. 특수직역이란 이른바 공무원연금, 군인연금, 사학연금을 말한다.

사적연금에는 직장인들이 자동가입 되는 퇴직연금과 개인이 추가 노후자금으로 준비하는 개인연금이 대표적이다. 이 밖에도 연금화할 수 있는 방법은 여러 가지가 있다.

보통 국민연금, 퇴직연금, 개인연금 3종 연금세트를 노후준비 3층 연금체계라 부른다. 각각의 제도와 상품은 가입대상이나 개인 상황에 맞추어 적절하게 상호보완적 수단으로 활용할 수 있다.

연금의 가치는 퇴직 등으로 수익이 단절되는 시기에 고정수입을 발생시켜 경제적, 정서적으로 안정적인 일상 유지에 버팀목 역할을 한다. 연금의 효용과 중요성은 당사자가 아니면 쉽게 실감하지 못하겠지만, 필연적인 미래의 현실을 생각하여 제도에 충실히 따라 하는 것이 현명하다. 누구에게 손 벌리지 않고 사는 노후가 우리의 목표가 되어야 한다. 그러기 위해서는 우리나라 연금체계를 제대로 이해하고 자신에게 적합한 노후준비 프로그램으로 만들어 가야 한다. 주먹구구식으로 띄엄 띄엄 관리해 가는 것은 장기 유지가 어렵고 체계적 관리가 되지 못해 시행착오만 반복하게 된다. 제대로 알고 준비하면 아는 만큼 큰 도움이 될 수 있다.

우리나라 노후연금체계

구 분		근로소득자	자영업/전문직	공무원 /군인 /교직원
공적연금	0층 (공적부조)	기초연금 (65세 이상 소득하위 약 70%)		직역연금
	1층	국민연금		
사적연금	3층 체계 2층	퇴직연금	노란우산공제 개인형IRP	
	3층	개인연금, 즉시연금		
	4층	주택연금/농지연금/산지연금		

대부분의 직장인들이 주된 경제활동에서 퇴직하는 시기가 53세 무렵이고 퇴직 후 약 30~40년의 인생후반기를 보내야 한다. 결코 짧지 않은 반세기 가까이를 살아가야 한다. 단순히 다른 사람의 먼 훗날 그저 그러한 일로 생각하는 것은 매우 위험하다. 준비되지 않고 소득이 단절되는 노후의 긴 기간을 보내기에 너무 무책임한 일이다. 고단한 노후의 모습은 자녀들에게도 큰 부담으로 작용한다. 그동안 큰 문제 없이 살아온 인생이라도 본의 아니게 민폐가 되는 신세로 전락할 수 있다. 그러므로 제도와 시스템에 의한 강제적인 방법일지라도 체계적인 노후준비 프로그램을 따라 충실하게 준비해야 한다. 하루살이 인생이 아닌 이상 내일을 위해 준비하는 행위는 생존본능의 일환이다.

노후연금의 가장 기본은 노후3층 연금체계를 따라 하는 것이다. 노후

3층 연금은 국민연금, 퇴직연금, 개인연금 3종 연금이 근간이다. 우선 급여생활자로 국민연금이나 직역연금 가입대상이면 중단없이 꾸준히 쌓아가는 것이 시작이다. 사기업 직장인으로 퇴직연금 가입대상자라면 중도인출 없이 퇴직시까지 유지해 가는 것이다. 최소한 강제성이 있는 국민연금과 퇴직연금 2종 연금은 반드시 유지해야 한다. 형편이 된다면 개인연금을 추가하여 연금재원을 준비해 가면 노후준비는 문제가 될 게 없다.

2022년 기준 우리나라 노인인구는 약 910만 명, 2025년 무렵이면 65세 이상의 고령인구가 전체 인구의 20%를 차지하는 초고령사회에 진입하게 된다. 우리나라 인구 5명 중 1명이 고령자가 되는 셈이다. 이미 우리나라는 노인빈곤율과 노인자살률에서 압도적인 세계 1위 국가이다. 노인빈곤율은 경제협력개발기구(OECD)회원국 가운데 최하위 수준으로 무려 49.6%에 달한다. 빈곤상태의 분류기준이 중위소득 50% 이하를 말하는데 심각한 문제가 아닐 수 없다. 고령자의 50%가 삼시세끼를 걱정하고 골골대며 고단한 노년을 보내고 있다. 지금의 추세를 감안하여 적절한 노후소득보장 대책이 마련되지 않는다면 앞으로 맞이할 은퇴자들의 노후는 더욱 고단한 현실이 될 수밖에 없다. 인류의 소망이었던 장수가 현실이 된 지금 축복일지 재앙일지는 철저히 각자의 준비 몫이 될 것이다. 설마 굶기야 하겠냐는 안일함이 진짜 한 끼 해결도 어려운 현실이 될 수 있음을 명심해야 한다. 한 끼 배식줄에 내가 서지 말란 법 없고, 그분들이라 해서 그 자리에 자기가 있을 거라 생각이나 했겠는가?

노후자금으로 어느 정도이면 안정적일까? 평범한 일상을 유지해 가는데 적정한 연금수준은 어느 정도여야 할까?

각자의 노후상황이나 기대수준에 따라, 그리고 보유하고 있는 자산의 형태에 따라 준비하는 방법도 다양할 것이다. 정답이라 할 것은 없고 본인의 상황과 기대수준에 맞추어 자신의 연금계획을 실행하는 것이 중요하다. 보유자산이야 많을수록 좋을 테고 가급적 현업에 오래 머무는 것이 최선이다. 그리고 노후자금으로 연금을 권장하는 것은 더 계획적이고 안정적인 일상 유지에 가장 편안한 방법이기 때문이다. 우리는 이미 목돈을 헐어 쓰는 방법보다 평준화된 고정수입에 의해 생활하는 것에 익숙해 있다. 국제기구가 권고하는 노후 적정연금액은 현재의 소득대체율 70~80% 수준이다. 분석기관에 따라 편차가 있지만, 부부가 표준적인 수준으로 살아가는데 월 300만 원대, 좀 더 여유롭게는 월 500만 원 수준으로 추산하고 있다. 최소한 삼시세끼 해결과 기본생활비 지출에도 월 200만 원 이상이 필요하다. 본인의 소득수준과 지출규모 등을 고려하여 현실적인 대안을 마련해 가야 한다. 사실 은퇴 이후에도 당장에 기본생활비가 줄어들지는 않는다. 은퇴 이후의 자금계획을 확실히 가지고 있어야 당황하지 않고 일상을 유지해 갈 수 있다.

노후 필요 최소생활비 및 적정생활비

구 분		필요최소노후생활비(천 원)		필요적정노후생활비(천 원)	
		부부기준	개인기준	부부기준	개인기준
성별	남	2,046	1,279	2,848	1,820
	여	1,945	1,217	2,714	1,740
연령대	50대미만	2,224	1,418	3,328	2,084
	50대	2,193	1,391	3,068	1,983
	60대	2,071	1,290	2,888	1,838
	70대	1,819	1,134	2,513	1,617
	80대이상	1,623	999	2,268	1,440

* 출처 : 국민연금연구원, 2021년 중고령자의 경제생활 및 노후준비 실태

노후준비에 절박감을 느끼게 되는 시기가 퇴직을 얼마간 앞둔 50세 전후이다. 드디어 퇴직이 다가오고 현직에서의 은퇴를 실감하게 되면서 비로소 발등에 불똥이 떨어졌다는 것을 느끼게 된다. 본인이 당사자가 되어 절박감이 들기 전까지는 자신의 일로 받아들여지지 않고 그래서 잘 움직이지 않는다. 다행히 그때부터 정신을 차리고 구체적인 실행계획대로 준비해 가면 해법이 마련될 수 있다. 스스로 노후준비 상황에 대해 살펴보고 우선순위와 가장 효율적인 수단을 찾는 것이 급선무이다. 만일 은퇴까지 기간이 많이 남아있지 않다면 새로운 상품 가입보다는 기존에 가입한 연금상품을 최대한 활용하는 것이 유리하다. 연금관련 상품들은 신규보다 기존상품을 유지하는 것이 세제혜택이나 비용 측면에서 유리하기 때문이다. 특히 자영업자라면 스스로 알아서 노후연금을 준비해야 해서 특별히 신경을 써야 한다. 본인이 국민연금이나 개인연금저축계좌((IRP, 개인연금, 연금보험) 등에 가입하여 스스로 챙겨가지 않으면 노후준비가 취약해질 수 있다. 행여 이미 늦었다고 자포자기하거나 포기하지 말고 그 시점에서 시작하면 된다. 인생은 끝나는 순간까지 끝난 것이 아니기 때문이다. 노후준비도 일단 시작하면 길이 보이고 방법이 생긴다.

　　토머스 에디슨의 말이다. "시도했던 모든 것이 물거품이 되더라도 나는 용기를 잃지 않았다. 나는 실패를 한걸음 전진을 위한 발판이라고 생각했기 때문이다."

제2장 공적연금제도

1. 기초연금

국가가 저소득층에 지급해오던 기초노령연금을 보편적 복지로 전환되면서 기초연금으로 바뀌었다. 2012년 대통령선거에서 후보의 공약으로 65세 이상 전 국민 20만 원 지급 약속이 시작이었다. 그러나 과도한 복지예산 부담으로 소득하위 70%로 축소해 현재 시행되고 있다. 보편적 복지라는 취지를 살리지 못하며 대상에서 제외된 사람들의 불만이 있는 것도 사실이다. 지급액을 늘리기보다 대상자에게 모두 지급하는 방안과 저소득층 중심의 선별적 두터운 지원을 하는 방안 모두 타당성이 있다. 이는 옳고 그름의 문제라기보다는 선택의 문제, 관점의 차이로 사회적 공감대가 필요해 보인다.

기초연금은 국가가 운영하는 기초적인 0층 공적연금이다. 전체 노인 중 소득수준 하위 70%에게 소득수준을 고려하여 차등 지급되는 사회보장제도이다. 노후빈곤 사각지대의 고령자를 보호하기 위한 노령연금으로 전액 국가예산에서 지급한다.

2014년 7월 도입 당시 월 20만 원을 시작으로 매년 물가상승률에 연동해 인상 지급하고 있다. 2022년 기준, 소득하위 40%까지 30만 원 전액이 지급되고 나머지는 소득수준을 감안해 차등 지급되고 있다. 소득 상위 30% 고소득층과 공무원, 군인, 사학연금 수급자는 기초연금 대상에서 제외된다. 소득이 없어도 대형 승용차를 보유하고 있거나 자녀 명의의 고급주택에서 사는 노인들도 기초연금 지급대상에서 제외된다.

기초연금 신청은 온라인이나 오프라인 모두 가능하다. 직접방문 신청은 관할 주민센터나 국민연금관리공단 각 지사를 찾아가면 된다. 몸이 불편하여 이동이 어려우면 공단 콜센터 1355로 연락하여 찾아뵙는 서비스를 신청하면 담당자가 방문하여 신청을 받아 준다. 준비서류는 신분증, 수령할 통장사본, 그리고 금융정보제공동의서와 전월세임대차계약서이다. 온라인 신청은 '복지로' 홈페이지나 어플 '국민연금'에서 손쉽게 할 수 있다.

신청은 본인의 생일 한 달 전 1일부터 가능한데, 예를 들어 본인의 생일이 5월 20일이라면 전월 4월 1일부터 신청할 수 있다.

2. 국민연금

우리나라의 국민연금 역사는 그리 길지 않다. 국민연금은 1988년 1월 국민연금법에 따라 소득이 있을 때 일정액의 보험료를 납부하고 일정한 사유로 소득이 줄거나 없을 때 연금을 지급하여 최소한의 소득을 보장하는 사회보장제도이다. 사회보험기능을 가진 공적연금으로, 가입대상은 국내에 거주하는 만 18세 이상 60세 미만의 국민이면 의무적으로 가입해야 한다. 다만, 특수직역에 근무하는 공무원, 군인, 사립학교교원 등은 별도의 연금제도에 가입되기 때문에 가입대상에서 제외된다. 그 밖에 소득이 없는 전업주부, 27세 미만의 군인 및 학생은 의무가입 대상에서 제외가 되지만 본인이 희망하면 임의가입제도를 통해 가입할 수 있다.

국민연금 보험료는 가입자가 자격 취득 시의 기준소득월액에 보험료율(9.0%)을 곱하여 산정한다. 직장가입자의 경우 본인과 회사가 각각 절반(4.5%)씩 매월 부담하게 되며 지역가입자의 경우 가입자 본인이 전액 부담하게 된다. 국민연금 수령은 가입대상 기간에 10년 이상 보험료를 납부하여야 한다. 연금수령 나이가 기존 만60세에서 만63세 이후부터 수령하게 단계적으로 늦춰졌다. 그렇다고 보험료 납입기간이 늘어난 것은 아니며 보험료 납입은 기존과 동일하게 만 60세까지 납부한다.

출생연도에 따른 노령연금 수급개시연령

출생연도	~52년생	53~56 년생	57~60 년생	61~64 년생	65~68 년생	69년생 ~
수급개시 연령	60세	61세	62세	63세	64세	65세

국민연금의 특징은 사회보험적 성격과 함께 소득재분배 기능이 있다. 그래서 가입자 본인의 소득만이 아니라 가입자 전체의 소득 평균값이 반영되어 보험료와 연금수령액이 산정된다. 본인의 소득이 높아도 전체의 소득평균값이 반영되기 때문에 연금수령액이 상대적으로 적을 수 있고 반대로 본인의 소득이 낮아도 전체의 소득평균값이 반영되어 연금수령액이 상대적으로 높은 비율로 책정될 수 있다.

국민연금은 당연가입자와 임의가입자로 나뉜다. 당연가입자는 근로자들이 가입하는 직장가입자와 자영업자가 가입하는 지역가입자로 본인의 의사와 관계없이 강제적으로 가입된다. 반면에 임의가입자는 본인의 자발적 신청에 따라 가입하게 되는데, 임의계속가입자는 60세 이상으로 연금수령을 위한 최소가입기간 10년을 채우지 못했거나 연금수령액을 증가시킬 목적으로 65세까지 보험료를 납입하는 가입자를 말한다. 국민연금에 임의가입자와 임의계속가입자가 크게 늘고 있는 추세인데, 경력단절자들의 추후납부제도와 반환일시금 반납 등의 제도가 활용되고 있다. 국민연금 수령액이 과거소득을 현재가치로 재평가하고 여기에 물가상승률이 반영되어 지급되기 때문이다. 소득이 전혀 없는 10·20대의 임의가입도 늘고 있는데 이는 가입기간을 늘려 납입보험료를 높이면 연금수령액이 늘어나는 구조 때문이다. 2021년 기준 임의가입자수가 35만 명을 넘었는데, 최근 건강보험 피부양자 조건이 강화되면서 소강상태를 보이고 있다. 만약 임의가입자로 최소불입액 9만 원을 최소 가입기간 10년 동안 납입하면 연금수령으로 월 188,910원을 받게 된다. 마찬가지로 동일한 금액을 20년간 납입하면 월수령액은 약 373,000원으로 늘어나게 된다.

당장 연금을 수령할 수 있는 것은 아니지만, 지급개시연령이 되면 평생 동안 연금을 지급받을 수 있는 장점이 있다. 일단 임의가입자로 가입하여 계속 납입이 어려운 경우에도 납입유예를 시키고, 나중에 소득이 생겼을 때 추후납부제도로 이어갈 수 있다.

급속한 고령화로 국민연금의 조기 고갈을 걱정하는 목소리가 높다. 국민연금에 납입하는 인구 대비 연금수령 대상자가 급속히 증가하면서 나오는 우려이다. 그러나 국가가 연금지급을 보장하는 한 제도적 보완은 필연적이겠지만 지급불능을 걱정할 필요는 없다. 지속가능한 공적연금의 운영을 위한 연금개혁 문제는 시대적 과제로 사회적 대 타협이 필요한 사항이다. 더 내고 덜 받는 방식이든 가입기간을 늘리고 지급개시 연령을 늦추는 방식이든 합리적인 방향으로 변화는 필연적이다.

국민연금의 가장 큰 장점은 매년 물가상승률이 반영된 연금액이 평생 지급된다. 인플레이션으로 돈의 가치가 떨어져도 물가상승률 만큼 높여 지급되기 때문에 적정수준의 구매력을 유지할 수 있다. 부부 중 한 명이 사망하면 본인의 노령연금 또는 배우자 사망으로 인한 유족연금 중 유리한 것을 선택하여 수령할 수 있다. 본인의 노령연금을 선택하면 배우자가 받던 연금액의 30%를 가산하여 받게 된다.

국민연금의 종류에는 수급개시연령에 받는 노령연금, 장애로 인한 장애연금, 그리고 가입자 사망으로 유족이 받게 되는 유족연금이 있다.

국민연금 급여의 종류

구 분		특 징
연금	노령연금	노후소득보장을 위한 급여 국민연금의 기초가 되는 급여
	장애연금	장애로 인한 소득감소에 대비한 급여
	유족연금	가입자 또는 수급권자 사망으로 인한 유족 생계보호를 위한 급여
일시금	반환일시금	연금을 받지 못하거나 더 이상 가입할 수 없는 경우 청산적 성격으로 지급
	사망일시금	유족연금 또는 반환일시금을 받지 못하면, 장제부조적 보상적 성격으로 지급

국민연금의 수령은 본인의 상황에 맞춰 적절하게 활용할 수 있다. 연금수령 방식에는 수령시점을 뒤로 연기하여 수령액을 늘리는 연기연금 방식이 있다. 연금수령 개시를 1년 연기할 때마다 연금액이 7.2%씩 상승하게 되며 최대 5년까지 늦출 수 있어 최장 5년을 늦추면, 36%의 연

금액이 증액되어 지급된다. 연기연금은 수급연령이 되었지만, 여전히 근로소득이나 사업소득이 발생하여 오히려 감액대상이 되면 신청할 수 있다. 반대로 수령시점을 앞당겨 받을 수 있는 조기노령연금 방식이 있다. 1년을 앞당겨 받을 때마다 6%씩 감액되며 최대 5년을 앞당겨 수령하는 경우 약 30%가 감액되어 지급된다. 조기노령연금은 마땅한 소득이 없어 보험료 납입이 부담되거나 최소한의 생활을 지속하고자 할 때 이용할 수 있다. 연금의 수령 시기를 늦추거나 앞당기는 것은 본인의 건강상태와 소득상황 등을 종합적으로 고려하여 결정하면 된다.

만약 경제활동을 지속하고 있어 당장 연금소득의 필요성이 없으면 연기를 고려하는 것도 방법이다. 그러나 은퇴한 경우라면 적기에 수령하여 은퇴기 전반을 여유롭게 보내는 것이 바람직하다. 은퇴기 전반은 여전히 활동성이 많아 지출 규모가 크고 건강히 허락할 때 인생을 즐기는 것이 현명하기 때문이다. '가슴 떨릴 때 여행하라, 다리 떨리면 못 간다'는 말도 있지 않던가?

"국민연금 100% 활용하기"

퇴직이나 은퇴를 앞둔 예비은퇴자가 가장 먼저 살펴봐야 할 사항이 본인과 배우자의 국민연금 가입현황이다. 최고의 노후연금전략은 국민연금 수령액이 최대가 될 수 있게 하는 것이다. 국민연금은 부부 모두가 죽을 때까지 매년 물가상승을 반영한 연금액을 매월 꼬박꼬박 지급하는 노후생활자금이기 때문이다. 은퇴자가 되어 고정수익이 단절되고 한 푼이 아쉬울 때 국민연금이 효자이다. 국민연금은 국가가 지급을 보장하는 가장 안전한 노후준비수단으로 국가가 망하지 않는 한 지급이 보장된다. 재정상황에 따라 지급시기나 지급액의 조정이 이루어질 수는 있지만 가장 확실한 연금수단이다. 따라서 대상 조건을 살펴보고 추후납부제도나 임의가입제도 등 가능한 방법이 있다면 부부 모두가 수령액을 최대로 늘리는 것이 최선이다.

추후납부제도는 과거에 개인적인 사정(실직, 폐업, 경력단절 등)으로 국민연금을 계속 납입하지 못한 경우에, 일정 요건을 충족하면 추후 납부하여 연금수급 자격을 얻게 되는 구제제도이다. 실직 등으로 '납부예외기간'이 있었거나 소득이 없는 배우자 신분으로 '적용제외기간'이 존재하는 경우 추후납부제도를 활용할 수 있다. 대상자 조건에 해당되면 해당 기간의 보험료를 납부하고 가입기간으로 인정받을 수 있다. 추납 보험료는 추후납부를 신청한 날이 속하는 달의 보험료에 해당기간 월수를 계산하여 부과되며, 만일 추후납부 보험료가 부담스러울 경우에는 최대 60회에 걸쳐 분할 납부할 수 있다. 연금수급 조건 10년을 충족하지 못한 경우 추후납부제도를 활용하면 연금수령이 가능해진다. 납입한 보험료는 납입금액 전액을 소득공제 받을 수 있다.

국민연금 반환일시금 반납제도를 이용할 수도 있다. 과거 반환일시금 지급기준에 해당되어 이미 일시금으로 수령했더라도 국민연금에 반납하고 예전의 국민연금 가입기간을 회복시키는 방법이다. 국민연금에 재가입하였으나 최소가입기간 10년의 조건 미달로 연금수령조건이 안될 때 반환일시금을 반납하면 과거 가입기간이 회복되어 연금수령조건을 충족시켜 연금을 수령할 수 있다. 반환일시금 반납분에 대해서도 소득공제 혜택이 주어진다. 만약 소득공제를 받지 못하면 연금으로 수령할 때 비과세 한다.

국민연금 수령액을 늘리는 방법

구 분	주요 내용
추후납부제도	• 국민연금 가입 중에 실직 등으로 연금보험료를 납부할 수 없었던 납부예외 기간이 있거나, 연금보험료를 1개월이라도 납부한 이후 경력단절 등으로 적용제외 기간이 있는 경우 • 연금보험료를 나중에 납부(추후납부)할 수 있게 함으로써 가입기간을 늘릴 수 있는 제도(최대 10년 미만)
반환일시금 반납제도	이미 받은 반환일시금에 소정의 이자를 가산하여 반납하면 해당 가입이력을 다시 복원해 줌으로써 가입기간을 늘릴 수 있는 제도
임의계속가입제도	가입자 또는 가입자였던 자가 만60세 이후에도 본인 희망에 따라 만 65세 이전까지 가입기간을 늘릴 수 있는 제도
연기연금제도	• 노령연금의 수급권자가 연금 받는 시기를 늦추는 대신 그만큼 더 많은 연금을 받을 수 있도록 설계한 제도 • 연기기간 1개월마다 0.6%씩의 연금액을 가산한다. 1년 연기 시 7.2%, 최대 5년 연기 시 36%의 연금액을 가산하여 지급
실업크레딧	• 2016년 8월 1일 시행된 제도로 구직급여 수급자가 연금보험료 납부를 희망하는 경우, 최대 1년간 보험료의 75%를 지원하고 그 기간을 국민연금 가입기간으로 추가 산입하는 제도 • 그 외 출산크레딧, 군복무크레딧 활용 가능

국민연금의 가치는 연금액이 충분한 금액은 아니라도 꼬박꼬박 수령하는 일정소득으로 최소한의 노후생활비를 마련할 수 있다는 데 있다. 자영업자의 경우 회사원과 달리 국민연금 불입액을 전액 본인이 부담하기 때문에 손해 본다는 생각이 들 수 있다. 그러나 국민연금은 납입한 보험료 대비 더 많은 금액을 연금으로 수령하게 되고 연금액도 실질가치가 보존된다는 점에서 반드시 가입해야 한다. 최대한 납입금액과 납

입기간을 늘려 연금수령액을 높이는 것이 현명하다.

2022년 5월 기준 우리나라 국민연금 수급자는 600만 명을 넘어섰다. 전국민의 11.6%가 국민연금 수급자인 셈이다. 국민연금만 한 노후보장 수단이 없다는 것이 인식되면서 갈수록 관심도 커지고 있다.

3. 직역연금

공무원, 군인, 사립학교교직원 등 특정 직업에 종사하는 사람들은 국민연금에 가입하지 않고 공무원연금, 군인연금, 사학연금에 가입한다. 각각 연금관리기관을 두고 있으며 재직 및 복무기간 등 연금수급요건을 따로 정하여 적용하고 있다. 연금액수가 대체로 국민연금애 비해 훨씬 높아 특수직역연금의 재정적자가 크게 늘어남에 따라 연금개혁을 요구하는 목소리가 높은 현실이다. 직역연금에 대한 상세한 설명은 생략한다.

1) 공무원연금

공무원과 국공립학교 교원들이 가입하는 연금이다. 10년 이상 재직 후 퇴직하면 연금개시연령부터 사망 시까지 지급된다. 현재 월보험요율은 월급의 18%이며 본인이 9%, 나머지 절반(9%)을 국가가 부담한다. 연금액은 보통 전년도 연금액에 전년도 물가상승률을 반영하여 지급되는데 재직기간, 퇴직년도 등에 따라 지급금액은 상이하다.

2) 군인연금

군인들을 위해 정부가 운영하는 연금이다. 연금지급 수준이 높아 퇴역군인들의 생활 안정에 큰 역할을 하고 있다. 공무원연금처럼 지급액이 높다 보니 역시 개혁을 해야 한다는 여론이 높은 게 사실이다.

3) 사학연금

사립학교 교직원들이 가입하는 연금이다. 연금구조는 25~30년 교사로 근무한 은퇴자들에게 퇴직 후 약 250~300만 원의 연금을 지급한다. 만약 공무원연금이 지금 보다 덜 받는 방향으로 개혁이 이뤄지면 사학연금도 지급액이 줄어들 가능성이 크다.

공적연금 연계제도를 활용하는 방법이 있다. 공적연금 연계제도란, 하나의 제도에서는 최소가입기간이 충족되지 않지만, 국민연금과 직역연금 가입기간을 합쳐 20년 이상이 되면 연금으로 받을 수 있도록 하는 제도이다. 최소가입기간을 채우지 못하고 직역연금 가입자에서 국민연금 가입자로 또는 국민연금 가입자에서 직역연금 가입자로 직업 이동을 하는 경우 연금을 받을 수 있는 제도이다. 공적연금 연계는 선택사항으로 본인이 신청하는 경우에 적용된다. 공적연금 연계제도를 통해 연금으로 받거나 일시금으로 받을 것인지는 본인의 상황을 고려해 선택하면 된다.

4 사회보험제도

사회보험은 국민이 미래에 직면할 수 있는 사회적 위험에 대비하여 국가 또는 공법인이 관리하는 사회보장제도이다. 이는 노령, 질병, 상해, 실업 또는 사망과 같은 일정한 사고 발생에 의한 생활의 불안을 보장하는 것을 목적으로 국민의 기본적인 생활 안정을 위해 국가 차원에서 제공되는 공적보험이다. 일반적으로 사회보험은 보험가입자 소득수준의 일정비율 방식으로 보험료율이 책정되어 소득이 상승하면 보험료가 체증하는 구조이다. 소득수준에 따라 보험료를 차등 부과하고 보험급여를 지급함으로써 소득재분배효과를 가진다.

사회보험은 일정한 법적요건이 충족되면 본인의 의사와 관계없이 가입이 강제되며 보험료 납입 의무가 부여된다. 대표적인 사회보험제도에는 국민연금, 국민건강보험, 고용보험, 산재보험, 그리고 노인장기요양보험이 있다.

1) 국민건강보험

건강보험은 질병이나 부상으로 인해 발생한 고액의 진료비가 가계에 과도한 부담이 되는 것을 방지하기 위하여 국민 상호 간 보험료를 통해서 위험을 분담하고 필요한 의료서비스를 받을 수 있는 대표적인 사회보장제도이다. 2007년 7월 전 국민을 대상으로 시행되었다. 가입자는 국내에 거주하는 국민으로 직장가입자와 지역가입자로 구분한다.

2023년 기준 직장가입자는 보수월액에 단일 건강보험요율 7.09%를 곱하여 가입자와 사업주가 각각 50%씩 부담하게 된다. 지역가입자는 세대원 전체의 소득과 재산을 기준으로 보험료 부과점수에 점수당 일정 금액을 적용해 보험료를 산정한다. 그간 건강보험 재정 고갈 우려와 형평성 등이 제기되면서 보험료율과 적용대상에 변화가 진행되어 왔다. 공론화 과정을 거쳐 2022년 9월 건강보험 피부양자 자격조건이 강화되어 일정한 소득과 재산이 기준을 초과하면 지역가입자로 전환되어 독립적인 건강보험료를 납부해야 한다. 피부양자 자격은 소득기준과 재산기준을 모두 충족해야 한다. 피부양 대상자가 연간소득 2천만 원을 넘으면 재산기준과 상관없이 피부양자 자격이 상실되고, 국민연금 등 공적연금소득을 매달 167만 원 이상 받아도 피부양자 자격이 상실된다. 또한 연소득이 1천만 원 초과 그리고 재산이 5억4천만 원 이상일 때 피부양 자격이 상실된다.

또한, 직장가입자가 월급 외 소득이 2천만 원을 초과할 경우 추가적인 건강보험료를 내야 한다. 월급 외 추가소득에는 임대소득, 이자 및 배당소득, 사업소득 등이 포함된다.

퇴직이나 실직 등으로 소득이 감소하였으나 이전의 직장보험료보다 더 많은 지역보험료를 부담하게 되는 경우 임의계속가입제도에 의해 최대 36개월 동안은 이전에 내던 직장보험료 수준의 보험료를 납부할 수 있다.

한편 소득수준이 낮은 사람들은 공적부조제도에 의해 무상으로 의료혜택이 주어지며 독립유공자 등도 특별법에 따라 무상으로 의료급여가 제공된다.

2) 고용보험

고용보험제도는 직장에 다니던 근로자가 실직하면, 생활안정을 위하여 일정기간 급여를 지급하는 사회보험제도이다. 실업급여뿐만 아니라 고용안정사업 및 직업능력개발사업 등도 실시하고 있다. 적용사업장은 근로자를 사용하는 모든 사업장이며 자영업자도 포함된다. 가입대상이 꾸준히 확대되면서 2020년부터는 문화예술인도 고용보험 가입자에 포함되었다. 근로자는 사업장에 고용된 날로부터 자격이 발생하며 사업주가 근로복지공단에 자격취득 신고를 함으로써 고용보험에 가입이 된다. 보험가입자는 사업주와 근로자 모두 해당되며 사업주는 신규 및 퇴직 등 고용관계의 변동을 근로복지공단에 신고하여야 한다. 근로자는 피보험자이면서 보험수익자가 된다.

고용보험료는 실업급여 부보대상으로 근로자와 사업주가 반반씩 부담한다. 일반근로자는 2022년 7월 기준 보수월액의 1.80%(근로자 0.90%, 사업주 0.90%)를 보험료로 납부한다. 특수형태 근로종사자는 1.60%(본인 부담 0.80%, 사업주 부담 0.80%)이다. 이 밖에 사업주가 단독으로 부담하는 고용안정, 직업능력개발사업의 보험료가 별도로 있다.

실업급여는 크게 구직급여와 취업촉진수당으로 구분되는데 구직급여는 이직의 횟수와 상관없이 합산하여 180일 이상 가입하여야 하고 비자발적 퇴사 이후 적극적으로 구직활동을 하여야 한다. 자영업자는 1년 이상 가입하여 보험료를 납부하고 매출감소, 적자지속, 자연재해 등 불가피한 사유로 폐업한 경우에 실업급여를 받을 수 있다. 매월 지급되는 구직급여는 상한과 하한이 있고 퇴직 직전 월평균보수의 60% 수준이다. 퇴사 당시의 연령과 고용보험 누적 가입기간에 따라 지급기간이 결정되며 최대 270일이 지급된다. 실업급여 상한액은 1일 66,000원, 하한액은 60,120원 수준이다.

실업급여는 퇴직 다음 날로부터 12개월이 경과하면 급여일수가 남아 있어도 지급받을 수 없다. 수급기간이 경과하거나 재취업하게 되면 실업급여가 지급되지 않으므로 '퇴직 즉시' 고용센터에 신청해야 한다. 실업급여는 고용보험 적용사업장에서 실직 전 18개월 중 통산 180일 이상 근무하고 근로 의사와 적극적인 재취업 활동에도 취업하지 못한 상태일 때 받을 수 있다.

실업급여 신청은 고용보험 홈페이지 '워크넷'에 접속하여 '실업급여 인터넷 신청서'를 작성하면 된다. 실업급여 지급은 신청 후 1차 교육에 참가하면 8일 치의 실업급여가 지급된다. 이후 재취업 활동내역을 제출하고 인정되면 5일 이내에 지급된다. 수급자는 4주마다 고용센터에 출석하여 적극적으로 재취업 활동한 사실을 신고하고 실업인정을 받아야 실업급여를 받을 수 있다. 구직활동을 증명하는 자료에는 사업장을 방문하여 담당자 명함을 받아오거나 방문한 사업장의 내용을 기재하여 제출하면 된다. 또 해당 업체의 인력채용 모집요강 화면을 출력하고 입사지원서를 이메일로 제출한 화면을 캡처하거나 입사지원서 등기우편 제출, 팩스 제출 등도 포함된다. 채용박람회에 참석하여 면접을 하고 참석 관련 자료를 제출하는 것도 가능하다. 만약 자영업을 준비하는 경우 실업인정일에 '자영업 활동계획서'를 고용센터에 제출하여야 한다. 자영업 활동계획서에 따라 점포물색, 임대차계약, 시장조사활동, 허가관계 관공서 방문, 근로자 채용 구인공고 자료 등이 담기면 된다. 실업급여를 받다가 소득이 발생하였거나 취업을 하게 된 경우 반드시 신고하여야 한다.

3) 산업재해보상보험

일명 "산재보험"은 근로자의 업무상 재해를 보상하기 위해 사업주로부터 보험료를 징수하여 그 재원으로 사업주를 대신해 산재근로자에게 보상해주는 제도이다. 근로자를 사용하는 모든 사업장이 적용대상이다. 산재보험 가입대상은 일용직 근로자, 시간제 근로자, 상근 등 근무형태에 상관없이 근로자이면 모두 가입대상이 된다.

산재보험 보험사업자는 근로복지공단이며 보험가입자는 사업주(기업)이고 피보험자는 기업이 고용한 근로자가 된다. 보험수익자는 산재근로자이고 산재 사망사고의 경우에는 그 유가족이 된다. 산재근로자로 판정받기 위해서는 반드시 업무연관성이 있어야 하고 사업주에게 과실이 없어도 연대책임을 지우는 무과실책임주의가 원칙이다. 업무와 관련하여 사고를 목격하고 생긴 불안장애 등 업무상 스트레스로 정신건강이 손상된 경우에도 산재신청을 통해 업무상 재해로 인정받을 수 있다. 근로자가 자가용, 대중교통, 자전거, 도보 등 통상적인 경로와 방법을 이용하여 출퇴근하는 중에 발생한 사고도 산재보상이 가능하다.

산재신청은 근로복지공단 또는 국민연금공단 지사에 방문 또는 팩스로 신고할 수 있다.

보험급여는 요양급여, 휴업급여, 상병보상연금, 장해 및 간병급여, 유족급여 및 장의비가 있으며 원칙적으로 재해 당시의 평균임금에 기초하여 일정 비율을 지급한다. 산재보험 보험료는 보험가입자인 사업주가 전액 부담한다. 보험료율은 900여 가지 업종별로 상이하다.

2022년 7월부터 산재보험 가입대상에 '특수형태근로종사자'까지 확대되어 보험설계사, 화물차주, 방문강사, 택배기사, 대출모집인, 신용카드 모집인, 대리운전 기사, 골프장 캐디 등도 포함하게 되었다. 그간

특수형태근로종사자는 일반 근로자와 유사하게 노무를 제공함에도 근로기준법 등이 적용되지 않아 업무상 재해로부터 보호받지 못했다. 산업재해보상법은 업무상의 사유로 인한 자해행위를 업무상 재해로 인정하여 정신과 질병 진단을 받지 않았더라도 업무상의 이유로 힘들고 고통스러워했다면 업무상 재해가 될 수 있다. 사망의 원인이 업무상 재해로 인정되면 유족은 연금 또는 일시금 형태의 유족급여를 받을 수 있다. 만일 산재신청 후 불승인 통지를 받으면, 90일 이내에 공단에 재심청구를 제기할 수 있으며 행정소송을 제기할 수도 있다. 일련의 산재보험 처리 절차에 어려움을 느끼게 되는데 전문가의 도움을 받아 처리하는 것이 좋다.

4) 노인장기요양보험

급격한 고령화와 핵가족화 등 사회환경 변화로 장기요양문제는 개인이나 가족의 부담만으로 감당하기 어려워져 점차 국가적 책임으로 확대되고 있다.

노인장기요양보험은 2008년 7월 노후의 건강증진 및 생활안정을 도모하고 그 가족의 부담을 덜어주기 위하여 시행한 사회보험제도이다. 고령이나 노인성 질병 등의 사유로 일상생활을 혼자서 수행하기 어려운 노인 등에게 신체활동 또는 가사활동 지원 등의 장기요양급여를 제공하는 제도이다. 장기요양보험은 65세 이상의 노인이나 65세 미만인 경우 치매, 뇌혈관질환, 파킨슨병 등 노인성 질병이 있는 경우 신청할 수 있다. 2023년 기준으로 장기요양보험료는 직장가입자의 경우 건강보험료의 12.81%가 공제된다.(가입자 부담 50%, 사업주 부담 50%)

장기요양 서비스를 받기 위한 절차는 먼저 가까운 건강보험관리공단에 장기요양 인정을 신청해야 한다. 신청이 접수되면 건강보험공단 직원이 거주지를 방문하여 자세히 조사한 후 등급판정위원회에서 장기요양이 필요한 정도 등을 심의 판정하게 된다. 이를 근거로 국민건강보험공단으로부터 장기요양인정서 및 표준장기요양이용계획서를 수령하여 장기요양기관과 계약체결 후 장기요양서비스를 이용하게 된다. 장기요양등급은 1급에서 5등급으로 구분하는데 등급에 따라 지원받을 수 있는 서비스가 달라진다. 지원받을 수 있는 급여(서비스)에는 재가급여, 시설급여, 특별현금급여가 있다. 재가급여는 1등급~5등급 모두 받을 수 있는 서비스로 등급에 따라 사회복지사가 방문하여 방문요양, 주야간보호센터, 방문목욕, 방문간호 등의 혜택을 이용할 수 있다. 고령으로 거동이 불편하여 정상적인 일상생활이 어려운 고령의 부모님을 돌보는 데 큰 도움이 된다.

장기요양보험 신청방법은 전국 건강보험관리공단 지사를 방문하거나 우편, 팩스, 인터넷, 앱을 통해 본인 또는 대리인 신청이 가능하다. 대리인이 신청하는 경우 가족관계 서류나 이해관계인의 신분증, 대리인 신분증을 지참하여야 한다.

방문 시에는 '국민건강보험공단 노인장기요양보험 운영센터'를 찾으면 되고, 홈페이지 신청시에는 'www.longtermcare.or.kr'를 접속하여 인증 후 신청하면 된다.

실무적으로 장기요양인정 및 이용절차를 정리하면 다음과 같다.

① 장기요양인정 신청(방문 또는 인터넷 신청)

② 공단직원이 방문하여 대상자 현황 실사

③ 의사소견시 제출(만65세 이상으로 공단에서 제출 요청할 때)

④ 장기요양등급 판정 및 통보(신청 후 약 2주~1달)

⑤ 장기요양기관과 급여계약 체결 후 서비스 이용

기초수급자의 경우 반드시 장기요양 인정등급이 있어야 시설급여(요양원 이용) 등의 무료혜택을 받을 수 있다. 요양원 등의 시설급여 이용은 단순히 나이가 들어서가 아니라 질병이나 노환으로 자립활동이 불가능한 고령자가 입소할 수 있기 때문이다.

아울러 민영보험에 본인이 가입하는 간병보험이 있다. 치매상태 또는 상해, 질병 등의 사고로 일상생활을 스스로 할 수 없는 상태로 진단이 확정되면 간병비용을 연금이나 일시금 형태로 받을 수 있는 보험이다. 1인 가구로 생계를 유지하는 사람에게는 반드시 필요한 보험이다.

이 밖에도 국가기관이 운영하는 다중채무자 대상의 채무조정제도를 알아둘 필요가 있다. 채무조정제도란 빚이 너무 많아 정상적으로 상환이 어려운 사람들에게 상환기간 연장, 분할상환, 이자율 조정, 상환유예, 채무감면 등 상환조건을 변경하여 경제적으로 재기할 수 있도록 지원하는 제도이다. 신용회복위원회와 법원은 과중한 채무가 있는 사람들이 재기할 수 있도록 각각의 채무조정 프로그램을 운영하고 있다. 채무조정제도는 채무규모, 연체기간, 상환능력 등에 따라 적용받을 수 있는 제도가 있고 절차도 복잡한 편이다. 반드시 신용회복위원회 또는 대한법률구조공단의 개인회생, 파산종합지원센터 등에 문의하여 도움을 받는 것이 바람직하다.

[참조 : 신용회복위원회 활용]

신용회복위원회는 협약을 체결한 금융기관과 협의하여 개인의 채무를 조정해주는 제도를 운용하고 있다.

가. 연체 전 채무조정(신속채무조정) : 일시적 채무상환이 어려운 경우, 정상이행 중이라도 연체가 예상되고 연체 30일 이하인 경우 이용할 수 있다. 채권기관 중 채무액기준 과반 이상 동의를 얻어 확정이 되면 연체이자를 감면하고 최장 10년 범위 내에서 상환기간을 연장할 수 있다. 다만 상환방식이 '원리금균등상환'이기 때문에 초기 부담이 클 수 있다. 이경우 금리가 높은 계좌를 우선적으로 개별 상환하여 이자부담을 완화해야 한다. 총채무액이 15억 이하이고 최근 6개월 내 신규발생 채무액이 총부채액의 30% 이하여야 한다. 연체상태가 아니어도 신청일 현재 최근 6개월 이내 실업자, 무급휴직자, 폐업자, 신청 전 1개월 이내에 3개월 이상의 입원치료가 필요한 질병을 진단받은 채무자 등이 신청할 수 있다.

나. 채무조정(개인워크아웃) : 금융기관 채무가 3개월 이상 연체되고 실직상태로 소득이 없는 경우 이용할 수 있다. 채무조정이 확정되면 연체이자는 감면되고 원금은 미상각/상각 여부에 따라 0~70%, 사회취약계층은 최대 90%까지 감면받을 수 있다. 채권기관 중 채무액기준 과반 이상 동의가 필요하다. 채무조정제도는 소득대비 금융비용 과다로 3개월 이상 연체 중인 경우 채무조정 이후 장기간 분할상환이 가능한 사람에게 유리한 제도이다. 단기(1~3개월) 연체채무자의 연체 장기화를 방지하기 위한 '프리워크

아웃' 제도와 장기(3개월 이상) 연체채무자의 경제적 회생을 지원해주는 '개인 워크아웃' 제도가 있다.

다. 개인회생제도 : 자신의 재산으로 채무를 변제할 수 없을 때, 채무의 정리를 위해 파산을 신청하고 파산절차를 통해 변제되지 못한 채무는 면책을 받을 수 있는 파산제도가 있다. 개인회생은 연체정보 등록과 관계없이 지급불능상태에 있는 경우 신청할 수 있으며 대출, 신용카드 대금, 대부업체, 개인사채 등 대상채무에 제한이 없다. 개인회생은 소득이 증빙되어야 하며 무담보채권 10억 원 이하, 담보부채권 15억 이하인 채무를 부담하는 개인채무자만 가능하다. 개인회생 및 개인파산은 보증인이 없고 금융기관 채무뿐만 아니라 개인사채가 있는 사람에게 유리한 제도이다

제3장 사적연금제도

1. 퇴직연금제도

인구고령화와 공적연금의 조기 고갈에 대한 우려가 커지면서 사적연금의 중요성은 갈수록 커지고 있다. 우리나라도 2025년 무렵이 되면 만65세 이상의 고령인구 비중이 20%를 넘는 초고령사회에 진입하게 된다. 그런데 고령자들의 노후대비 재무상태는 매우 취약한 실정이다. 단순히 세금을 늘려 공적연금이나 복지재정으로 은퇴 고령자들을 구제하는 것이 문제 해결의 방법이 되지는 못한다. 현재 국민연금 수령자들의 실질 소득대체율은 약 20% 수준으로 월연금액이 100만 원에도 미치지 못한다. 이것도 가입대상에 사각지대가 많고 65세 이후로 연금수령이 늦춰지면서 소득이 단절되는 기간 가교연금의 필요성은 더욱 커지고 있다. 대규모로 쏟아져 나오는 퇴직자 및 은퇴자들의 현실적인 어려움이 은퇴준비에 경각심을 갖게 하고 있다.

한국경제연구원 자료에서도 우리나라 공·사적연금의 소득대체율(연금기입기긴 순소득 대비 언금 비율)은 43.4%로 미국의 83.7%, 프랑스의 73.6%, 독일의 68.0%, 일본의 61.5%에 비해 턱없이 낮은 수준이다. 그렇다고 연금 소득대체율을 대신할 보유자산이나 자녀의 부양을 기대할 수 있는 것도 아니다. 우리나라 인구구조로 볼 때 고령인구의 급증과 함께 절대빈곤의 노후세대 증가는 심각한 사회적 문제가 될 수밖에 없다. 앞서 경험한 일본의 고령화에서 목격했듯이 끔찍한 재앙을 맞을 수 있어 우려스러운 것이다. 노후재앙을 막기 위해서는 퇴직연금을 비롯한 사적연금에 유인효과를 부여하여 제도적 정착을 이룰 필요가 있다. 이것이 끔찍한 사회적 비용을 줄이는 묘책이다.

우리나라의 퇴직금제도 역사는 1953년 근로기준법 제정과 함께 시대 흐름이 반영되어 제도의 운영방식과 명칭에 변화가 있었다. 퇴직금은 본래 근로자들의 공로에 대한 보상과 노후보장을 위한 사용자의 시혜 성격으로 받아들여지기도 했으나, 오늘날에는 근로자 임금의 일부를 떼어 놓았다가 후불하는 임금후불적 성격으로 이해되고 있다. 퇴직금제도의 금융기관 위탁 운영은 보험사가 취급하는 종업원퇴직보험에서 시작하여 점차 은행들까지 확대된 퇴직보험/퇴직신탁제도를 거쳐 지금의 은행, 증권, 보험사 모두 참여하는 퇴직연금제도에 이르게 되었다. 명실공히 우리나라에도 선진국형 노후3층 연금체계가 완성된 것이다.

퇴직연금제도는 근로자의 노후소득 보장과 생활 안정을 위해 근로자의 재직기간 중 사용자가 퇴직급여 지급 재원을 사외 금융회사에 구분하여 적립하는 것이 핵심이다. 그리고 근로자의 실질적 퇴직이 발생한 경우 해당 금융기관이 근로자의 IRP계좌로 퇴직금을 지급하게 된다. 근로자는 IRP계좌에 입금된 퇴직금을 연금이나 일시금으로 선택하여 받을 수 있다. 2005년 12월 도입된 우리나라 퇴직연금제도는 빠르게 정착되어 2022년 초 이미 300조 원으로 급성장하였다. 퇴직연금에 가입한 근로자가 620만 명에 이르고 도입 사업장도 약 40만 개가 넘어서 사적연금 시장의 중요한 한 축으로 자리 잡아 가고 있다.

우리나라 퇴직급여제도 역사

구 분	연도	주요내용
퇴직금제도 도입	1953년	근로기준법 제정과 함께 퇴직금제도 도입
종업원퇴직보험 도입	1977년	퇴직을 보험금 지급사유로 하는 퇴직보험의 도입
퇴직보험/퇴직신탁 도입	1997년	보험사, 은행에 허용
퇴직연금제도 도입	2005.12	근퇴법 제정 및 퇴직연금제도 도입
퇴직연금제도 의무도입	2012년	신설 사업장 의무 도입
퇴직연금제도 강화	2022년	• DB형 300인 이상 사업장 대상 'IPS제도' 의무화 • DC형 사전지정운용방법(디폴트옵션) 시행 • 중소기업퇴직연금기금제도 시행

퇴직연금제도는 기존 퇴직금제도와 동일한 구조의 확정급여형(이후 "DB형"이라 한다)과 자기가 직접 운용하는 확정기여형(이후 "DC형"이라 한다), 그리고 개인형 IRP(이후 "IRP"라 한다)로 구성되어 있다. DB형제도는 구조와 운용관리가 기존 퇴직금제도(퇴직보험/퇴직신탁)와 동일한데 퇴직금 재원을 사외 금융기관에 예치해 고유자금과 분리하여 관리한다.

퇴직연금 사외예치 의무화는 유사시 근로자들의 수급권 보장을 위한 정책적 안전장치이다. 사외 예치하는 적립금은 회계연도 말 사용자에게 손비인정 혜택을 부여한다. 근로자 입장에서는 기존 퇴직금제도와 차이가 없고 수급권 보장과 금융기관의 부가서비스 등을 제공 받을 수 있어 불리함이 없는 제도이다.

반면 DC형제도는 매년 발생한 퇴직금을 정산하여 근로자의 퇴직연금 계좌에 납입해주면 근로자가 효과적으로 자신의 퇴직금을 운용하여 퇴직 시에 받아가는 방식이다. 매년 적립되는 금액은 연간 임금총액의 12분의 1 이상(8.33%)으로 납입주기를 정하여 당해년도 내에 모두 입금해줘야 한다. DC형제도는 근로자 각자의 운용결과에 따라 퇴직금의 규모가 달라지기 때문에 제도 운영과 투자에 관심을 가져야 한다.

IRP제도는 기본적으로 퇴직금을 수령하는 퇴직연금 전용계좌이다. 제도유형과 관계없이 퇴직금 수령은 예외 없이 IRP계좌를 통해서만 가능하다. IRP계좌는 이·전직 시 받게 되는 퇴직금을 통산하는 계좌이며 근로자의 추가 적립금으로 세액공제를 받을 수 있는 수단이기도 하다.

퇴직연금제도 유형은 회사의 문화와 재무상황, 그리고 근로자들의 특성 및 선호에 따라 유불리가 있을 수 있는데 노사가 합리적으로 조정하여 결정하여야 한다. 퇴직연금제도는 기본적으로 근퇴법에서 정하는 기본사항을 바탕으로 노사가 합의하는 방식으로 유연하게 운영할 수 있다. 회사는 제도도입에 시간이 걸리더라도 근로자들의 충분한 이해와 신뢰가 선행될 수 있어야 한다. 그래야 제도도입 이후에도 불필요한 잡음을 줄이고 성공적으로 정착시켜 갈 수 있다.

1) 확정급여형(Defined Benefit : DB형)

DB형제도는 회사가 퇴직연금 재원을 외부 금융기관에 적립·운용하고 근로자 퇴직 시 정해진 금액, 즉 퇴직 직전 3개월간의 월평균급여에 근속연수를 곱한 금액을 지급하는 제도이다. 예를 들어 A근로자가

20년을 근무하고 퇴직할 때 퇴직 직전 3개월간의 월평균급여가 500만 원이었다면 지급받을 퇴직급여는 1억 원(500만 원×20년)이 된다. 기존 퇴직금제도와 동일한 구조이다.

금융기관에 적립되어 발생한 운용손익은 회사에 귀속되며 운용성과에 따라 회사가 부담해야 할 납입금액이 달라진다. 회사가 적립금 운용의 주체가 되어 책임을 지기 때문에 근로자는 적립금 운용손익과 관계없이 정해진 퇴직금액을 수령받게 된다. 근로자들은 운용에 신경쓸 필요가 없다.

회사는 매년 1회 이상 계산된 퇴직급여 부담액을 법에서 정한 최소적립수준 이상으로 적립해야 한다. 회사가 적립해야 하는 부담금액은 연금계리적 수리방식에 따라 보험계리사가 산정하여 제공하게 되고, 적립된 금액이 법에서 정한 최소적립수준에 부합하는지 여부를 매년 검증하여 추가적립 여부를 통보하게 된다. 회사가 적립해야 하는 부담금 수준은 운용실적에 따라 달라진다. 만약 운용실적이 기대수익 이상으로 양호하여 최소적립수준을 초과하면 당해연도 적립 부담금이 줄어들고 반대로 운용성과가 저조하여 최소적립수준을 밑돌게 되면 추가 부담금을 적립해야 한다.

DB형제도는 대체로 퇴직연금 관리능력이 되는 대기업과 근로자들의 이직률이 낮은 기업 등이 채택하여 책임 운용한다. 현재의 임금수준보다 퇴직시점의 임금수준을 고려하여 승진 기회가 많이 남아 있는 낮은 직급의 직원에게 유리하다. 진급에 따른 큰 폭의 급여상승과 임금상승률의 효과가 누적해서 퇴직금에 반영되기 때문이다. 물론 낮은 직급의 직원이라도 퇴직연금의 주체적 관리를 선호하고 연봉구조가 성과에 연동하여 변농쪽이 큰 경우에는 DC형을 선택하면 된다.

회사는 적립금의 효율적 운용을 위해 중장기 운용전략을 세워 회사가 근로자에게 지급해야 할 퇴직부채의 운용에 만전을 기해야 한다. 근로자들에게 지급할 퇴직금은 부채(빚)로 임금상승률 이상을 목표로 자산배분과 전략적 투자를 실행해야 한다. 임금상승률 이상으로 적립자산을 운용하지 못하면 회사가 부담해야 하는 퇴직부채는 더 많이 증가하게 된다. 예를 들어 임금상승률은 일정하게 상승하고 시중금리가 하락하는 상황이면 퇴직부채는 크게 증가 할 확률이 높다. 퇴직부채 증가에 상응하여 운용수익률이 따라가지 못하면 퇴직부채와 적립자산 간 갭이 확대되어 추가적립 부담이 발생하게 된다. 단순히 위험을 회피하기 위해 금리형 상품에 전적으로 묻어두는 방법은 연금재정에 위험을 키우는 것이다. 전문가집단과 협력하여 장기적인 연금자산 관리전략을 마련하여야 한다.

DB형 가입자 입장에서는 열심히 오래 일하는 것이 최고의 전략이다. 그리고 다니는 회사를 위해 열심히 기도하는 일이다. 삶의 터전이 되는 회사가 잘 돼야 오래 다닐 수 있고 좋은 성과를 향유할 수 있기 때문이다. 똑같은 시간 회사를 위해 헌신하는 것이야말로 자신을 위한 것이다. 누구를 위한 것이 아니라 바로 나를 위해 그렇게 사는 것이 된다. 자신의 역량을 키우고 상품가치를 높여 자신의 실력을 마음껏 발휘하며 오래도록 다니는 것이 최고이다. 중간관리자가 되어서 장기적 안목에서 스페셜이스트(전문가)로 성장해 갈지, 관리자로 성장해 갈지 방향을 정해 발전시켜 가는 것이 좋다. 관리자의 길을 위해서는 조직을 효과적으로 이끌 리더십 덕목과 내공을 키우고 최고의 전문가로 승부를 볼 것이면 항상 한발 앞서가야 한다. 무엇보다 DB형 가입자는 골치 아픈 퇴직연금 관리에 전혀 신경 쓰지 않아도 회사가 알아서 투자관리해 주는 장점을 누릴 수 있다.

"적립금운용위원회 및 IPS제도 도입 의무화"

퇴직연금 전체 적립금의 60%를 차지하는 DB형 기금의 약 93%가 여전히 원리금보장상품에 단순적립 되어 있다. 적립금의 운용 측면보다 단순 축적의 수단이 되고 있다. 이는 실무부서의 책임소재와 기존 퇴직금 관리 관행이 영향을 미쳐서 대부분 소극적인 적립금 운용방식을 유지하고 있다. 원리금보장상품 위주의 단순적립은 안정성은 높지만, 장기적으로 수익률 저조와 퇴직부채 증가 대비 적립부족 위험이 발생한다. 기금의 적립비율 저하는 수급권 안정에도 영향을 미칠 수 있으며 제도운영에도 부담감을 가질 수밖에 없다. 상식적으로 임금상승률 이상의 수익률로 기금이 운용되어야 퇴직부채를 충당할 수 있는데 저금리 원리금상품으로 운용효율을 달성하기는 어렵다. 한편으로 거대 적립금이 자본시장에 합류하여 선순환이 이뤄지도록 하는 것도 매우 중요한 역할이다.

이 같은 우려를 해결하고자 고용노동부는 근퇴법 개정을 통해 2022년 4월부터 우선 300인 이상의 사업장이 DB형 제도를 운영할 때 '적립금운용위원회 및 적립금운용계획서(IPS) 도입'을 의무화하였다. 독립된 별도의 운용위원회를 두고 그곳에서 운용계획을 세워 체계적으로 관리하도록 강제화한 것이다. 적립금운용위원회는 DB형 가입근로자의 퇴직급여 수급권 보장을 강화하기 위한 적립금의 합리적인 운용계획을 심의 의결하는 기구이다. 만약 적립금이 최소적립금에 미달하는 경우 사용자가 최소적립금을 준수할 수 있도록 재정안정화계획서 작성과 적립금운용계획서 등을 심의하게 된다. 위원회 구성에는 최소적립금이 미달할 경우 직접적인 피해를 볼 수 있는 근로자대표가 위원으로 참여할 수 있게 하였다. 적립금운용위원회는 자산운용 정책수립과 함께 기본 운용지침서인 '적립금운용계획서(IPS: Investment Policy Statement)'를 심의, 의결하게 된다. 위원회는 사내에 위원장을 포함하여 5명~7명으로 구성하며, 퇴직연금 운용에 관한 최고의사결정기구로서 자산배분 정책수립 및 수정, 운용성과 평가 등의 역할을 수행하게 된다. 위원회의 구체적인 역할은 1) 기본 투자정책 방향 설정, 2) 전략적 자산배분안 결정, 3) 리스크관리에 관한 사항 결정, 4) 성과평가 의결, 5) IPS의 결정 등이다.

적립금운용계획서인 IPS에는 적립금 운용의 목적 및 방법, 목표수익률, 운용성과 평가 등의 내용을 담게 되고 연간 1회 이상 작성, 관리하게 하였다. 이를 통해 퇴직연금 자산운용과 관련한 지배구조를 확립하고 IPS에 근거한 체계적인 자산배분을 시행함으로써 자산의 운용성과 제고와 퇴직급여의 지급보장여력을 강화하도록 하였다.

IPS는 운용원칙 및 정책 관련 기본지침서로서 퇴직연금 운용과 관련한 '적립금운용계획서'이다. IPS에는 1) 운용원칙을 포함한 총칙, 2) 운용위원회 조직 등 자산운용 체계, 3) 목표수익률, 위험허용한도, 전략적 자산배분 등의 투자정책 관련 내용, 4) 성과평가, 5) 적립금운용 담당자 의무사항 등을 필수 내용으로 담아야 한다.

IPS는 적립금 운용이 단기적 환경 변화에 흔들리지 않고 사전에 설정한 투자원칙대로 일관되게 유지되도록 하는 지침서라 할 수 있다. 회사는 IPS 지침서에서 정한 목표수익률과 위험허용한도 내에서 주식과 채권뿐만 아니라 대체투자상품(부동산 기반)이나 인컴형자산, 인프라자산 등을 편입하여 일정한 수익을 유지해 가야 한다. 이는 해당 기업의 투자 성향을 반영하여 작성한 운용지침서에 따라 장기적인 적립기금의 운용 효율성을 유지해갈 수 있도록 하는 제도적 변화이다.

2) 확정기여형(Defined Contribution : DC형)

DC형제도의 가장 큰 특징은 근로자의 자기주도 운용관리이다. 본인의 퇴직금을 자기의 판단으로 투자하고 퇴직할 때 운용결과에 따라 받아가는 방식이다. 회사는 연간 임금총액의 12분의 1 이상의 금액을 퇴직연금 규약에서 정한 주기로 근로자 각자의 연금계좌에 납입해 줘야 한다. 납입이후 퇴직연금 운용과 사후관리는 근로자 본인이 지게 된다. 당연히 적립금 운용결과에 따라 수령하는 퇴직금의 규모가 달라진다. 그러므로 제도도입과 유형 선택 시에 근로자들의 충분한 이해가 필수이다. 이미 제도가 도입된 사업장에 자동가입되는 가입자라도 적용되는 제도에 대한 정확한 이해가 있어야 한다.

근로자가 처한 상황이나 관점에 따라 유불리가 있을 수 있지만, 근로자 본인이 퇴직금을 직접 운용관리하는 일은 상당히 부담스러운 책임이다. 금융기관 전문가의 투자조언과 주기적 투자교육이 있지만 여전히 부담스럽기는 마찬가지다. DC형제도를 운영하는 기업이면 직접 투자에 미숙한 근로자들의 퇴직연금 운용에 지대한 관심을 기울여야 한다. 현업에 종사하며 금융지식과 투자경험이 부족한 근로자들이 각자 알아서 적립금을 투자하는 것이 수월하지 않기 때문이다. 회사는 퇴직연금 관리를 위해 위탁한 금융기관을 통해 안전하고 좋은 상품이 제공되도록 관리를 강화하고 사후관리에도 부족함이 없도록 지속적인 관심을 가져야 한다.

물론 근로자들 중 임금피크에 도달한 근로자, 직급 상승이 제한적인 근로자, 연봉제인 근로자들에게는 DC형제도 전환이 유리하다. 이들은 당연 전환자로 임금의 감소가 있거나 임금의 변동폭이 큰 근로자의 경우 DC형으로 전환해야 한다. 임금피크로 임금이 지속적으로 감소하면,

퇴직금 계산에 불리해지기 때문이다. 연봉제 근로자의 경우 연봉액이 불규칙적이어서 퇴직 시 임금수준이 불리한 경우 퇴직금에도 영향을 미치기 때문이다.

회사가 당해 양호한 경영실적의 일부를 종업원들에게 나눠주고자 할 때 DC형 계좌를 활용해 경영성과급을 퇴직연금에 추가적립하는 방법이 있다. 경영성과급을 근로소득에 얹어 주는 것보다 퇴직급여에 추가적립 해 주는 것이 세금절감에 도움이 되기 때문이다. 당해 근로소득에 얹어 지급하게 되면 과표가 높아져 국민연금, 건강보험, 고용보험 등이 추가로 부과될 수 있다. 반면에 퇴직연금에 추가납입하면 과표에 영향을 주지 않아 이 같은 보험료에 영향이 미치지 않는다. 회사에서는 추가 상여금으로 받을 것인지 퇴직연금에 추가적립 할 것인지 선택하게 하는데 본인의 자금사정을 고려하여 선택할 사항이다. 경영성과급을 퇴직연금 계좌에 이체하기 위해서는 DC형제도가 도입되어야 하며 회사는 규약상에 해당 내용을 명시한 후 적용해야 한다.

DC형제도는 불요불급한 상황에서 중도인출을 할 수 있는데, 근퇴법에서 정한 중도인출 사유에는 본인이나 부양가족의 질병으로 6개월 이상 요양하는 경우, 무주택자가 본인 명의로 주택을 구입하는 경우, 개인회생절차가 개시되었거나 파산선고를 받은 경우, 천재지변을 당했을 경우 등으로 정하고 있다.

① 퇴직연금 기대수익률

먼저 우리나라 국민연금 기금의 운용수익률은 어느 정도일까? 약 900조 원에 이르는 거대 기금운용이 어떻게 투자관리 되고 있을까? 국민들의 노후자금을 운용하는 국민연금기금에는 어떤 기구를 두고 있으며 어떠한 절차로 운용되고 있을까?

국민연금기금 내에는 운용관리에 관한 최고의사결정기구인 기금운용위원회가 있다. 기금운용위원회는 기금운용지침(투자정책서), 연도별 운용계획, 운용결과 평가 등 기금운용에 관한 중요한 사항을 심의 의결한다. 기금운용위원회 산하에는 4개의 주요 위원회가 보좌하고 있는데 기금의 관리 운용에 관해 기술적이고 전문적인 의견을 제공하기 위한 '국민연금기금운용 실무평가위원회', 중장기 및 연간 기금운용을 위한 주요 계획, 전문적 평가가 필요한 투자정책 및 새로운 투자정책의 개발 또는 기존 투자정책의 변경에 관한 사항 등을 심의 검토하는 '투자정책전문위원회', 책임투자 및 주주권행사 일반원칙 및 세부기준 검토 등을 담당하는 '수탁자책임전문위원회', 성과평가를 기반으로 보상에 관한 주요 사안을 검토 또는 결정하고 성과평가 보상, 위험관리에 관한 정책 개발 제언 등을 담당하는 '위험관리, 성과보상전문위원회' 등이 있다.

그뿐만 아니라 국민연금기금 운용에는 우리나라 최고의 운용전문가, 정보력, 자금력, 네트워크가 구비되어 전세계를 투자대상으로 운용되고 있다. 전세계 최고의 운용자들이 국민연금의 투자를 받기 위해 좋은 상품을 개발하여 줄을 서고 있다. 과연 국민연금기금의 투자성과는?

기금운용본부의 공시자료를 참고하면 1988~2021년까지의 연평균 수익률은 6.78%이다. 연간 10%의 수익률도 어렵다는 것이다. 투자가 얼마나 어려운 일인지 단적으로 보여주는 실증자료이다.

국민연금기금 최근 10년간 운용수익률(%)

2012	2013	2014	2015	2016	2017	2018	2019	2020	2021
7.00	4.20	5.30	4.57	4.75	7.26	−0.92	11.31	9.70	10.77

* 출처 : 국민연금 기금운용 공시자료

DC형 가입자로 퇴직연금 투자에 얼마나 고민하며 신중함을 가지고 투자결정을 하는지, 투자하는 상품에 대해서 정확히 알고 투자하는지, 자신만의 투자원칙, 기준, 기대목표를 가지고 장기적 안목에서 투자를 하고 있는지. 만약 그렇지 않다면 처음부터 다시 시작해야 한다. 퇴직연금 투자로 손실이 발생하여 기분 좋아할 사람은 없을 것이다. 그런데 투자손실이 날수밖에 없도록 운용하고 있다는 사실을 본인만 모르고 있다. 투자 자세와 처음 시작이 잘못되어 있는데 투자결과가 좋을 리가 없다. 그저 투자한다고 저절로 수익이 나는 게 아니다. 코끼리 뒷걸음질에 우연히 밟히는 것 아니고는 맹목적으로 눈에 보이는 자기 소견대로 투자하여 기대하는 수익을 얻기는 만무하다.

'무슨 투자원칙이 필요해? 얼마 되지도 않는 투자에 자산배분은? 기대수익률? 많이 오르면 장땡 아냐?' 마치 물가에서 노는 어린아이를 지켜보는 부모의 마음이라고나 할까? 퇴직연금 투자를 대수롭지 않게 건성건성 받아들이고 있는 것이다. 그러다 시장이 오르면 본인이 투자를 잘해서 오른 줄 알고 하락하여 손실이 나면 재수가 없는 것으로 생각한다. 투자원칙과 투자전략이 필요한 대상은 기관이나 외국인들이 아니라 정작 개인투자자이다. 여러 면에서 불리하고 불안한 투자자에게 이러한 기본원칙과 기준이 없으면 개념 없는 투자가 될 수밖에 없다.

투자상품은 크고 작은 투자위험이 내포되어 있어 투자성향을 고려하여 투자전략을 세워 신중하게 접근해야 함이 투자상식이다. 투자상품의 종류나 투자시점에 따라 큰 손실을 볼 수 있어서 투자 결정 시 반드시 투자상품의 위험과 수익구조 등에 대해 정확히 이해해야 한다. 자신의 감이나 금융기관 추천상품에 의지하여 묻지마 투자가 이루어지면 장기투자가 어렵다. 투자상품의 속성을 이해하지 못하고 단순히 따라하는 투자는 자기 확신이 없기 때문에 작은 심리적 동요에도 견디지 못한다.

투자의 기본이 없는 상태로 고수익만 생각하여 섣부르게 투자하는 것은 매우 위험하다. 투자를 가볍게 생각하고 주변 소문이나 성공한 사람의 이야기에 쉽게 현혹되어서는 안 된다. 특히 퇴직연금 투자는 자신의 최후 보루 노후자금이므로 더욱 신중해야 한다.

　　DC형 가입자가 작성하게 되는 운용지시서는 본인의 퇴직연금 운용계획서이다. 회사가 주기적으로 납입해주는 퇴직연금을 자동투자 되도록 등록하는 절차로 투자상품과 투자비율을 정하는 것이다. 최초운용지시서 작성 절차가 퇴직연금 투자의 첫 단추를 꿰는 작업이다. 근로자가 운용지시서를 작성할 때 명심할 것은 절대 과신하지 말고 신중하게 결정해야 한다. 스스로 물어 '나는 투자에 대한 경험이 많이 있나? 투자에 어떤 태도를 가지고 있나? 투자상품에 대해서 잘 아는가? 나는 퇴직금을 어떻게 투자해 가겠다'는 본인의 장기적인 퇴직연금 투자계획을 가져야 한다. 급하지 않은 일을 최소한의 기본적 투자 절차를 무시하고 투자할 준비가 안 된 상태로 회사나 금융기관의 일정에 맞추어 무조건 따라 할 필요가 없다. 내 퇴직금인데 충분히 고민하고 계획을 세워 천천히 투자해도 아무런 문제가 없다. 회사나 금융기관이 내 퇴직금을 걱정하고 책임져 주는 게 아니다.

　　최소한 퇴직연금 운용계획에 대해 ① 운용목표로 2억 원 적립, 65세부터 15년간 매월 100만 원씩 연금수령 ② 목표수익률은 연 최대 5% 만족 ③ 자산배분은 안전자산 60% 고정+실적배당형 40%는 국내외 지수형펀드로 나누어 적립투자 ④ 반기단위 전문가 상담 등 이러한 실전 계획을 직접 작성해 보는 것이다. 생각하는 것과 직접 글로 작성해 보는 것은 천양지차이다.

　　현장 경험에 의하면 작은 규모의 사업장에서 투자나 금융과는 거리가면 분야의 근로자들이 태반이다. 투자에 문외한이다 보니 금융기관에서 안내하는 대로 따라 투자하는 경우가 많다. 투자에 미숙한 근로자에게 처음부터 퇴직연금 투자를 맡긴 것이 부담이지만, 금융기관은 업무효율을 따져 절차에 따라 진행하기 마련이다. 일부 가입자는 금융기관이 알아서 투자해 달라는 말을 하기도 한다. 투자경험이 많지 않고 어떻게 투자해야 할지 몰라 금융기관 담당자의 말을 듣고 투자를 하게 된다. 시장상황이 변하고 수익률 변동이 일어나면 또 다른 상품으로 교체매매를 한다. 아니면 그대로 방치하기 십상이다. 금융기관은 일반적으로 실적배당상품에 장기투자를 권유하게 된다. 장기 적립투자 방법이 틀린 조언은 아니지만, 무엇보다 본인이 제대로 알고 투자 결정을 해야 한다. 실적배당상품은 위험과 수익구조뿐만 아니라 투자자산이나 운용전략에 따라 천차만별이기 때문에 자신의 투자방향과 목적에 맞는 상품을 골라 투자해야 한다. 만일 투자상품에 대한 이해가 부족하고 투자위험에 대한 개념이 없으면 일단 원리금보장상품으로 시작하는 것이 바람직하다. 투자의 제1원칙은 손실을 보지 않는 것이다.

물론 운용지시서 작성을 하지 않고 투자방법에 대해 결정하지 않으면 납입된 퇴직금은 대기자금으로 남아 운용되지 않는다. 현금으로 대기하는 것이 반드시 잘못되거나 틀린 것은 아니다. 오히려 섣부르게 투자하는 것이 더 위험하기도 하다. 투자할 마음이 생기고 나름대로 적기라고 생각할 때 투자해도 늦지 않다. 무엇보다 투자상품에 관한 이해와 투자요령을 정확히 알고 투자하는 것이 정석이다. 물론 투자 타이밍을 알아서 적기에 투자하는 것은 불가능하다. 그렇다고 계좌에 대기자금이 생기면 무조건 급하게 투자하여 담아두는 것도 바람직하지 않다. 필자는 투자에 확신이 들지 않을 때는 판단이 설 때까지 현금으로 보유한다.

투자하는 것에 자신이 없고 잘 모르겠다 싶으면 쉬는 것이 좋은 투자요령이다. 금리가 낮아 무조건 실적배당 투자상품으로 갈아타야 한다는 단순한 투자권유는 매우 위험하다. 투자상품 선택과 운용지시서 작성이 귀찮아도 정말 신중하게 해야 한다. 첫 단추가 잘못 채워지면 결과가 좋을 수 없기 때문이다. 잘 모르면 자신의 퇴직연금 운용계획을 전문가와 상담하여 적합한 상품과 투자비율을 완성하는 것이 좋다. 가급적 보수적 관점에서 자산군과 투자상품을 나누어 균형 있게 구성하는 것이 바람직하다. 모두에게 통하는 성공투자법은 없다. 자신의 투자법을 스스로 찾아야 한다. 자신이 잘 아는 익숙한 상품에 투자하는 것이 투자실패를 줄일 수 있다. 그렇다고 원리금보장상품에 안전하게 저축하라는 의미가 아니다. 제대로 알고 투자해야 한다는 것과 노후소득용 퇴직연금을 좀 더 신중하게 투자할 것을 당부하는 것이다.

한번은 필자가 퇴직연금 가입자를 대상으로 운용지시서 작성을 돕던 중 까다로운 가입자를 만나 곤혹을 치른 적이 있다. 여느 때와 마찬가지로 사업장 직원들에게 준비해온 자료를 배포하고 상품추천과 운용지시서 작성 실무를 지도하였다. 10명 남짓 모인 자리에서 유독 한 사람이 끈질기게 꼬치꼬치 물으며 설명을 요구했다. 질문은 점심시간이 가까워질 무렵까지 이어졌고 함께 참석한 직원들조차 수군거리며 짜증을 내기 시작했다. 내심 그만했으면 하는 마음도 있고 더 이상 도움을 줄 설명도 바닥이 난 상태였다. 그때 그 직원이 정곡을 찌르는 한마디를 던졌다. "내 퇴직금인데 강사님이 책임져 주실 건가요?" "강사님은 전문가니까 이해가 쉽겠지만, 저는 무슨 말인지 솔직히 하나도 모르겠습니다."라는 말에 얼굴이 화끈거리고 자신에게 반문해 보았다. "내 퇴직금이라도 이렇게 투자할 것인가?" "내 말에 100% 책임질 수 있나? 만일 잘못 이해하고 잘못 안내했다면." 이후 설명을 진행할 때는 가입자들에게 궁금증이 풀릴 때까지 투자판단이 서지 않으면 함부로 운용지시서 작성을 하지 말도록 당부한다. 본인의 퇴직금을 신중하게 판단하고 본인이 잘 아는 상품에 투자할 것을 권한다. 판단이 서지 않으면 운용지시서 작성을 멈추게 하고 원리금보장상품 50%와 나머지 현금보유를 안내한다. 현금을 보유하고 있으면 언제든 투자기회가 찾아올 때 투자상품을 싼값으로 편입할 수 있기 때문이다. 이렇게 진심으로 안내해도 열에 여덟은 그 자리에서 운용지시서를 작성하여 제출해 버린다. 담당자로서는 고마운 일이었지만 마음 한켠에는 정말 제대로 알고 투자결정을 했는지 의구심이 든다. 비록 까다롭고 깐깐한 가입자를 만나 곤혹을 치르기는 했지만, 그로인해 더욱 긴장하며 가입자 입장에서 좀 더 고민해 보는 동기가 되었다. 속담에도 우는 아이에게 젖을 물리지 가만히 있는 아이에게 억지로 젖을 물리지는 않는다.

퇴직연금 투자를 안내할 때 개인의 투자성향을 감안하여 편안한 투자를 권한다. 적극적인 투자자라도 퇴직연금 투자는 균형 잡힌 포트폴리오를 권유한다. 반드시 원금이 보장되는 안전자산에 일부 비중을 고정시키고 나머지 비율로 성향에 맞게 인덱스형 상품 위주로 적립투자해 가야 한다. 안정적인 퇴직연금 관리를 원할수록 안전자산의 고정비율을 높이고 실적배당형 투자를 줄여야 한다. 안전자산과 실적배당형으로 나누어 장기투자하는 자산배분은 장기 투자계획서로 그 원칙을 지켜가는 것이 중요하다

만40세로 퇴직까지 약 10년~15년 남아 있는 중립형 투자자 포트폴리오 구성요령이다. 펀드투자 경험도 있고 상장지수펀드 ETF투자를 해본 가입자이다. 그간 10년 동안 보유한 퇴직연금이 겨우 마이너스 수익률을 벗어난 정도이다. 최초 운용지시서 작성 시 금융기관 담당자가 추천한, 두 개의 펀드로 꾸준히 적립투자를 해왔는데 현재 시장상황이 좋지 않아 수익률을 다 까먹은 상태이다. 그 당시 가치주와 성장주 대표

펀드로 반반씩 쌓아왔는데 시장상황에 따라 크게 변동하고 있다. 때마침 금리가 크게 상승한 틈을 이용하여 펀드의 반을 매도하고 저축은행 3년 만기 4.5% 예금에 고정해 놓고 추가 적립되는 금액은 인덱스펀드(KOSPI200)로 일원화 시켜두었다. 이와 같이 기존 투자상품을 조정하여 포트폴리오를 변경하는 것을 리밸런싱이라고 한다.

퇴직연금 투자에는 투자의 효율을 극대화할 수 있는 몇 가지 특징이 있다.

첫째, 퇴직연금 투자는 장기투자이다. DC형 가입자의 퇴직연금 적립금은 보통 20~30년 직장에 근속하는 기간 동안 꾸준히 투자된다. 따라서 단기성과에 일희일비하기보다 장기 자산배분 투자가 이루어져야 한다. 둘째, 전형적인 적립식 투자이다. 가입자의 퇴직연금 적립금 납입은 연 1회 이상의 납입주기(월, 분기, 반기, 년)로 금액과 시기가 분산되어 투자된다. 시황과 관계없이 분산되어 꾸준히 적립투자되기 때문에 평준적립효과가 발생한다. 고점에서 매수가 되기도 하지만 주가가 하락하는 국면에서는 동일한 금액으로 더 많은 수량(좌수)을 늘릴 수 있다.

셋째, 근속연수가 늘어날수록 매년 급여가 상승하게 되어 적립금의 납입규모가 증액 투자된다. 장기투자에서 투자금액이 증가하는 것은 투자위험을 낮출 수 있는 방법이다. 급여상승 외에도 세액공제를 위한 추가적립금을 통해 더 큰 금액으로 다양한 투자전략을 실행할 수 있다.

넷째, 노후보장 정책상품으로 절세효과가 있다. 퇴직연금에 납입되는 적립금과 발생한 운용수익은 과세이연(퇴직급여 수령 시까지 비과세)되며 연금수령 시에는 운용수익에 대해 3.3~5.5% 저율로 분리과세 된다.

② 퇴직연금 투자상품

퇴직연금에 투자할 수 있는 상품에는 크게 원리금보장상품과 실적배당상품이 있다. 원리금보장상품은 안전자산으로 은행 예·적금, 저축은행 예·적금, 증권사의 RP와 ELB, 그리고 보험사의 GIC상품이 대표적이다. 원리금보장상품은 대체로 금리수준이 높지는 않으나 손실위험이 없는 무위험자산이다. 은행의 예적금과 보험사 GIC상품은 5천만 원까지 예금자보호대상이 된다. 만약 5천만 원 이상의 큰 금액을 예적금으로 할 때는 금융기관을 나누어 매수하면 된다. 증권사 원리금보장상품은 예금자보호대상은 아니지만 상대적으로 금리가 높고 투자금액의 한도가 없다. 증권사 ELB 원리금보장상품은 발행사 신용위험을 고려해야 하지만 대부분 1년 만기 상품으로 보수적인 운용이 이루어지고 있어 크게 걱정할 사항은 아니다. 원리금보장상품은 투자결정에 크게 고민할 것이 없고 매수시점에 가장 높은 금리의 상품을 선택하면 된다.

원리금보장상품 종류

구 분	원리금보장상품	비 고	투자한도
은행	예적금	최고의 신용등급 예금자보호대상	금융기관당 5천만 원
저축은행	예적금	고금리 예금자보호대상	금융기관당 5천만 원
증권사	RP, ELB	고금리 예금자보호대상 아님	한도 없음
보험사	GIC	예금자보호대상	한도없음

반면 실적배당형에는 매우 다양한 상품의 종류가 있고 원리금보장상품을 제외한 나머지가 실적배당 상품이라 할 수 있다. 실적배당상품은

국내상품과 해외상품, 주식형과 채권형, 파생형과 대체자산 등 운용대상 자산과 투자전략, 상품구조에 따라 구분할 수 있다. 실적배당상품 중에는 상품구조가 간단하고 이해가 쉬운 상품뿐만 아니라 구조가 복잡하고 이해가 어려운 상품들도 많이 있다. 투자상품 중에는 투자대상에 따라 큰 폭의 손실이 발생하는 상품들이 많아 충분한 이해가 있어야 한다. 투자상품에 대한 이해가 부족한 가입자에게는 투자위험이 크게 발생할 수 있어 신중한 투자가 요구된다. 금융기관의 추천이나 시장의 인기상품을 담아놓고 방치해 두었다가 퇴직시점에 손실을 보는 경우도 많이 있다. 실적배당상품 투자에는 지나치다 싶을 정도로 신중하게 고민하고 투자목적에 맞게 투자결정을 해야 한다.

실적배당상품 투자에 경험이 부족하고 이해가 미흡하면 굳이 처음부터 실적배당상품 투자에 서두를 필요가 없다. 투자는 부모와 자식 간에도 대신해 줄 수 없는 철저히 자신의 몫이다. 어디까지나 자기판단 자기책임이기 때문이다. 선량한 관리자로서 금융기관도 가입자의 눈높이에 맞춰 스스로 신중하게 투자결정을 하도록 조심스럽게 안내해야 한다. 설령 선의의 투자권유라 해도 끝까지 책임질 수 없는 일이면 투자결과는 가입자의 몫임을 기억해야 한다.

직장동료 중에 보기 드물게 퇴직연금 투자에 다리 쭉 뻗고 자는 사람이 있다. 처음 회사가 DC형제도 도입을 결정하고 본인의 퇴직연금을 직접 투자할 수 있다는 말에 한껏 기대감을 가졌다. 명색이 증권사 직원이고 자산관리 투자상담에 20년 이상 경력이 있어 자신의 퇴직연금 투자는 자신 있겠다 싶었다. 기존의 퇴직금이 한꺼번에 DC형 퇴직연금계좌로 입금되자 시장의 추천펀드, 1등펀드, 대표펀드를 총망라하여 최종 2개의 펀드로 압축하였다. 과거수익률이 월등하고 펀드유형에서도 상위 5%내 최고의 상품으로 연간 10% 수익률은 무난할 것으로 기대했다.

마침 시장 분위기도 달아올라 상승추세가 이어지면 수익률도 높아질 것으로 낙관하고 있었다. 분기운용보고서와 신규 추천상품을 참고하여 주기적으로 조정해 가며 나름 투자전문가로 관리해 갔다. 시장이 상승하는 국면에서는 수익률이 고공행진을 보이다가도 시장이 하락하면 다시 제자리로 돌아오기를 10년 동안 지켜보다 지쳐버렸다. 수시로 핸드폰에 손이 가고 수익률을 확인하는 버릇이 생기면서 어느 때는 일이 손에 잡히지 않았다. 얼마 전까지 플러스 수익률이던 계좌가 한순간 마이너스로 바뀌며 누적수익률은 말짱 노루묵이 아닌가? 고민 끝에 목표와 전략을 바꾸고 신경을 쓰지 않기로 했다. 퇴직금으로 대박을 내겠다는 생각도 없고 신경 쓰는 것이 귀찮아 수익이 나지 않아도 좋고 깨 먹지만 말자는 것이 우선 목표가 되었다.

기존의 펀드 2종을 모두 매도하여 원리금보장상품 3개 종목으로 바꾸어 놓고 매분기 납입되는 금액은 인덱스펀드로 적립투자를 설정해 놓았다. 시장이 폭등하든 폭락하든 신경 쓰지 않고 본업에 충실하게 되었고, 그로부터 다시 5년이 지난 지금은 예상하지 못한 금리인상에 6%대 저축은행 금리상품으로 바꾸어서 너무 행복하다. 적립투자되고 있는 2개의 인덱스펀드에는 시장 하락기에 추가이체 금액을 늘려 적립효과를 높여가고 있다. 퇴직연금으로 속앓이하는 친구를 만나면 왜 고민을 사서 하는지 이해할 수 없다고 놀린다.

보수적인 가입자의 무모한 투자 실패사례도 있다. 퇴직연금을 시작할 때부터 원리금보장상품을 고집하며 증권사 고금리 ELB상품을 계속 재투자해온 가입자이다. 이전에 투자로 손해를 본 경험이 있고 들어도 잘 모르겠다는 생각이 들어서 속 편하게 원리금보장상품만 투자하고 있다. 그런데 코로나 비상시국에 시장금리는 지속적으로 내리고 반면에, 주식시장은 날이면 날마다 상승하는 비정상적인 상황이 계속되었다. 자고 일어나면 매스컴마다 폭등하는 전세계 주식시세를 퍼 나르고 남녀노소 온통 주식과 코인 이야기뿐이었다. 며칠 만에 주식이 더블이 났다는 이 야기도 들리고 코인으로 대박이 나서 직장을 때려치웠다는 소식까지 들려왔다. 자신만 소외되어 손해 본다는 생각이 들자 급기야는 퇴직연금의 안전자산을 중도해지하고, 잘 알지도 못하는 상장지수펀드(ETF) 매매를 시작했다. 진즉 하지 않은 것이 후회가 될 정도로 예금이자에 비해 단기간에 몇 배의 수익을 얻을 수 있었다. 자신감이 생기고 이때다 싶은 마음에 일은 후순위로 밀리고 적극적인 매매에 열을 올렸다. 나름대로 열심히 공부하며 각종 테마형 ETF와 핫한 재료가 있는 ETF종목을 골라 편리한 스마트폰으로 쉽게 투자할 수 있었다. 인생에 찾아온 세 번의 기회 중 한번이 아닐까 생각되었다. 본인에게 투자에 대한 감각이 있다는 생각도 들었고 성공하면 유튜브도 한편 찍을 생각이었다. 퇴직연금에 개별주식 매매불가가 이해 되지 않았다. 바이오주식이나 테마주식을 매매하면 더 큰 투자수익을 얻을 수 있을 텐데 노후자금 투자라고 막아 놓은 것이다. 아무튼 한동안 기분 좋은 나날이었다. 그러나 얼마 가지 못했다. 시장의 두 얼굴이 서서히 드러나기 시작했다. 언제인가부터 오만가지 이유가 나오기 시작하며 시장은 반대의 방향을 향해 내리막길을 걷고 있었다. 설상가상으로 미중 패권전쟁, 우크라이나-러시아 전쟁으로 전세계가 야단법석이었다. 그로부터 2년이 흐른 시점에 퇴직연금 자산은 마이너스 22%의 빼박(빼도 박도 못하는 상태) 상태로 한숨만 나오고 있다. 자신의 주제를 알고 초심을 지켜야 했는데 시장 유혹에 흔들려 변심한 것에 심한 자책과 후회를 한다. 손실이 너무 커 묶인 자산은 그대로 둔 채 추가 적립금은 저축은행 예금으로 다시 시작하였다. 소망은 오직 원금 회복뿐이다.

　시장상황에 흔들리지 않고 초심을 지켜가는 것이 쉬운 일은 아니지만

투자성향별 연금투자 예시

무위험투자	원리금상품 100%	보수적투자자
안정적투자	원리금상품 80% + 코스피200 인덱스펀드 20%	
밸런스투자	원리금상품 50% + 코스피200 인덱스펀드 30% + S&P500 인덱스펀드 20%	자산배분투자
적극적투자	원리금상품 30% + 코스피200 인덱스펀드 30% + S&P500 인덱스펀드 20% + 고배당펀드 20%	
모험적투자	실적배당형 100%	반드시 분산투자
주의할 점	• 원리금 연단위 재투자, 펀드는 적립식투자 • 직접투자 시 ETF로 적립투자 • 개인추가납입금 적립식펀드(과열국면에서 추가입금 중단, 침체국면에서 추가입금 증액) • 퇴직시 손실펀드 환매 원하지 않을 때 IRP계좌로 실물대체 후 유지 • 원리금상품 100%나 실적배당형 100% 투자는 권장 포트폴리오 아님	분/반기 체크

자기 통제력을 잃고 무모한 투자에 휘말리게 되면 예상치 못한 낭패를 보기 쉽다.

투자상품 선택은 무엇보다 본인이 잘 아는 상품이어야 한다. 신규상품이라도 상품구조가 간단하고 이해가 쉬운 인덱스상품이 안전하다. 충분히 검증되고 익숙한 보편적인 투자상품이 안전하다. 펀드상품을 선택할 때도 우량한 운용사의 최소한 3년 이상, 1000억 내외 규모의 검증된 대표펀드가 좋다. 예를 들어 가치주 대표펀드 TOP 5, 성장주 대표펀드 TOP 5, 주가지수 인덱스펀드를 유망종목으로 골라 비교 분석한 후 투자상품을 선택하면 좋다. 대체로 펀드수익률은 기간별로 등락이 있기는 하나 3~5년의 투자기간을 두고 적립투자하면 대동소이한 수익률을 나타낸다. 단기적 수익률에 연연하지 말고 대표상품이나 인덱스펀드에 꾸준히 적립투자하는 방법이 가장 안전한 투자요령이라 하겠다.

③ 디폴트옵션 만능이 아니다

퇴직연금 가입자 중 최초운용지시 후 오랜 기간 방치해 두거나 아무런 상품에 운용하지 않고 현금으로 놀리는 비율도 상당하다. 현금성 자산으로 대기하고 있는 자금은 이자가 거의 붙지 않는 놀리는 자산이다. 그러나 가입자의 무관심으로 만기상품이 자동 재투자 되지 않아 현금으로 남아 있는 경우도 허다하다. 최초 상품이 그대로 유지되는 것은 교체매매에 익숙하지 않거나 잘못하여 더 큰 손해를 입을까 걱정되기 때문이다. 가입자들의 무관심과 제도적 허점으로 퇴직연금의 효과적인 운용 관리에 비상이 걸린 것이다.

사전지정운용제도(이하 "디폴트옵션"이라 한다)는 가입자가 상품운용 방법을 사전에 등록하게 하여 별도의 운용지시를 하지 않아도 자동으로 운용 될 수 있게 하는 운용기법이다. 퇴직연금 적립금이 장기간 운용되지 않으면, 미리 정한 운용방법으로 자동 운용되게 하여 연금자산이 잠자지 않게 하려는 조치이다. 무엇보다 가입자들이 본인의 퇴직연금 운용에 관심을 갖는 기회가 되어야 한다. 사전지정운용제도가 퇴직연금 수익률을 올리는 만능솔루션은 아니어도 장기적립투자를 습관화하는 좋은 기회가 될 수 있다.

사전지정운용제도 적용방법은 퇴직연금 가입자가(DC형 및 개인형 IRP) 적립금을 별도의 운용지시 없이 4주가 지나면 담당금융기관은 1차로 사전에 등록해 둔 디폴트옵션으로 운용한다는 사실을 가입자에게 통지한다. 고객통지 이후에도 운용지시 없이 다시 2주가 지나면 비로소

사전에 지정한 디폴트옵션으로 자동투자된다. 단, 신규가입자는 부담금이 납입된 후 2주가 경과하기까지 운용지시가 없으면 지정된 디폴트옵션으로 자동투자된다. 물론 가입자가 디폴트 옵션 등록을 하지 않은 경우는 자동 투자되지 않는다. 디폴트옵션상품은 정부가 엄격하게 승인한 적격연금상품이 대상이며 가입자의 투자성향에 적합한 장기투자상품으로 구성된다. 물론 디폴트옵션 상품으로 운용하다가 언제든 자신이 원하는 개별상품으로 변경할 수 있다. 반대로 본인이 알아서 운용하다 디폴트옵션상품으로 전환도 가능하다.

디폴트옵션으로 선정된 상품들은 주로 장기 자산배분형 TDF로 구성되어 있어 투자기간과 투자 목적에 맞추어 신중하게 판단해야 한다. TDF는 장기 운용전략을 택하기 때문에 운용초기에 주식투자 비중이 높고 만기가 가까워져 올수록 안전자산 비중을 늘리는 특성이 있다. 따라서 본인의 퇴직시점을 감안하고 투자성향과 투자전략에 부합한지 판단 후 적합한 디폴트옵션 상품을 선택해야 한다. 특히 디폴트옵션은 사전지정 등록이 1개의 상품으로 제한되기 때문에 전문가와 상의하여 충분히 이해한 후 투자를 결정해야 한다.

디폴트옵션 적격투자상품으로는 원리금보장형상품, 타깃데이트 펀드(TDF), 밸런스펀드(BF), 스테이블밸류펀드(SVF), SOC펀드(부동산 인프라펀드) 등이 있다. 금융기관이 제공하는 디폴트 옵션 상품들은 대부분 투자성향에 맞춰 다음의 4가지 형태의 포트폴리오 상품으로 제공되고 있다.

구 분	초저위험 원리금보장형	저위험 안정추구형	중위험 안정추구형	고위험 수익추구형
위험등급	5등급(초저위험)	4등급(저위험)	3등급(중위험)	2등급(고위험)
투자적합 고객	예금 또는 적금 수준의 수익률 기대, 투자원금에 손실이 발생하지 않기를 기대하는 투자자에게 적합	투자원금의 손실위험은 최소화하고 이자소득이나 배당소득 수준의 안정적인 투자를 목표로 하는 투자자에게 적합	위험선호도가 높은 투자자를 위한 상품으로 투자원금의 보전보다는 위험을 감내하더라도 높은 수준의 투자 수익 실현을 추구하는 투자자에게 적합	위험선호도가 높은 투자자를 위한 상품으로 투자원금의 보전보다는 위험을 감내하더라도 높은 수준의 투자 수익 실현을 추구하는 투자자에게 적합
투자전략	원리금보장 예금에 100% 투자	원리금보장 예금 60% + TDF 40% 자산배분투자	TDF 혼합전략 자산배분투자	TDF 혼합전략 적극적인 자산배분투자
구성	은행예금 100%	은행예금60%+ TDF40%	TDF 혼합 100%	TDF 혼합 100%

* 자료 : 대신증권 연금솔루션부 디폴트옵션상품 참조

　　디폴트옵션제도 도입이 기존의 원리금보장상품 중심의 보수적인 운용을 반드시 실적배당상품으로 전환하라는 의미는 아니다. 가입자들의 무관심과 인식을 깨워서 본인의 퇴직연금 운용관리에 내실을 기하자는 취지이다. 디폴트옵션제도 시행으로 무분별하게 실적배당상품으로 전환을 유도하는 일이 발생하지 않도록 각별히 주의해야 한다. 자칫 기존 적립금 운용에 비해 더 위험한 운용이 될 수 있기 때문이다. 투자상품의 위험성을 간과하고 고수익, 장기투자의 장점만 부각되어 퇴직연금이 더 부실해지는 일이 발생하지 않게 해야 한다. 본인이 자산배분 비율을 정하고 원리금보장상품과 인덱스형 실적배당상품의 적립투자가 균형있게 운용되는 것이 가장 바람직하다. 그러나 장기로 신경을 쓰지 않고 관리할 요량이면 자신의 투자성향과 투자목적에 부합한 적절한 디폴트옵션 상품을 선정하여 꾸준히 적립투자하는 것도 좋은 방법이 될 것이다. 어떤 방법으로 퇴직연금을 운용하든 자신이 정확히 이해하고 여유를 갖고 결정할 것을 권한다. 디폴트옵션상품 투자가 수익률을 높이는 투자만능은 아니기 때문이다. 오히려 주의가 더 필요하다.

④ 중소기업퇴직연금기금제도

중소기업퇴직연금기금제도란 상시근로자 30명 이하 중소기업의 사용자, 근로자가 납입한 부담금으로 기금을 조성하여 운용하고 근로자가 퇴직할 때 퇴직급여를 지급하는 제도이다. 근로복지공단이 주관이 되어 노사대표, 정부, 근로복지공단 및 전문가로 이루어진 운영위원회의 합리적 의사결정을 통해 외부 전문기관과 공단이 운용하는 퇴직연금제도이다. 중소기업퇴직연금기금제도를 통해 소규모 사업장의 퇴직연금 도입률을 높이고 소속 근로자의 노후자산을 전문적으로 운용하여 근로자의 은퇴 후 삶을 안정적으로 보장하는 것을 목적으로 한다.

중소기업퇴직연금기금제도 운영은 퇴직연금 DC형제도와 유사하다. 사용자는 매년 연간 임금총액의 1/12 이상을 근로자의 퇴직연금계좌에 납부한다. DC형제도는 근로자 본인이 운용을 직접해야 하지만, 중소기업퇴직연금기금은 근로복지공단이 선정한 전문기관이 위탁받아 대행하게 된다. 근로복지공단은 퇴직연금기금운용 위탁기관을 금융사업자인 은행, 증권, 보험 사업자를 대상으로 경쟁을 통해 선정하게 된다. 중소형 개별사업장의 소규모 근로자들의 퇴직연금 관리의 효율성을 높이고 투자위험을 줄이기 위한 방편으로 기금운용 방식을 도입한 것이다. 기금운용 방식을 통해 전문기관이 규모경제 효과를 발휘하면서 위탁금융기관을 경쟁시켜 가입자의 수익률 증대를 기대할 수 있고 수수료도 낮출 수 있게 된다. 근로자 입장에서 보면 매우 바람직한 운용관리 방식으로 적극적으로 권장한다. 국가는 사용자부담금의 일부를 예산 범위 내에서 지원한다. 저소득 가입자를 고용한 사용자는 사용자부담금의 10%를 제도 시행일부터 3년간 지원받게 된다. 2022년도 월평균 보수가 최저임금의 120%에 해당하는 230만 원 미만 근로자가 지원대상이었다. 기금제도를 활용하면 사용자는 근로자에 대한 부담금 10%를 지원받을 수 있고 수수료 절감으로 비용도 줄일 수 있는 장점이 있다. 근로자 입장에서는 투자전문가들이 안정성과 수익률을 함께 고려하여 적립금을 운용해 주고 퇴직금이 외부 기금에 적립되어 체불위험도 사라지게 된다. 무엇보다 투자금융지식이 부족하고 운용능력이 미숙한 근로자들을 대신하여 전문투자기관이 운용해 준다는 것이 최고의 장점이다.

퇴직연금의 성공은 어디에 달려 있을까? 시간이 지나면 알아서 해결될까? 어떤 제품이든 작동하기 전에 반드시 사용설명서를 숙지하고 작동요령을 알고 사용해야 한다. 만약 사용설명서를 제대로 숙지하지 않고 어림짐작으로 조작하다 큰 사고가 날 수 있고 구매한 상품을 망가뜨릴 수 있다.

위험천만한 투자를 할 때에도 마찬가지이다. 투자대상에 대한 제대로 된 이해 없이 달려들다가는 수익은커녕 가진 재산을 모두 잃을 수 있다. 투자의 기본지식과 투자상식을 가지고 자신의 눈높이게 맞게 접근하는 것이 바람직한 태도이다. 지레짐작이나 감으로 쉽사리 접근하다가 큰코 다칠 수 있다. 공부만으로 모든 게 해결되는 것은 아니지만 최소한 자신이 투자하는 상품에 대해서는 정확하게 알고 믿음을 가지고 투자해야 한다. 투자학 박사가 될 필요도 없고 박사가 되었다 해서 투자를 잘하는 것도 아니다. 내가 투자하는 투자대상에 대해서만은 120% 완벽하게 알고 투자하라는 것이다. 투자되는 기초자산, 위험과 수익의 구조, 손실한도와 감내수준, 목표수익률, 수수료율 등 확인하고 비교할 수 있는 사실에 대해서는 모두 내 눈으로 확인하고 정확히 이해해야 한다. 제대로 모르고 무작정 투자하면 불안하게 되고 묻지마 투자가 되어서 투자결과는 하늘의 뜻에 맡기는 수밖에 없다.

어떤 사람은 신중한 투자를 당부하면 이래도 저래도 깨질 팔자면 뒤로 넘어져도 코가 깨지는 법이라 면박을 주기도 한다. 과연 운명과 노력의 저울추가 어디를 향할지는 모르겠으나 최선을 다하고 당하는 편이 백배 나은 거 아닌가? 상식에 맞는 투자를 해야 한다는 말이다. 투자 공부는 실전투자에서 수많은 헛발질을 줄여준다. 투자공부가 싫으면 투자하지 않는 것이 좋다. 부지런히 저축하는 방법을 택하면 된다. 투자가 만사는 아니기 때문이다. 아무거나 투자한다고 수익이 나는 건 결코 아니다. 안 하는 것이 백배 나은 경우가 훨씬 많다. 투자에는 통제되지 않는 다양한 위험이 따르기 때문에 투자대상에 대한 면밀한 연구와 이해가 없이는 투자에 발을 담그지 않는 편이 낫다. 목숨 다음으로 소중한 것이 돈일 텐데 투자를 게임하듯 배팅하는 투자습관은 바로잡아야 한다. 잘못된 투자습관이 인생절벽, 노후파산의 근본적인 원인이 되기 때문이다. 의욕만 가지고 탐욕스런 마음을 숨긴 채 투자한다 말하는 사람들이 많다. 동네 이장도 알아야 무시당하지 않는다. 특히 주식시장에서의 기본절차와 상식은 뒷전이다. 단순히 자신의 촉과 감에 의지하여 분위기에 편승한 기분파 투자자들이 단기매매에 열을 올린다.

건강한 투자활동을 위해 투자의 기본과 상식부터 다잡아야 한다. 기본이 갖춰지지 않으면 뒤죽박죽 자기 소견에 맞춰 투자하게 되고 발전이 일어나지 않는다. 끝없는 시행착오만 반복하며 가진 재산을 모두 잃게 된다. 평생을 두고 투자활동을 할거라면 처음 투자습관을 잘 체득해 두어야 한다. 준비 안 된 투자활동은 안 함만 못하고 해서도 안된다. 안 해도 먹고 살 수는 있지만 잘못 투자하면 평생 굶을 수 있다.

가장 쉬운 투자공부 방법으로 꾸준히 경제신문을 정독하는 것이 도움이 된다. 그리고 투자의 정석을 이야기하는 책을 읽으며 자신의 투자철학과 투자원칙 등을 정립해 가는 것이다. 단기에 몇억을 벌었다느니, 투자대박 비법이라느니, 투자성공 노하우에 관심을 두기보다 투자정석에 대해 무장하는 것이 도움이 된다. 흔들리지 않는 투자를 하기 위해서는 자신만의 투자원칙과 기준이 있어야 하고 해박한 지식이 있으면 두려움에도 잘 대처할 수 있게 된다. 투자세계는 심리 전쟁터이기도 하다. 모르고 덤비면 불안해서 오래 버티지 못하고 투자고수들과의 심리전쟁에서 이기지 못한다. 단기매매 자체가 무리이고 불가능한 모험인데, 일반 투자자가 완전무장한 기관과 외국인 앞에 비무장으로 맞서는 것은 무모한 짓이다. 이러한 무모하고 불가능한 모험투자를 하지 않기 위해서 투자정석 공부를 하라는 것이다. 투자공부를 열심히 해야 하는 이유는 자신의 한계를 이해하고 자기 주제를 파악하기 위한 과정이다. 투자공부를 제대로 한 사람이면 함부로 나서지 않을 것이다. 투자행위가 얼마나 어렵고 위험천만한 일인지 알기 때문이다.

그러면 투자상식은 무엇일까? 투자대상에는 무수히 많은 종류의 기초자산이 있다. 주식, 채권, 펀드, ELS, 달러, 금, 실물부동산 등 헤아릴 수 없이 많은 투자대상 자산이 있다. 투자대상들은 각각 고유의 특성과 다양한 위험·수익구조를 가지고 있어서 제대로 이해하기도 어렵다. 금융전문가도 모든 투자상품에 대해 다 알기는 어렵다. 그러다 보니 선량한 관리자 입장에서 상품을 추천한다고 해도 완벽할 수가 없다. 따라서 금융기관 담당자의 설명이나 투자권유만 믿고 투자하는 것은 불안할 수 있다. 본인이 권유받은 상품에 대해 정확히 이해하고 확인한 후 투자결정을 하는 게 가장 바람직하다. 투자판단에 대한 결과는 오로지 자신의 책임이고 자기 몫이기 때문이다. 금융기관 담당자와 투자자의 생각이 다를 수도 있다. 본인의 투자목표와 목적에 정확히 부합한 투자권유를 하는지 알 수 없다. 금융기관 담당자는 당신의 투자결정을 돕는 조언자이고 그 시점에서 가장 우수한 상품을 안내할 뿐 끝까지 책임져 주는 사람은 아니다.

퇴직연금 가입자에게 운용지시서 작성을 위해 투자상품 설명을 진행하며 가장 아쉬운 것이 가입자교육이었다. 퇴직연금의 투자와 관리에 관심이 부족하고 소극적으로 따라 하는 정도여서 아쉬움이 많았다. DC형 퇴직연금 투자가 본인이 주도적으로 투자한다는 의미를 제대로 인지하지 못하고 있어서 정말 저렇게 투자관리가 이뤄져도 괜찮을까 하는 의구심이 들었다. 근로자들이 투자에 대해 두려움이나 부담스러운 기색이 별로 보이지 않아 깜짝 놀랐다. 분위기에 편승하여 금융기관이 안내하는 대로 따라 하거나 일부 똑똑한 동료의 운용지시를 참고하여 작성하는 수준이었다. 가입자 교육에도 관심이 없고 투자에 관한 기본원칙이나 주의할 점을 이야기해도 귀담아 들으려 하지 않는다. 투자성향이나 투자원칙에 대해 안내하여도 고리타분한 교과서 이야기로 치부하기 일쑤였다. 그러다 보니 연 1회 이상의 가입자교육도 형식적인 절차로 진행되고 대다수 사업장에서는 시간 낭비로 생각하여 인터넷이나 서면교육으로 대체하고 있는 실정이다. 가입자의 투자교육이 충실히 이루어지고 가입자들의 관심이 향상되지 않는 한 퇴직연금제도(DC형/IRP형)의 안정적인 정착은 쉽지 않을 것이다. 투자의 기본원리를 모르고 분위기나 안내에 따라 소극적으로 접근하다 보니 수시로 교체매매 하거나 아니면 방치해 버린다.

근로자들도 투자해서 수익이 나고 퇴직금이 불어나는 재미가 있어야 신이 나는데 시간이 지나도 말짱 도루묵이다 보니 사유를 만들어서 중도인출을 하고 생활자금으로 사용하기도 한다. 노후자금의 한 축이 무너져 내리는 것이다. 어떻게든 사적연금을 강화시켜야 하는 상황에서 악순환의 연속이다. 사적연금의 성공은 무엇보다 가입자들의 올바른 투자인식이 선행되어야 한다. 똑똑한 투자를 할 수 있어야 한다. 금융과 투자에 대한 기본 상식과 지식을 축적하고 투자자산의 성격에 맞는 투자법을 배워야 한다.

물론 금융기관 역할도 매우 중요하다. 퇴직연금의 특성을 감안하여 투자지식이 부족해도 마음 놓고 안정적으로 투자할 수 있게 경쟁력 있는 상품을 제공하고 사후관리에도 주의를 기울여야 한다. 그리고 가입자교육은 금융사업자가 사후관리 업무 중 핵심적인 역량으로 수행해야할 경쟁요소이다. 시스템과 조직을 갖추고 가입자 한 사람 한 사람을 평생고객으로 관리하는 경영마인드로 접근해야 한다.

무엇보다도 퇴직연금 가입자가 자기주도의 건강한 투자습관을 갖기 위해 노력해야 한다. 제대로 알고 투자하려는 자세와 신중한 투자상품 결정, 장기적 안목을 가지고 꾸준히 적립투자하는 정석투자를 생활화해야 한다. 아무리 바빠도 본인의 퇴직금 관리보다 중대하고 우선일 수 있는 일은 없다. 퇴직연금에 대한 관심과 투자상식을 갖추고 있어야 어처구니없는 퇴직연금 관리가 되지 않는다.

재테크 강의를 요청받아 여러 자리에서 자산관리 요령을 설명하고 나면 질의시간과 상담창구에서 요구하는 레퍼토리가 정해져 있다. 다짜고짜 추천종목을 콕 찍어 달라는 것과 그래서 추천하는 것이 무엇이냐는 것이다. 다른 거 필요 없고 정답만 알려달라는 것인데 참으로 난감하다. 혹여나 다른 이야기로 이해를 도우려 할라치면 다 필요 없고 따끈한 종목이나 추천해 달라는 것이다. 필자가 점쟁이도 아니고 어차피 찍어줘야 아무런 도움이 되지도 않을 게 뻔하고 필시 거짓말쟁이가 될 것을 알고 있다. 어차피 지금 핫한 종목이나 전략상품을 추천할 수밖에 없는데 이러한 종목이나 상품은 이미 시장에 소문이 나서 조만간 조정에 들어갈 확률이 매우 높은 것들이다. 너무 부담되는 난감한 상황에서는 우리나라 대표주 중 하나를 추천하게 되는데, 그조차도 타이밍이 안 맞아 하락하게 되면 여지없이 비난이 빗발친다. 투자의 기본원칙이나 투자요령을 익혀서 시행착오를 줄이려해야 하는데 마냥 투자고수의 추천종목이나 추천상품에만 관심이 있다. 정말 답답할 노릇이다.

이론과 실전이 같지 않듯 투자도 생각같이 쉬운 일이 아니다. 평생을 투자업계에 몸담아 왔지만 투자는 여전히 어렵고 두렵다는 생각이

든다. 투자공부를 하여 자격증을 취득하고 투자고수들의 투자원칙과 원리를 배우고 각종 투자기술을 익힌다고 해서 정복할 수 있는 영역이 아니다. 그래서 정답이 없는 것이 맞는 말이다. 투자대상에 대해 잘 아는 것이 기본자세이지만 그것이 전부가 아니며 투자원칙을 따라 겸허한 마음으로 접근하는 것이 현명하다. 선무당이 사람 잡는 식의 어설픈 지식으로 기고만장하게 투자하다가는 대형 사고가 나기 쉽다. 벼가 여물수록 고개를 숙이듯 투자에는 지극히 겸손한 자세가 중요하다.

오늘날 금융과 투자에 관한 기본지식과 투자상식은 자신의 경쟁력이고 생존기술이다. 학습은 단지 투자를 위해서만이 아니라 인간의 편견과 아집을 줄이기 위한 노력이다. 대상에 대해 아는 것이 빈약하면 제한된 편견이 전부가 될 수 있다. 아는 만큼 넓은 시야로 대상을 바라볼 수 있고 편협한 생각과 판단을 줄일 수 있다.

입시와 취업에 올인한 사회초년생들에게 투자상식과 건강한 투자습관을 주문하고 싶다. 헛똑똑이로 준비 없이 여기저기 베팅하는 무분별한 투자행위는 평생 도움이 되지 않으며 건강한 투자습관이 아니다. 잘못된 투자습관이 당신의 미래를 망칠 수 있음을 명심해야 한다. 준비된 자에게 기회도 찾아온다.

미국의 정부기구 FLEC(Financial Literacy & Education Commission)도 금융교육의 중요성과 역할에 대해 역설하면서 '금융교육은 경제적 기회의 문을 열고, 탄탄하고 탄력적인 경제력을 기를 수 있는 열쇠이다'라 한다.

[별첨2. 가두리양식투자법]

자산관리 방법에는 크게 투자관점과 축적의 관점 두 가지 접근법이 있다. 투자효율을 우선하여 위험을 무릅쓰고 적극적으로 투자하는 자산과 긴 시간을 두고 꾸준히 적립하고 쌓아가는 투자자산이 있다. 전자는 시황과 가격변동성을 이용해 단기투자 성격의 투자기법으로 투자지식과 투자경험 그리고 감각이 매우 중요한 요소가 된다. 반면 연금자산과 같이 노후보루자금으로 장기간 투자되면서 안정성이 담보되어야 하는 자산은 단기시황이나 매매회전을 이용한 투자기법이 되어서는 안 된다. 개인의 투자성향과 위험에 대한 태도, 투자에 대한 이해 정도에 따라 다르지만, 장기 연금자산 관리는 본인의 투자원칙에 맞게 꾸준히 쌓아가고 축적하는 투자방식이 바람직하다. 일명 가두리양식투자법이다. 사고 파는 매매회전을 줄이고 투자전략과 투자원칙에 따라 일관되게 자산을 쌓고 모아가는 투자를 말한다. 자산의 성격이 다르면 투자하는 방식도 달라야 한다.

퇴직연금은 축적의 관점에서 투자효율을 찾아야 한다. 가입자는 긴 안목에서 투자목적과 목표를 가지고 투자원칙에 충실히 유지 관리해 가야 한다. 퇴직연금 투자는 철저히 장기자산배분에 따라 분산적립투자이어야 한다. 매매기술이 부족한 근로자가 현업에 종사하면서 매매회전(수시 교체매매 또는 ETF매매)을 늘리고 과도한 위험자산 편향의 운용을 고집해서는 안된다. 기본적인 원칙과 적립투자 방식을 무시하고 자기 소견대로 이래저래 운용하다가 시행착오만 반복하게 된다.

필자는 자기 투자원칙을 가지고 지수형 투자상품으로 분산적립투자하는 방식이 아니면, 그리고 투자에 자신이 없고 두려우면 망설이지 말고 우선은 예적금을 포함한 안전자산 위주로 쌓아갈 것을 권한다. 연금

투자는 편안한 마음으로 잊어버리고 적립하며 쌓아가는 투자여야 장기간 유지해 갈 수 있다. 조마조만한 마음이 들고 자신의 투자 결(潔)과 맞지 않은 투자대상에 깜깜이 투자가 되면 오래 버티지 못한다. 주변에서 뭐라 하든 본인의 퇴직금을 본인의 소신으로 일관되게 관리해 가는 것이 현명하다. 투자의 기본은 원금을 깨 먹지 않는 데서 시작된다. 그리고 진짜 투자고수는 자주 매매하지 않고 일 년에 한두 번 확실한 기회에 확실한 수익을 얻는다. 물론 말처럼 쉬운 일이 아니라서 지수형 상품으로 묻어두고 꾸준히 적립투자 하라는 말이다. 이조차도 무섭고 어려우면 마음 편하게 원리금보장상품으로 더 많은 금액을 적립해 가면 된다.

가치투자의 대가 벤저민 그레이엄은 저서 「현명한 투자자」에서 "투자는 철저한 분석을 통해 원금의 안전과 적절한 수익을 보장하는 행위이고, 이 요건을 충족하지 못하면 투기다"라 했다. 당신은 투자를 하고 있는가? 투기를 하고 있는가? 투자상식과 투자의 기본속성을 무시하고 자신의 감이나 타성에 젖어 돈놀이를 하고 있지는 않은가? 무엇에 투자하든 투자대상에 대해 정확히 알지 못하고 묻지마 투자를 하고 있다면 로또를 사는 게 나을 것이다. 잘못된 투자습관을 반복하며 왜 나만 배신하느냐 원망해야 아무 소용이 없다.

워렌 버핏이 강조하는 투자의 제1원칙 손해나지 않는 투자를 위해서는 허황된 고수익을 상상하며 주제넘은 투자행위를 하지 않는 것이 기본이고, 상식에 기반하여 지수형상품에 장기적립투자하는 것이 최선이다.

연금의 유래는 고대 로마시대 국가방위를 위해 직업군인을 확보하고자 유인책으로 마련한 것이 연금의 효시이다. 국가를 위해 평생 헌신한 노병들의 노년을 보장하기 위해 봉지(땅)를 주고 식량을 지원하였던 것이다. 오늘날 퇴직연금의 성격 또한 공로보상과 노후보장의 의미를 띠고 있어 자금의 성격을 이해할 수 있다. 그래서 퇴직연금을 최후보루자금 또는 노후생활의 종잣돈이라고 부른다. 누구나 평생 현역일 수는 없으며 은퇴에서 자유로운 사람도 없다.

3) 개인형 IRP(Individual Retirement Pension)

개인형 IRP(이후 "IRP계좌"라 한다)는 근로자가 회사에 재직하는 동안 적립된 퇴직연금을 퇴직 시 수령받게 되는 퇴직연금 전용계좌이다. IRP계좌는 퇴직금을 수령받기 위해 의무적으로 개설해야 하는 필수계좌이다. 직장을 이·전직 시 받게 되는 퇴직연금을 통산하여 관리하는 계좌이기도 하다. IRP계좌에 입금된 퇴직금을 연금이나 일시금으로 수령받게 된다.

보통 하나의 IRP계좌에 회사가 지급하는 퇴직급여와 본인이 추가 납입하는 금액이 구분되어 관리된다. 만약 중도에 일부 인출할 계획이 있다면 IRP계좌를 복수로 개설하여 관리해야 한다. IRP계좌에서는 일부 중도인출이 불가능하기 때문이다. 예를 들어 회사가 지급한 퇴직급여만 해지하고 본인이 추가납입하여 계속 세액공제를 받고자 한다면 각각의 용도로 IRP계좌를 개설해야 한다. IRP계좌는 금융회사별 1인 1계좌 개설이 가능하다.

퇴직연금은 소득공백기 당장 소득대안이 없을 때 유용하게 가교연금으로 이용하기도 한다. 노후자금 용도지만 생계유지를 위해 지금 불은 끄고 봐야 하므로 국민연금 수령기까지 불요불급하게 활용될 수 있다. 이 경우 희망퇴직급여와 회사가 지급한 퇴직급여분을 해지하여 가교연금으로 이용할 수 있다.

IRP계좌는 퇴직연금 가입자뿐만 아니라 공무원, 군인, 교사, 자영업자도 가능하여 세액공제를 받으면서 노후연금을 더욱 두텁게 만들어 갈 수 있다.

퇴직연금 1억을 가교연금으로 받을 경우

연금수령기간	매년 받을 수 있는 금액	매월 받을 수 있는 금액
5년간 수령	1,725만 원	143만 원
10년간 수령	862만 원	71만 원
15년간 수령	575만 원	47만 원
20년간 수령	431만 원	35만 원

* 적립기간 이자나 수익률은 고려하지 않음(원금 기준)

개인이 추가하여 준비하는 사적연금상품으로 IRP계좌와 연금저축계좌가 있는데 이를 통칭하여 연금계좌(IRP계좌+연금저축)라 부른다. 공통적으로 개인이 여유자금으로 노후자금과 세액공제 용도로 활용하고 있지만 운용방법, 수수료, 공제한도 등에서 차이를 갖고 있다.

연금계좌(IRP계좌+연금저축)는 통산하여 연간 1,800만 원 한도로 통합 관리된다. IRP계좌와 연금저축 합산 최대 900만 원이 세액공제 한도이며 공제한도의 13.5%~16.5%가 환급금액이 된다. 연금저축계좌가 없는 가입자는 IRP계좌에 900만 원을 불입하여 한 번에 세액공제를 받을 수 있다.

IRP계좌 세액공제 금액

연간 근로소득	공제율(지방세 포함)	최대 900만 원 납입시 세액공제금액
5,500만 원 이하	16.5%	1,485,000원
5,500만 원 초과	13.2%	1,188,000원

IRP계좌는 원리금보장상품을 비롯해 다양한 투자상품을 투자할 수 있는 특징이 있다. DC형 투자요령과 동일하다. IRP계좌를 단순히 세액공제상품으로 인식하고 단기적으로 운용하다가 중도에 해지하는 경우에는 세액공제 받은 금액보다 많은 세금을 회수당하기 때문에 주의해야 한다. 회사가 지급하는 퇴직급여분도 연금으로 수령해야 저율의 연금소득세 혜택을 받을 수 있다.

연금계좌는 연금수령 조건을 충족하여 연금으로 수령할 때 최고의 상품이지만 중도해지나 연금이 아닌 일시금 수령 시에는 기타소득세 16.5%가 부과됨을 기억해야 한다. 따라서 자금의 성격과 사용 목적을 고려하여 가입과 해지를 신중하게 결정해야 한다.

IRP계좌 세액공제 요건 및 과세체계

적립 시	연금수령 시	중도해지 또는 일시금 수령
• 연간 불입한도 1,800만 원 (연금저축과 통합한 금액) • DC형 추가납입 또는 IRP 불입액 900만 원 한도 세액공제 • 한도금액의 13.5%~16.5% 세액공제금액 환급	• 연금수령기간 10년 이상 • 사적연금수령금액 연간 1,200만 원 초과시 종합과세 * 55세 이후 가입일 5년 경과 의료목적 중도인출 시 연금소득 과세	• 중도해지 또는 일시금 수령시 기타소득세 16.5% 분리과세 • 사망 등 부득이한 사유 연금외 수령 시 3.3~5.5% 분리과세

* 2023년 세법개정 기준

IRP계좌를 통해 연금을 수령할 수 있는 조건은 만55세 이상, 가입기간 최소 5년 이상, 10년 이상으로 수령해야 세제혜택을 받을 수 있다. 퇴직급여의 연금소득세는 퇴직소득세의 70% 수준으로 30%를 감면해주며 연금소득세율은 나이에 따라 70세 미만 5.5%, 70~79세는 4.4%,

80세 이상이면 3.3% 세율로 차등 과세한다. 연금수령 시 적립금 인출 순서는 ①세액공제를 받지 않은 개인납입금액 ②회사가 적립해준 퇴직소득 ③마지막으로 세액공제 받은 금액과 운용수익 순으로 인출이 이루어진다. 세액공제 받은 금액과 운용수익이 연 1,200만 원을 초과하면 종합소득에 합산되어 과세된다.

연금소득 과세체계

납입단계	운용단계	수령단계
납입금액 세액공제 (가입자 추가납에 한함)	운용수익 과세이연 (수령시 과세함)	연금수령시 연금소득과세 • 만 55세 ~ 69세 : 5.5% • 만 70세 ~ 79세 : 4.4% • 만 80세 이상 : 3.3%
13.2% (최대 16.5%)	EET	연금 외 수령시 기타소득세 (16.5%)

연금을 수령하는 방식은 본인의 자금 필요에 따라 다양하게 설계할 수 있다. 매년 최대 인출 가능한 금액까지 출금하여 활용하는 방법, 일정 기간 동안 정액으로 수령하는 방법 등이 있다. 실무적으로 연금을 지급하는 대표적인 방식은 금액지정형, 기간지정형, 금액-기간지정형, 구간지정형이 있다.

금액지정형은 매월 일정금액으로 100만 원, 200만 원 등 본인이 받고자 하는 금액을 지정하는 방식으로 적립금이 소진될 때까지 지정된 금액이 지급되고 최종 회차에 잔여금액이 지급된다. 정해진 금액을 고정적으로 지급받을 수 있어 안정적이지만 운용성과에 따라 기간이 변동된다.

기간지정형은 수령기간을 10년, 20년 등 확정기간 동안 받고자 할 때

각 지급시점의 평가금액을 남은 회차로 나누어 지급액을 결정한다. 매번 연금액이 변동될 수 있는 단점이 있지만 정해진 기간 동안 지급받을 수 있다는 장점이 있다.

IRP 연금수령 방식

구 분	세부 내용
금액지정형	매월 100만 원, 200만 원 등 확정금액으로 수령 : 지급액은 가입자가 매회 받고자 하는 금액을 지정함(적립금이 소진될 때까지 지정된 금액을 지급하고 최종회차에 잔여금을 지급함)
기간지정형	10년, 20년 등 기간을 확정하여 연금을 수령 : 지급액은 각 지급시점의 적립금 평가액을 잔여회차로 나누어 일정액 지급. 보통 연금지급기간 5년 이상 연단위 선택
금액-기간지정형	기간지정+금액지정 방식 : 지정된 기간 동안 지정한 금액을 지급하고, 최종회차에 잔여금액을 지급함. 연금지급기간 5년 이상 연단위 선택
구간지정형	국민연금 수령 전에는 많이, 이후에는 적게 수령 : 지급기간을 2개 구간으로 나누어 지급 금액을 달리하여 수령. 지정된 기간 지정된 금액을 지급하고 최종회차에 잔여금 지급

* 출처 : 대신증권 연금솔루션부 제공

2. 주택연금/농지연금/산지연금

1) 주택연금

우리나라에서 내 집 마련 문제는 그야말로 뜨거운 감자이다. 내 집 마련의 꿈은 인간의 본원적 욕망이지만 특히 우리나라의 내 집 마련에 대한 애착은 유별나다. 인간의 가장 기본적인 안정에 대한 욕망은 오두막일지라도 두 다리 뻗고 몸을 널 수 있는 독립된 공간이 기반이다. 우리나라에서 주택정책은 집권하고 있는 정권의 존속까지 뒤흔드는 매우 민감한 아킬레스건이다. 노후준비와 재테크 관점에서도 주택마련은 해도 그만 안 해도 그만인 사항은 아니다. 자신의 재무상황을 감안하여 가장 먼저 자기 형편에 맞는 주거계획을 세워야 한다. 가급적 은퇴 전에 주거문제는 우선적으로 해결하는 것이 좋다. 특히 은퇴를 앞두고 노후 주거문제에 대해서는 사전에 주도면밀하게 검토되어야 하는데, 자가 여부, 주택규모, 주거 위치, 자금계획 등 실제적이고 감당할 수 있는 수준에서 이루어져야 한다. 자가 형편이 어렵다면 장기전세 쉬프트나 건물분양 방식 등 대안적 주거안정 방법을 적극적으로 활용할 수 있어야 한다. 내 집 마련에는 목돈이 소요되기 때문에 부채가 수반되고 그에 따라 부채상환 계획과 주택연금으로 활용, 상속에 이르기까지 신중하게 고려하여 가족과 함께 정하는 것이 바람직하다.

노후연금과 함께 주거계획이 노후준비 점검의 핵심이다. 내 집 마련은 은퇴 전에 여유를 가지고 자산관리 차원에서 가장 먼저 고려해야 할 부자자산이다. 주택청약이나 다양한 투자기회를 탐색하여 내 집 마련에 우선순위 두는 것을 권한다. 일찌감치 주거가 안정되면 여러 가지 측면에서 긍정적인 요소가 많다. 그렇다고 무리하게 시작하여 감당하기 어려운 지경으로 치닫게 하는 것은 현명하지 않다. 주거계획에도 개인의 가치관과 경제적 여건이 다르기 때문에 정답은 없다. 그렇다고 은퇴 무렵이 되어서야 조급하게 무리하여 집 장만하는 것은 피해야 한다. 본인의 경제적 형편에 맞추어 합리적인 주거방안을 마련해야 노후 족쇄가 되지 않는다. 무리한 빚투로 현금흐름이 감당할 수준을 벗어나면 노후 내내 독이 될 수 있다. 과도한 담보대출이나 이자상환에 부담이 커지면 노후연금을 빚 갚는데 써야하기 때문이다.

내 집 마련은 정서적 안정뿐만 아니라 평생연금 수단으로 활용할 수 있다. 자가주택은 자신의 노후를 책임지는 최후보루 수단으로 주택연금의 재원이 된다.

주택연금은 보유주택을 은행에 맡기고 평생연금을 받는 역모기지상품이다. 거주하는 자가주택을 담보로 연금을 지급하는 '주택담보 노후연금 대출'이다. 주택연금은 공시가격 9억 이하 주택에 만 55세 이상의 중장년이 거주하고 있는 집을 담보로 부부가 사망할 때까지 매달 연금으로 수령하는 정부보증 정책금융상품이다. 물론 주택시세가 최고점일 때 가입하는 것이 유리하다. 한번 가입하면 주택가격이 하락해도 월지급액은 달라지지 않는다. 만약 집값이 낮을 때 가입하여 월 지급액이 작으면 해지한 후 주택가격이 고점일 때 다시 가입할 수 있다. 중도해지 시에는 집값의 1.5% 수준의 보증료에 수령한 연금을 반납해야 한다. 참고로 재가입은 해지 후 3년이 지나야 가능하다. 주택연금은 대출개념으로 직접 상환할 수 있고 주택가격이 고점일 때 주택을 처분하여 상환할 수도 있다. 대출금을 상환하고 싶을 때는 언제든 전부 또는 일부상환이 가능하고 별도의 수수료도 없다. 하지만 절차가 번거롭고 주택시세 예측이 쉽지 않기 때문에 신중해야 한다. 매월 지급되는 연금액은 가입당시 주택시세, 대출금리와 기대수명 등에 따라 결정된다. 주택연금은 은퇴 후 국민연금을 수령하는 만 65세까지 소득공백기에 증액하여 월지급액을 받을 수 있다. 주택연금은 최저생계비인 월 185만 원까지 압류가 불가능하여 신용이 악화된 노년층도 최소한의 혜택을 누릴 수 있다.

만약 60세에 8억 원 정도의 주택을 담보로 주택연금을 받는 경우 평생 매월 약 165만 원 정도의 연금액을 받을 수 있다. 현재 사는 집에서 아무 걱정 없이 부부가 종신토록 수령하며 살 수 있다. 오래 살수록 대박이다. 너무 오래 살아 담보로 잡은 8억 원의 주택가격을 초과해도 추가 불입을 요구하지 않으며 반대로 일찍 사망하여 잔여금이 남으면 법정상속인에게 상속이 된다. 보유자산이 부동산에 치중된 우리나라에서 부족한 노후연금 대안으로 주택연금 활용이 적합해 보인다.

주택연금 월지급액 예시

(단위:천 원)

구분	3억	4억	5억	7억	9억	12억
60세	614	819	1,023	1,433	1,843	2,457
65세	739	985	1,232	1,724	2,217	2,615
70세	901	1,202	1,503	2,104	2,705	2,763
75세	1,120	1,493	1,867	2,613	2,977	2,977

* 출처 : 한국주택금융공사(종신형/정액형. 2023.03.1 기준)

주택연금에는 일반 주택연금, 주택담보대출상환 주택연금, 우대형 주택연금, 주택연금 사전예약 보금자리론이 있다. 일반 주택연금은 만 55세 이상의 주택소유자가 주택을 담보로 노후생활자금을 지급받는 기본적인 주택연금으로 살아있는 동안 매월 일정한 연금을 받는 종신지급

방식과 확정기간 동안 지급받는 확정기간방식 그리고 일시금과 연금을 혼합하여 수령하는 종신혼합방식이 있다. 또 주택담보대출상환 주택연금은 주택소유자 또는 배우자가 만 55세 이상으로 부부기준 1주택, 9억 이하이어야 한다. 다주택자인 경우 합산 주택가격이 9억 이하여야 하고 합산가격이 9억을 초과한 2주택자는 3년 내 비거주 주택을 처분한다는 약정을 해야 주택연금 가입이 가능하다. 주택담보대출상환을 위해 연금 지급 한도의 50~90%까지 일시 인출도 가능하다. 담보대출이 있는 주택은 주택연금 가입이 제한되므로 인출제도를 이용하여 대출금을 상환하고 남은 한도 내에서 주택연금을 수령할 수 있다. 이렇게 하면 매월 부담해 오던 담보대출 이자를 납부하지 않아도 되고 연금을 시작할 수 있다. 만약 추후 목돈이 생겨 일시금으로 수령했던 금액을 상환하면 그만큼 주택연금 금액이 늘어나게 된다.

우대형 주택연금은 저가 주택을 보유한 주택소유자에게 우대혜택을 주는데 일반 주택연금보다 최대 21% 많은 연금이 지급된다. 주택가격이 부부기준 2억 미만 주택소유자가 해당되며 연금지급 한도의 45% 이내에서 필요에 따라 수시로 인출이 가능하다.

주택연금 사전예약 보금자리론은 본인 또는 배우자가 만 40세 이상이면 신청이 가능하다. 보금자리론을 신청하면서 주택연금 가입을 사전예약해야 하고, 주택연금 가입연령 도달 시 주택연금으로 전환되는 상품이다. 사전예약 보금자리론을 신청하면 일정 수준의 전환장려금 혜택도 받을 수 있다.

주택연금 가입자에게는 재산세 감면혜택이 주어진다. 주택가격 5억 이하는 25% 감면된다. 또 국민연금과 사적연금 등 기타 연금소득이 있을 때, 주택연금을 통해 발생하는 이자비용을 연간 200만 원 한도에서 소득공제 해 준다. 상속세 절세측면에서 매월 받는 주택연금액은 상속세 과세 대상에서 차감되어 과표가 줄어드는 효과도 있다.

주택연금 전용계좌 "주택연금지킴이 통장"을 개설하면 법에 의해 최저생계비 185만 원까지는 압류가 금지된다. 대출약정 금융기관과 동일한 기관에 주택연금 전용계좌를 개설해야 한다.

2) 농지연금

농지연금은 만60세 이상의 농업인이 보유한 농지를 담보로 맡기고 연금형태로 매월 받는 제도이다. 농지연금은 '한국농어촌공사 및 농지관리기금법'에 따라 농어촌에 농지를 가진 고령자를 대상으로 노후준비에 도움을 주기 위해 소유한 농지를 담보로 매월 생활비를 지급하는 하나의 대출상품이다. 정부가 시행하는 제도로 안전하게 연금을 받을 수 있다.

농지연금의 조건은 1,000제곱미터 이상의 농지를 소유하면서 만 60세 이상이고 영농경력 5년 이상, 농지 보유기간 2년 이상으로 직접 농사를 짓는 농업인이어야 한다. 영농경력 5년은 신청일 직전까지 연속적으로 5년이 아니고 전체 영농기간을 합산하여 5년 이상이면 된다. 현재 농업인이 아니라도 앞으로 5년간 농사를 지으면 된다. 대상농지는 지목이 전, 답, 과수원이어야 하고 실제 영농에 이용되고 있어야 한다. 신청일 현재 보유기간이 2년 이상이어야 하고, 신청인의 주소지가 농지 소재지 시군구 이거나 농지까지의 직선거리가 30킬로미터 이내 위치여야 한다. 농지에 압류, 가압류, 가처분 등 권리제한이 설정되어 있거나, 농업 목적이 아닌 시설이나 불법건축물이 설치되어 있으면 안 된다.

또한 부부를 제외하고 2인 이상이 공동으로 소유하고 있는 농지는 대상에서 제외되며, 각종 개발지역으로 지정 및 인가 고시된 개발계획 확정 농지도 제외된다.

은퇴 후 농지연금을 염두하고 있다면, 현재 55세인 사람이 자격요건을 갖추었다가 60세가 되어서 농지연금에 가입하면 된다. 가입조건을 갖추고 경매나 공매로 농지연금에 적합한 농지를 낙찰받은 후 2년이 경과하면 농지연금 대상농지가 된다. 2년을 자경한 농지가 아니라도 2년간 보유만 해도 되기 때문이다.

농지연금의 장점은 첫째, 연금을 받는 기간에도 계속 농지를 이용할 수 있다. 농지연금을 받으면서 담보농지를 직접 경작하거나 임대도 가능하여 연금 이외의 추가소득도 가능하다. 둘째, 부부에게 종신 지급한다. 연금수령액이 담보농지 처분 후 상환하고 남은 금액이 있으면 상속인에게 돌려주고 부족하더라도 더 이상 청구하지 않는다. 셋째, 재산세를 감면해준다. 6억 원 이하는 전액 감면하고 6억 원을 초과하면 6억 원까지 감면해준다. 넷째, 농지연금 수령 중 토지개발 호재가 발생하여 지가가 상승하면 중도에 연금을 해지하고 매각하여 정산 후 차액을 수령할 수 있다. 이밖에도 부부가 각각 연금 가입자격 조건이 되면 각 300만 원씩 수령이 가능하고 '농지연금 지킴이 통장'에 가입하면 월 185만 원까지는 압류금지로 연금을 보호받을 수 있다

농지연금은 자경농지를 소유한 농업인뿐만 아니라 노후대비 수단으로 경매나 공매를 이용하는 경우에도 활용될 수 있다. 공시지가 대비 저렴한 물건이나 감정가 대비 많이 유찰된 물건을 받아 농지연금에 가입하면 된다. 공시지가나 감정가가 높은 농지 중 경매나 공매로 30% 내외에서도 유찰되는 물건들이 좋은 대상이 될 수 있다. 감정가의 절반까지 떨어지는 경우도 있고 길이 없는 맹지나 그린벨트로 묶여 있는 등, 제약

이 있는 농지가 경매로 나오는 경우 저렴한 가격으로 노후대비를 할 수 있다. 송전선이 지나가는 농지도 주변시세 보다 저렴하게 낙찰받을 수 있는 좋은 투자대상이 된다. 그러나 농지를 취득하기 전에 반드시 농지 취득자격증명서 발급에 문제가 없는지 확인이 필요하다. 농지 면적이 1,000제곱미터가 넘으면 농업인이거나 농업인이 되고자 하는 사람만 취득할 수 있다. 자격증명서를 농업경영 목적으로 신청해야 하고 농업 경영계획서를 제출해야 한다. 계획서가 거짓이라고 판단되면 자격증명 을 발급하지 않는다.

농지연금 수령액은 신청자의 나이, 담보농지의 가격, 지급기간에 따라 차이가 난다. 농지가격은 개별공시지가나 감정평가금액의 90%로 한다. 예를들어 공시지가 2억 원인 농지를 감정평가하여 3억 원이 나왔다면 공시지가 2억 원과 감정평가가격 3억 원의 90%인 2.7억 원 중 높은 금액 2.7억 원이 농지연금 담보가액이 된다.

농지가격에 따른 농지연금 수령액 예시

구 분	5천만 원	1억 원	2억 원	3억 원	4억 원
70세	290,000	581,000	1,162,000	1,743,000	2,325,000
75세	302,000	604,000	1,209,000	1,814,000	2,419,000

농지연금 수령 방식에는 종신형과 기간형 등이 있는데 종신형은 생존기간 동안 매월 동일한 금액을 받는 정액종신형과 초기에 더 많이 받고 나중에 적게 받는 전후후박형이 있다. 농지연금에는 일시 인출제도가 있어 농지 담보금액의 30% 이내에서 일시인출을 받을 수 있고 나머지를 매월 농지연금으로 받을 수 있다. 받을 수 있는 월지급액 상한액은 300만 원으로 만약 부부가 모두 농지연금을 신청하면 각자 월300만 원

까지 연금을 받을 수 있다.

농지연금 수령방식

정액종신형	가입자(배우자) 사망 시까지 매월 일정한 금액을 지급하는 유형
전후후박형	가입 초기 10년 동안은 정액형보다 더 많이 지급하고 11년 차부터 더 적게 지급하는 유형
일시인출형	총지급가능액의 30% 이내에서 필요금액을 수시로 인출할 수 있는 유형
기간정액형	가입자가 선택한 일정기간 동안 매월 일정한 금액을 지급받는 유형 5년, 10년, 15년
경영이양형	지급기간 종료시 공사에 소유권 이전을 전제로 더 많은 연금을 받는 유형

농지연금 가입방법은 농지은행, 농지연금 포털(www.fbo.or.kr / 또는 1577-7770)에서 접수한다.

3) 산지연금

보유 부동산을 활용한 노후소득 수단으로 주택연금, 농지연금에 더해 소유 산림을 활용한 산지연금이 있다. 산림청이 주관하여 시행하며 안정적 소득을 보장하고자 국가가 산림을 매수하여 매매대금을 10년간 나누어 지급하고 이자와 지가상승을 보상하는 제도이다. 2021년에 처음 도입된 이후 명칭과 제도보완을 거쳐 '산지연금형' 사유림매수제도로 자리 잡았다. 매매대금을 10년간 균등하게 나누어 매월 지급하는 연금 성격의 제도이다. 매수대상 임지로는 백두대간보호구역, 수원함양보호구역, 유전자원보호구역, 국립공원 등 규제에 묶여 사유재산 행사 제한을 받는 산림과 도시지역에 도시숲 등으로 활용될 수 있는 산림이다. 산지가 국유림 확대 계획지 내에 있거나 연접해 있는 산림, 임대 사방댐 부지 등 국유림 경영, 관리에 필요한 토지가 매수대상 확률이 높다. 여러 사람이 소유자로 되어 있는 공유지분의 산림 또한 공유자 4명까지 매수할 수 있도록 했다.

매수절차는 소유자가 관할 국유림관리소와 상담 후 매도승낙서를 제출하면 국유림관리소에서 서류 검토 및 현지 확인을 거쳐 매수가 가능할 경우 감정평가가 진행되고 매수가격이 결정되면 매매계약을 체결하게 된다.

그렇다고 산지소유자 신청에 따라 전부 받아주는 것은 아니다. 사유림 매수가격 결정은 감정평가업자 2인의 감정평가액을 산술평균한 금액으로 결정한다. 매수대금 지급은 일시지급과 분할지급으로 구분하여 분할지급은 10년간 월 단위로 지정된 날짜에 지급된다. 총지급액은 감정가격에 따른 매매대금+지급회차별 총이자액+지급회차별 지가상승 보상액으로 구성된다. 매매대금의 40%를 1회차 분할 우선 지급되고 나머지 60%에 해당하는 금액을 10년간 월 균등분할 하게 된다.

예를 들어 매매대금이 1억 원이면 계약 첫달에 매매대금의 40%인 선지급금 4,000만 원을 포함하여 4,063만 원이 지급되고 이후부터 10년간 매달 약 63만 원이 지급된다. 매매대금이 5억 원이라면 선지급금 40%와 매월 320만 원을 지급받게 된다. 대상 임야를 가지고 있으면 나이와 상관없이 금액의 상한액 없이 10년간 연금을 받을 수 있다. 사유재산을 활용해 산지소유자들에게 새로운 소득창출 기회로 활용하게 하고 장기간에 걸쳐 매매대금을 지급함에 따라 매매대금 외에 이자액과 지가상승분을 추가하여 지급하게 된다.

주관부서는 산림청 국유림경영과이고 지역별로 매수계획 공고문을 참조하면 된다. 산림청 홈페이지 "사유림을 삽니다" 클릭하여 소유 산지가 조건에 부합하는지부터 확인해야 한다. 국유림과 인접해 있어 대상지로 선정 확률이 높다면 소유 산지의 관할 국유림센터에 연락하여 여부를 확인하는 것이 가장 좋다.

임야를 경매로 산다면 감정가의 50% 미만으로 낙찰받아 저렴하게 소유할 수도 있다. 경매로 싸게 낙찰받아 산지연금을 신청하면 감정가가 매매대금이므로 더 많은 연금액을 받을 수 있다. 저당권이나 지상권이 설정된 산림은 매수하지 않으므로 대출이 있으면 어렵다.

3. 자영업자/전문직 노란우산공제

노란우산공제는 자영업자들에게 퇴직연금과 보험기능을 제공하는 상품이다. 자영업자가 폐업하거나 노령, 사망 등의 위험으로부터 생활안정과 사업재기의 기회를 제공하는 공제제도이다. 가입대상은 소기업 또는 소상공인의 범위(업종별 연평균 매출액 10억~120억 원 이하)에 포함되는 개인사업자 또는 법인대표가 가입할 수 있다. 여러사업체를 보유하고 있는 대표자는 중복가입이 안 되고 반드시 1개의 사업체를 선택하여 가입할 수 있다. 단 비영리법인 대표자와 가입제한 대상에 해당하는 대표자는 가입이 불가하다.

가입대상 업종

소상공인 업종	학원, 개인택시, 레스토랑, 미용실, 카페, 약국, 병원, 휴게음식점업, 청소서비스업, 매장유통업, 고용알선업 등
프리랜서 업종	헤드헌터, 텔레마케터, 보험설계, 웹툰작가, 운동선수, 배달, 학습지교사, 한국야쿠르트 매니저, 검진간호사, 물리치료사, 식당매니저, 학원강사, 방문판매, 방과후교사, 작업치료사, 택배, 미용사 등
*가입제한 업종	일반유흥주점업, 무도유흥주점업, 식품위생법시행령 제21조에 따른 단란주점업, 무도장 운영업, 도박장 운영업, 안마업

* 출처 : 노란우산공제회

　　노란우산공제는 2006년 중소기업협동조합법을 근거로 소기업 및 소상공인들의 생활안정과 부보기능 제공을 위해 도입된 제도이다. 최소 5만 원부터 최대 100만 원까지 1만 원 단위로 설정할 수 있고 월납 또는 분기납으로 납부할 수 있다. 납입되는 부금액은 연복리 3.3% 이자율로 복리된다. 노란우산공제 가입자 중 신규 가입자에게는 '희망장려금'이 제공되는데 가입 후 30일 이내 신청하면 1년간 약 1~2만 원의 금액을 매월 자동이체로 지급된다. 지역마다 지급기간과 금액이 상이하고 지자체의 운영예산이 조기 소진되는 경우에는 지원이 제한될 수 있다. 공제에 납입한 금액에 대해서는 최대 연 500만 원까지 소득공제혜택이 주어지며 수령 시 저율의 퇴직소득세가 부과된다. 다른 소득과 합산되지 않고 분류과세 되어 세금이 추가로 늘어나지 않는다. 그러나 중도해약 시에는 기타소득세 16.5%가 부과된다

노란우산공제 소득공제 금액

사업소득 금액	근로소득 금액	소득공제 한도
4,000만 원 이하	4,000만 원 이하	500만 원
4,000만 원~1억 원 이하	4,000만 원 초과 ~ 5,675만 원 이하	300만 원
1억 원 초과	해당사항 없음	200만 원
비 고	법인대표로 총 급여액이 7,000만 원 초과 시 소득공제 적용 불가	

공제금 수령은 가입자가 폐업 또는 사망하거나 10년 이상 부금 납입 후 만 60세 이상이 되었을 때 가능하다. 공제금은 일시금으로 받을 수 있으며 원금이 5천만 원을 넘으면 연금 방식으로 받을 수 있다.

노란우산공제에는 보험기능이 있다. 가입자가 상해로 사망하거나 후유장애 발생 시 2년 동안 불입한 금액 중 최고 월부금액의 150배까지 보험금이 지급된다. 공제에 납입한 금액은 채권자의 압류로부터 100% 보호된다. 공제금에 적용되는 금리는 최저보증금리 방식으로 최소한의 금리수준을 보장해준다. 노란우산공제는 가입에 강제성은 없으나 유리한 혜택이 많아 자영업자에게는 가입이 필수인 상품이다.

가입방법은 중소기업중앙회 통합콜센터(1666-9988), 가까운 은행 지점 방문, 인터넷 가입, 중소기업중앙회 지점을 방문하여 가입할 수 있다. 폐업 등 공제금 지급사유 발생 시까지 가입할 수 있다. 청약서를 작성하고 부금납부를 위한 자동이체 예금계좌를 등록한 후 청약금 1회분을 납입하면 완료된다. 또한 가입한 날로부터 30일 이내에 계약을 철회할 수 있다.

4. 즉시연금과 월지급식상품

은퇴 후 안정적인 일상생활을 위해서는 고정수입이 많아야 한다. 소득이 둘쭉날쭉하고 여기저기 흩어져 있으면 불안한 마음이 생기고 계획적인 소비생활을 하기가 어려워진다. 은퇴 시점이 되면 보유자산을 연금화하여 적정수준의 월급통장을 만드는 것이 중요하다. 물론 예비비 성격의 목돈을 일부 가지고 있어야 하지만 매월 현금흐름이 일정하게 발생하도록 연금화하는 작업은 반드시 필요하다. 목돈으로 연금화 할 수 있는 상품에 즉시연금과 월지급식상품이 있다.

1) 즉시연금

즉시연금은 목돈을 맡기고 다음 달부터 바로 연금을 받을 수 있는 상품이다. 목돈을 맡기고 10년, 20년 등 기간을 정하여 연금을 받을 수 있고 평생연금으로 수령할 수도 있다. 노후연금이 미흡한 경우 즉시연금을 이용하면, 연금수령이 가능하고 당장 급하지 않으면 일정기간(최대5년) 거치한 후 연금을 받을 수 있다. 즉시연금은 중도에 해지하지 않으면 원금손실 가능성은 없다. 금리가 낮아지면 연금수령액이 줄어들 수 있지만 안정적인 연금을 확보할 수 있다.

즉시연금 종류

구분	주요 특징	연금수령 방식	비 고
종신연금	원금과 이자를 함께 연금으로 받는 방식	평생연금으로 수령	중도해약 불가 비과세
확정연금	원금과 이자를 함께 연금으로 받는 방식	10년, 15년, 20년 등 기간을 정해서 연금수령	이자소득세
상속연금	이자만 연금으로 수령하고 원금은 나중에 돌려받음	확정기간 또는 종신형 선택 가능	비과세

연금수령 방법에는 크게 종신연금, 확정연금, 상속연금이 있다.

종신형 연금은 맡긴 원금과 이자를 함께 연금으로 지급받는 방식으로 일정한 조건을 충족하면 비과세된다. 종신형 연금은 중도해지가 불가하다.

확정연금은 맡긴 원금과 이자를 함께 연금으로 받는 방식으로 10년, 15년, 20년 등 기간을 정하여 수령하게 된다. 연금수령 누적액이 원금을 초과하는 시점부터 이자소득세가 부과된다. 예를 들어 1억 원의 즉시연금에 가입한 사람이 20년 확정으로 매달 50만 원씩 연간 600만 원을 수령한다고 할 때 누적수령액이 원금 1억 원을 넘어가는 17년 후부터 받는 금액은 이자소득세를 내야 한다.

상속연금의 경우 원금은 보전하면서 이자만 연금으로 수령하는 방식이다. 상속형 연금은 2억 원까지 이자소득세가 비과세 된다. 2억 원을 초과하면 초과한 금액에서 발생한 이자에 대해 이자소득세를 내야 한다.

보통 나이가 들면 일반적으로 판단력이 떨어지고 감정도 약해지기 쉽다. 주변에서 돈을 빌려 달라거나 투자로 높은 이익을 보장한다는 유혹을 차단하기가 쉽지 않다. 자식이나 가까운 지인의 부탁이면 더욱 어려워진다. 이럴 때 즉시연금이 하나의 대안이 될 수 있다. 즉시연금에 가입하면 중도해지가 어렵고 노후자금이라서 누구도 쉽게 건들지 못한다. 행복한 고민이겠지만 소득이 많아 종합소득세가 걱정인 경우에도 즉시연금에 가입하여, 종신연금이나 상속연금을 선택하면 종합소득세 대상에서 제외된다. 즉시연금은 한번 가입하면 중도해지가 어렵기 때문에 자금 사용계획을 고려하여 가입을 결정해야 한다. 즉시연금은 여유 생활비를 통제하면서 노후를 안정적으로 여유롭게 살 수 있도록 도와주는 연금수단이다.

즉시연금 월 수령액 예시(OO생명보험 즉시연금 예시표)

연금지급방식		1억 원 가입	2억 원 가입	3억 원 가입	5억 원 가입
종신연금(20년 보증)		44만 원	88만 원	132만 원	220만 원
확정기간 연금	10년	97만 원	195만 원	293만 원	488만 원
	15년	70만 원	140만 원	209만 원	349만 원
	20년	56만 원	112만 원	168만 원	280만 원
상속연금		25만 원	50만 원	75만 원	125만 원
* 65세 기준, 남자, 수익률 연3% 가정 * 평균수명 증가와 금리하락에 따라 수령액이 점차 감소하는 추세					

2) 월지급식상품

목돈을 연금화시킬 수 있는 또 다른 수단으로 월지급식 상품이 있다. 월지급식 상품은 목돈을 맡기고 매월 일정한 현금흐름을 만들어 내는 투자방식이다. 원금기준 보통 0.1%~0.8% 수준에서 월지급률을 정하여 받게 된다. 지급률은 언제든 변경할 수 있다.

가령 1억 원을 월지급식 상품에 가입하고 지급률을 0.5%로 정하였다면, 1억 원의 0.5%인 50만 원을 매월 받을 수 있게 된다. 월지급식은 매월 인출이 기본적인 형태지만 본인의 필요에 따라 분기, 반기, 년 주기로 또는 특정 날짜를 정하여 분배금을 지급 받을 수 있다.

원금손실을 원하지 않고 안정적으로 매월 일정금액을 받고자 한다면 은행의 월지급식 예금을 이용하면 된다. 반면에 증권사가 취급하는 월지급식 펀드는 투자성과에 따라 분배금을 받게 된다. 투자하여 발생한 수익을 분배금으로 지급하는 것은 아니며 투자원금에서 분배금을 지급하고 투자를 통해 원금을 회복하는 구조이다. 월지급식 펀드는 투자상품이기 때문에 손실이 발생할 가능성을 염두해 둬야 한다. 실적배당형 상품으로 투자위험을 감수할 수 있는 투자성향이고 투자경험이 있는 사람이 선택해야 한다. 원금손실의 위험이 있지만 금리 이상의 수익을 원하는 사람에게 적합하다. 월지급식 펀드는 원금손실 가능성이 있음에도 일본에서 고령자들이 노후자금을 운용하는 수단으로 많이 이용하고 있다. 일본은 전체 펀드규모의 4분의 3이 월지급식 펀드가 차지할 정도

월지급식 상품 비교

구분	월지급식예금	월지급식펀드	월지급식ELS
월수령	매월 수령	매월 일정액 또는 이익금 수령	조건에 따라 매월 이익금 수령
성격	원리금 균등 분할	투자결과에 따라 수익 추구	일정조건 충족 시 이익금 지급
기대수익	정기예금 이율	다양한 수익추구	정기예금 + 알파
장점	안정적	투자대상 선택 폭이 넓다	지속적으로 정기예금 +알파 추구
단점	이율이 낮다	원금손실 가능성	원금손실 가능성

로 보편적인 투자수단이 되고 있다. 월지급식 펀드는 투자대상과 운용 방식에 따라 다양한 유형이 있으므로 본인의 필요에 맞게 선택하여 이용해야 한다. 중도해지가 자유롭다는 장점이 있다. 최근에는 은퇴생활자를 투자대상으로 부동산, 인프라, 리츠를 기초자산으로 하는 인컴형 형태의 상품들이 많이 출시되고 있다.

월지급식상품은 매월 어떻게 인출하느냐에 따라 정액인출방식과 정률인출방식이 있다. 정액인출방식은 펀드에서 매 시점 동일한 금액이 인출되는 방식이고, 정률인출은 펀드에서 일정 비율이 인출되는 방식이다. 예를 들어 2억 원을 불입하여 매월 100만 원을 일정하게 인출하면, 정액인출방식이고 매월 0.5%를 인출하면 정률인출방식이 된다. 정액인출방식은 펀드의 자산가치와 상관없이 매월 동일한 금액인 100만원을 지급받지만 정률인출방식은 지급받을 당시 펀드의 순자산 가치에 따라 지급 금액이 변동한다.

제2부

100% 이기는 투자

제1장 정석투자

1. 분산적립투자

인간의 뇌는 눈앞의 현상과 주변 분위기에 반응하여 좌우되기 쉽다. 현상 너머의 한 수 다음을 보지 못하는 것이다. 눈앞에 좋아 보이는 것 아니 최악의 상황 그 자체만 보이기 때문에 고생을 사서 하는 경우가 많이 있다. 생각해보면 눈 앞에 펼쳐지는 현상은 봄날의 아지랑이와 같아서 한순간 사라진다. 인간이 이성적 존재라 말하지만, 감정에 의지한 비이성적 행동 주체인 경우가 많이 있다. 환경에 따라서 자기합리에 능한 참으로 불가사의한 존재적 특성을 가지고 있다. 정말이지 얼토당토 않은 황당한 행동을 거침없이 하는 이율배반적인 존재이다. 특히나 이해타산을 다투는 투자현장에서 인간의 이성이나 지성, 상식은 무용지물이다. 시선을 돌리지 않는 한 그러한 위험에서 결코 당신을 믿어서는 안 된다. 흔들리는 클럽 안에서 나만이 자리를 지키고 있을 수는 없는 일이다. 오르고 내리는 시세판에 눈을 고정하고서 흔들리지 않을 강심장은 드물다. 자신이 어리석은 것이 아니라 그런 환경과 상황 속에 자리하고 있는 것이 문제이다. 너무 걱정할 것 없다. 투자방법을 바꾸면 실패를 극복할 수 있다.

일단 무엇이 되었든 올인하거나 한곳으로 쏠림현상이 발생하는 것은 위험성을 내포하며 바람직한 현상이 아니다. 적절한 분산과 균형을 지향하는 것이 위험을 줄이고 오래 견딜 수가 있다. 투자 영역에서도 동일한 원리가 작용한다. 투자에 일명 몰빵(한종목에 집중투자)투자에는 전문투자자라도 매우 위험하다. 집중투자는 한 종목에 집중하여 투자하는 것, 시기를 분산하지 않고 한방에 담아버리는 행위도 포함한다. 눈앞의 현상은 찰라적이고 눈에 보이는 상황에 내가 착각하는 경우도 있다. 투자의 철칙 하나는 무조건 시기와 금액을 분산하여 투자하는 것이다. 이기는 투자 제1의 법칙은 분산투자이다.

이 세상에 영원한 것은 없으며 늘 꽃길만 걷는 법도 없다. 아니 캄캄한 터널이 계속되고 답답한 골짜기 길이지만 때가 차면 새벽이 오고 평지가 펼쳐지는 섭리를 우리는 안다. 한 달 보름을 상승만 하는 법도 없고 그렇다고 일 년 내내 하락하는 법도 없다. 설령 호재가 없고 재료가 없어도 순환매라는 틈새가 있어, 때가 되면 상승하는 기회가 오기도 한다. 투자에서 하나의 종목이나 상품에 집중하여 투자하기보다는 나누어서 분산투자하는 것이 안정적인 투자관리의 기본이다. 한곳에 올인이나 몰빵 투자는 모 아니면 도 투자법이다. 탈무드에서 조차도 투자는 부동산(토지), 주식(사업), 그리고 현금(예비)으로 삼분하여 관리할 것을 말하고 있다.

특히 연금자산은 장기투자자산으로 자산배분과 분산투자에 가장 적합한 자산이다. 길게는 20~30년의 투자기간에 납입주기에 맞춰 시기와 금액이 자동 분산되어 투자되기 때문이다. 자산배분은 분산투자의 1단계로 투자성향과 투자경험 등을 고려하여 안전자산과 실적배당상품을 나누어 투자하는 비율이다. 자산배분은 단기적 투자결과에 일희일비하는 변덕을 줄이고 균형을 이루어 편안한 투자를 하기 위한 안전장치이다. 고정으로 일정한 안전자산 비율을 두면 최악의 상황에서도 치명적인 손실을 막을 수 있고 때에 따라서는 절호의 투자기회를 만들 수 있다. 비정상적인 시장에서 가격이 상식 이하 수준으로 폭락할 때는 우량한 상품을 줍줍할 기회가 된다. 무엇보다 예측할 수 없는 미래 시장상황을 가정하여 1차적으로 안전자산과 실적배당 투자자산으로 분산하는 것이 자산배분이다.

1단계로 자산군을 배분하였다면 자산군별로 나누어 투자하는 2차 분산투자를 진행한다. 안전자산은 원금과 이자가 확정되는 은행 예적금을 비롯한 금융기관 원리금보장상품 중에서 담는 것으로 충분하다. 문제는 실적배당 투자상품으로 펀드나 상장지수펀드 ETF를 고려할 수 있다. 다양한 투자펀드가 제공되고 있지만, 장기간 자동 분산투자에는 대표지수를 추종하는 지수형펀드에서 선정하는 것이 바람직하다. 예를 들어 한국주식시장을 대표하는 코스피200지수 추종 인덱스펀드나 미국주식시장을 대표하는 S&P500지수 추종 인덱스펀드와 같은 일반적인 형태가 무난하다. 투자지식과 투자경험이 풍부한 투자자라면 보다 다양한 펀드상품을 분석하여 투자할 수 있을 것이다. 지수를 추종하는 인덱스펀드 투자는 펀드 자체가 분산투자 되는 상품이다. 코스피200지수를 추종하는 펀드는 우리나라를 대표하는 200개 기업의 주식을 분산하여 투자하는 펀드이다. 투자지식이 부족한 초보투자자도 일정한 기간 이상을 꾸준히 분산적립투자하는 경우 투자실패 확률은 높지 않다. 필자는 개별상품 투자보다 대표적인 인덱스상품에 장기 적립투자하는 것을 권한다. 적극적인 가입자 중에는 매매편의성과 거래비용 부담이 적은 상장지수펀드 ETF 투자를 선호하기도 한다. 상장지수펀드 ETF는 펀드상품을 주식과 같이 실시간 거래가 가능하게 상장시킨 상품이다. 코스피

200지수 추종 펀드와 유사하게 운용하는 지수형 상품을 주식시장에 상장한 것이 대표적으로 KODEX200 /TIGER200 ETF 상품이다. ETF상품은 펀드와 같은 분산투자 상품에서는 동일하나 펀드와 같이 자동 적립투자가 되지 않는다. 따라서 ETF투자를 이용한 적립투자는 매번 직접 매수해야 하는 번거로움이 발생한다. 또한 주식시장에 상장되어 가격변동을 실시간으로 확인할 수 있어서 단기매매의 유혹을 가질 수 있는 단점이 있다. ETF투자가 자칫 단기매매 수단으로 활용되는 폐단이 발생하기도 한다. 가장 좋은 투자방법은 대표적인 국내외 인덱스펀드를 선택하여 자동적립투자 하는 것이다.

개인투자자의 분산투자 필요성과 중요성을 반복하여 강조하는 이유는 가장 기본적인 투자원칙임에도 소홀하여 잘못된 투자습관으로 실패하기 때문이다. 반도체산업이 유망하여 투자를 고려한다고 하자. 반도체산업 분야에서 대표적인 기업으로 국내에 S전자와 SKH를 비롯해 다수의 기업이 있고 해외로 시선을 돌리면 더 많은 대표기업들이 있다. 개별기업뿐만 아니라 반도체산업 전반에 투자하는 다수의 펀드와 ETF종목들이 있다. 분산투자의 방법은 국내 S전자를 비롯해 복수의 반도체 대표기업으로 나누어 투자하는 방법과 종목 자체가 분산투자되는 반도체 ETF종목을 담는 방법 등이 있다. 종목을 나누는 것도 중요하지만 시기를 분산하여 적립투자하는 것이 더 중요하다. 보유자금을 한꺼번에 투자하지 말고 반드시 시점을 나누어 평준적립효과가 일어나는 투자를 습관화해야 한다.

분산투자의 또 하나 방법은 반도체산업에만 투자하는 것보다 다른 유망산업에도 분산투자 하는 방법이다. 반도체산업 못지않게 전기차산업, 2차전지 배터리 섹터, 안정적인 금융산업, ESG 친환경 섹터 등 유망섹터는 매우 많다. 시장에서의 가격은 다양한 재료와 수급요소와 대내외 변수들에 의해 순환매 장세를 보이는 경우가 일반적이다. 그래서 보유 자산을 복수의 종목으로 나누어 분산투자할 것을 권하는 이유이다. 이렇게 나누어 투자하면 어느 한 종목(섹터)에서 손실이 발생해도 다른 종목(섹터)에서 수익이 날 수 있다. 투자에서 시기와 금액을 나누어 적립투자하는 방법이 이기는 투자의 기본이 된다. 전문투자자 중에는 유망한 인덱스상품(ETF)이나 초우량 주식 하나에 집중하여 시간을 갖고 지속적으로 모아가는 분산적립투자로 크게 성공하기도 한다.

투자의 성과는 개별종목의 선택 능력이 아닌 자산배분 효과에 있음을 실증하고 있다. 자산배분 분산투자는 투자자산의 안정적인 투자성과를 이루는 가장 기본적인 원칙이다. 안전자산과 실적배당 투자상품의 투자비중을 정하고 각 자산군을 복수의 종목으로 나누어 투자하는 것이다. 투자성과를 떠나서 형식적이라도 자산과 종목을 나누어 투자하는 습관을 가질 때 투자에서 크게 망가지는 일은 발생하지 않는다. 투자에서 이기는 원칙이 있는데 자기 소견대로 투자하여 성공하기를 바라는 것이 어리석은 생각이다. 투자원칙과 기준을 지켜 투자하여도 손실위험이 있는데, 이조차도 무시하고 자기방식대로 투자하는 것은 투자상식이 아니다.

자산배분비율 결정은 자신의 투자성향과 기대수익 등을 고려하여 실행 가능한 비율을 정하는 것이 중요하다. 비록 수익률이 낮아도 안전자산 비율을 고정하는 것은 최소한의 안전마진(Safety margin)을 확보하기 위한 안전장치이다.

매년 연초가 되면 증권회사 리서치센터에서 한해 시장전망과 주가지수를 발표한다. 각사의 명예를 걸고 보수적으로, 도전적으로 발표하게 되는데 공교롭게 반대로 흘러가는 경우가 많다. 내노라하는 최고의 전략가와 애널리스트들이 나름의 분석의 틀을 이용해 전망하여 발표하지만 예상대로 되는 때가 드물다. 사실 내일 일도 모르는 인간이 변화무쌍한 시장을 예측하는 일이 쉽지는 않다. 크게 상승할 거라 발표하면 그때부터 흘러내리기 시작하고 쉽지 않은 시장이 될 거라 경고하고 나면 청개구리처럼 쉼 없이 오르기 시작한다. 이렇게 알 수 없는 어려운 시장에서 투자자가 실패하지 않기 위해서는 시장을 예측하려 말고 자산군을 나누고 종목을 분산하여 꿋꿋이 적립투자하는 방법밖에 없다. 그것이 최선이다. 펀드를 운용하는 전문가들이 자산배분 분산투자를 하는 이유가 균형 잡힌 포트폴리오 유지에 도움이 되기 때문이다.

자산배분 비율을 결정할 때 자기통제력을 맹신하여 투자수준을 과신하거나 올인하는 것을 피해야 한다. 단순히 높은 수익률만 생각하여 위험자산에 많은 비중을 가져가거나 잘 모르는 투자대상에 전문가 추천으로 마냥 따라 하는 것은 바람직하지 않다. 만약 투자에 자신이 없으면 안전자산 비중을 높게 가져가는 것이 현명하다. 현금비중은 절호의 투자기회를 만든다.

2. 단기매매 투자필패

시장흐름을 예측하여 단기매매로 성공하기는 코끼리가 바늘귀 통과 만큼이나 어려운 일이다. 투자자 중에는 타고난 감각으로 짧은 시간에 사고파는 거래로 간간이 성공하는 때도 있기는 하지만, 그 기간이 길어 질수록 성공확률은 크게 감소한다. 말짱 도루묵이 아니라 원금이 바닥 나는 사태가 일어나기 쉽다. 왜냐하면 투자자의 매매 심리는 거의 공 식처럼 움직이기 때문이다. 예를 들어 원금 100을 가지고 신들린 듯이 매매에 성공하여 단기간에 150이 되었다 치자. 재주 많은 원숭이조차 도 나무에서 떨어지는 수가 있듯, 잘 나가던 매매 흐름에 스텝이 꼬이 기 시작하여 120으로 하락하고, 다시 90으로 손실구간에 접어들면, 조 급한 마음이 들고 그래서 더욱 공격적이고 무리하게 매매를 할 수밖에 없다. 경험이 많은 고수는 이러한 사이클에 접어들면 냉정을 찾고 매매 를 한동안 멈추는 것이 정답이다. 단기매매로 수익을 내겠다는 생각이 야말로 자살행위이다. 단언하건대 단기매매로 투자를 성공하기는 불가 능하다.

필자는 투자로 손해 본 일이 별로 없다. 단, 감정을 통제하지 못하 고 충동적으로 따라 매매한 경우를 제외하면, 정상적인 주식투자로 손 해 본 일은 없다. 우선 여유자금으로 뛰는 말이 아니고 눈여겨보아 왔 던 우량종목이 너무 싸다고 여겨질 때 100주, 200주씩 사서 모아 둔다. 오르지 않고 1년, 2년을 기다리는 경우도 있다. 요즘에는 철저히 상장 지수펀드 ETF종목으로 적립투자를 하는데 목표수익률에 실패해 본 적 은 없다. 개별주식을 투자하는 때도 관심종목에 등록해 두고 관찰하다 가 '이 주식이 이렇게 많이 떨어졌어? 너무 싼 거 아냐?' 이런 느낌이 드는 우량주식을 여러 번에 걸쳐 매수하고 느긋하게 기다린다. 애초부터 주식투자로 대박을 기대하지 않고 10% 수익만 발생해도 '감사합니다'라는 생각으로 한다. 이미 시장에서 핫한 종목을 매수하여 추가적인 상승을 기대하는 것보다 우량하지만 때를 만나지 못해 바닥에서 기고 있는 종목을 담아두고 기다리는 것이 훨씬 마음이 편하기 때문이다.

투자실패의 가장 큰 원인은 바로 조급증이다. 본인이 매수하고 나면 그때부터 상승하는 상상을 하며 예상한 대로 오르지 않으면 얼마 못가서 매도해 버린다. 그리고 나면 거짓말같이 그때부터 꿈틀대며 오르기 시작한다. 투자하기 전에 투자종목(상품)을 제대로 살펴보고 이해한 후, 확신을 하고 매수를 결정하였으면 일단 느긋하게 기다리며 추이를 지켜보는 것이 상식이다. 무엇이 되었든 간에 때가 되고 내 차례가 돌아와야 오르고 내리는 움직임이 시작된다. 한 달이 걸릴 수 있고 두 달이 걸릴 수도 있고 때로는 1년, 2년이 지나서야 때를 만나 움직일 수 있다. 매매횟수가 많아지는 단기매매로 투자수익을 얻을 수 있는 경우는 극히 드물다. 설령 매수한 종목(상품)이 생각대로 움직이지 않고 오히려 하락한다면 다른 종목(상품)으로 교체매매하는 것보다는 동일한 종목(상품)을 저점에서 추가매수하여 적립해 가는 방법이 유리하다. 처음부터 신중히 생각하고 판단하여 투자결정을 한 거라면, 쉽사리 교체매매를 하거나 기다리지 못하고 단기매매하는 것은 좋은 투자방법이 아니다. 단기매매나 잦은 교체매매 후에는 대부분 후회하고 아쉬워 한다. 단기매매를 하게 되는 이유 중 하나가 수시로 스마트폰을 들여다보며 시세에 눈을 고정하고 있기 때문이다. 얼마나 자기통제가 어려우면 매수한 주식을 출고하여 장롱에 처박아 두거나 해외에 몇 년간 떠나 까맣게 잊어버리고 있어야 한다고 하겠는가? 요즘이야 스마트폰으로 언제 어디서나 궁금하면 들여다볼 수 있어서 의미는 없지만, 그만큼 자기통제가 중요하다는 것이다. 움직이는 시세를 자꾸 들여다보면 마음마저 요동하고 격동하게 되어 자기도 모르게 클릭하고 만다.

코로나 펜더믹이라는 전대미문의 코뿔소 급습으로 각국 정부는 비상 조치를 통해 금융시장을 구제하였다. 상상을 초월하는 자금을 찍어내어 지원하고 금리를 인하하며 붕괴되는 자본시장 장치를 안정시키는 데 총 력을 기울였다. 제로금리에 넘쳐나는 자금은 자산시장으로 흘러들어 주 식을 비롯한 위험자산 투자와 부동산시장이 이상과열 양상을 보였다. 거기에 투자상품으로 낯선 블록체인 기반의 암호화폐(코인) 시장까지 이성을 잃은 투기장이 이어졌다. 유례를 찾아보기 힘든 비정상적인 자 산버블 시장이 약 2년간 이어지면서 남녀노소 할 것 없이 달려들었다. 주식시장 상승에 편승한 동학개미의 출현은 개인투자자들에게 또다시 투자실패의 아픔을 안기는 서막이었다. 국내증시를 떠받치며 국부 유출 을 막는 애국자라느니 이전과 다른 새로운 영리한 투자자라느니 추임새 까지 난무하며 투자시장의 주류로 등장하였다. 동학개미로 만족하지 못 하고 서학, 중학 세력권으로 확장하면서 전 세계 부를 싹쓸이할 것 같은 분위기였다. 주식뿐만 아니라 우후죽순 생겨난 코인시장에, 영끌까지 동원한 부동산시장으로까지 투자광풍이 불었다. 관계기관과 감독당국 까지 나서 과열된 자산시장의 우려를 경고하고 냉정을 당부하였지만 소 용이 없었다. 투기시장에 일었던 과거가 그대로 재현되었다.

필자는 그간의 경험을 통해 지금의 괴이한 시장현상에 두려움을 느끼 며 광기로 들뜬 미친 시장이 우려되었다. 머지않아 큰 사달이 날게 뻔하 고 그 피해는 고스란히 일반투자자일 텐데 정말 걱정이 되었다. 시장의 광기가 극에 달할 때 버블은 꺼지게 되고 그 순간은 한마디로 비참하다. 냉혹한 주식시장에서의 오랜 경험으로 보건대 이 같은 비정상, 비이성,

광기의 후폭풍이 잡음 없이 정리되기는 어렵다. 일찌감치 눈치챈 기관과 외국인은 한발 앞서 물량을 정리할 때, 개인투자자들은 열심히 이들의 물량을 받아 매수하였다. 자기의 돈이 부족하면 대출을 받고 신용매수로 더 많은 수량을 매수하기에 혈안이 되었다.

그로부터 줄곧 2년 동안 과열된 시장은 조정을 받으며 개미투자자들의 투자자산은 절망의 나락을 걸었다. 시장에 광분하며 영원할 것 같이 노래하던 사람들은 다 어디로 사라졌는지 조용하다. 순매수 톱10개 종목 중 플러스 수익률을 기록한 종목은 찾아보기 힘들고 빚투자 반대매매가 지속되면서 동학개미들은 녹다운 상태이다. 돈을 번 승자는 증권거래세를 거둬들인 정부와 거래수수료를 징수하는 한국거래소, 증권사뿐이다.

심지어 개미들의 무덤인 해외파생상품에 불나방이 되어 단타매매에 목을 매는 것에 정말 말문이 막힌다. 기초자산의 변동성이 매우 큰 해외파생상품에 단타매매로 날밤을 세는 서학개미 투자는 정상이 아니다. 최근의 금융감독원 자료에서도 개인투자자의 해외파생상품 거래규모는 기관투자자와 법인거래액의 4배를 웃돌고 있다. 증권사와 자산운용사 등 기관투자가 보다 압도적인 초단기매매로 한 해 손실액만 1조 원이 넘는다. 증시의 막장이라 불리는 해외파생상품에 개인투자자들이 몰리는 것은 소액의 증거금으로 수십 배의 레버리지를 이용해 한 방을 노리는 것이다. 가격변동폭이 매우 크고 시세 예측이 불가능한 투기시장에 밤낮없이 단기매매를 하는 것은 결코 투자가 아니다. 정선 카지노나 라스베가스 카지노 도박장과 하등의 다를 바가 없다. 이러한 밤을 잊은 단기매매로 투자에 성공하는 일은 거의 없다. 정상적인 투자의 범위를 벗어난 인버스나 레버리지(x2, x3)형 투자도 위험하기는 마찬가지이다. 단기간 급등락하는 '밈주식'에 초단타 투자나 묻지마 투자인 코인투자에 영혼을 파는 행위는 자살행위나 다름없다.

2022년 시장침체기 개인투자자가 가장 많이 매수한 해외ETF(상장지수펀드)와 ETN(상장지수증권) 상위 10개 중 9개 종목이 고위험 레버리지 혹은 인버스상품이었다. 레버리지상품은 추종하는 지수 변동폭의 몇 배 수익을 낼 수 있는 상품이고 인버스상품은 하락 시 수익이 나는 구조의 상품을 말한다. 이러한 위험천만한 투자방법으로 한방을 기대하다가 한 방에 가는 위험에 모험하는 이유를 이해할 수 없다.

부동산 투자로 자산을 크게 불리는 사람은 많이 있다. 부동산은 규모가 크고 유동성이 떨어져 쉽게 사고팔 수 있는 투자수단이 아니다. 대부분 장기간 보유하다가 매각 이유가 생길 때 거래상대방을 소개받아 매매하게 된다. 좋은 물건을 확보한 후 장기보유가 매각차익을 높이는 핵심요인이다. 투자에 명심할 대목이다.

3. 잘 아는 것에 투자

미국 연방준비제도이사회 의장을 지낸 앨런 그린스펀은 '글을 모르는 것은 사는 데에 다소 불편하지만, 금융을 모르는 것은 생존 자체가 어렵기 때문에 문맹보다 더 무섭다'라고 했다.

금융감독원과 한국은행은 2년마다 우리나라 성인(만18세~79세)의 금융이해력 수준을 측정하여 OECD국가 간 비교 등에 활용하고 있다. 이 조사는 OECD 산하 경제·금융교육에 관한 글로벌협력기구인 INFE(International Network on Financial Education)가 제시한 표준방법론에 따라 측정한다. 금융이해력이란 합리적이고 건전한 금융생활을 위해 필요한 금융지식, 금융행위, 금융태도 등 금융에 대한 전반적인 이해 정도를 말한다. 금융지식은 합리적인 금융생활을 위해 갖추어야 할 지식으로 이자개념, 인플레이션의 의미, 분산투자의 개념, 위험과 수익구조 등에 대한 지식이다. 금융행위는 건전한 금융, 경제생활을 영위하기 위한 행동양식으로 가계예산 관리, 신중한 구매, 평소 재무상황 점검, 가계수지 적자 해소 등을 말한다. 금융태도란 돈에 대한 가치관, 선호 정도 등이다. 우리나라의 금융이해력 수준은 OECD국가 평균 이상을 보이나 청년층(20대)과 노년층(60~70대)에서 낮게 나타났다. 특히 저소득층과 노년층 등 취약계층의 금융이해력이 더 부족한 것으로 나타나 금융이해력이 소득수준과 연관이 있음을 이해할 수 있다.

투자는 완성차를 편안하게 구매하는 것과는 다르다. 투자대상에 대한 정확한 이해가 수반되지 않은 섣부른 투자행위는 막대한 손실이 불가피하다. 투자상품의 구조와 특성, 위험과 수익구조 등 투자대상에 대한 속성을 제대로 파악할 수 있어야 한다. 예를 들어 공구를 사용할 때도 사용 매뉴얼과 사용방법을 정확히 이해해야 사고가 나지 않는 법이다. 그런데 목숨줄과 다름없는 돈을 투자하는데 시장에서 물건 사듯 즉흥적이고 충동적으로 투자결정하여 무엇을 얻을 수 있겠는가? 투자는 철저히 내가 잘 아는 익숙한 상품에 감내할 수 있는 수준에서 해야 한다. 더욱 안전하고 마음 편하게 투자하고자 한다면 투자공부에 소홀해서는 안된다. 투자대상이 되는 투자상품에 대해서는 수단과 방법을 가리지 않고 정확히 이해하는 것이 우선이다.

예를 들어 반도체산업 투자에 ETF종목을 이용한다고 할 때도 구성종목을 꼼꼼히 따져서 투자해야 한다. 국내에 상장된 반도체ETF만도 10여 종목 이상이 있다. 투자하는 지역, 국가, 섹터별로 구성종목에 차이가 있어 투자목적에 부합한 종목을 살펴보는 것이 바람직하다. 대표적인 ETF종목으로 TIGER 미국필라델피아반도체나스닥 ETF는 미국증권시장에 상장된 16개 글로벌반도체기업에 투자하는 종목으로 한국기업은 포함되어 있지 않다. 국내 반도체기업에만 투자하는 종목으로는 'KODEX 반도체'와 'TIGER 반도체'가 있다. 참고로 모두 삼성전자는 편입되어 있지 않다. 삼성전자는 정보기술(IT) 장비기업으로 분류되어 있기 때문이다. 또 메모리 반도체와 비메모리반도체 중 한쪽 분야에만 투자하는 ETF도 있다. ARIRANG 글로벌D램반도체 아이셀렉트 종목은 D램시장 강자인 삼성전자, SK하이닉스, 마이크론이 편입되어 있다. KBSTAR 비메모리 반도체액티브 종목은 중소형 반도체기업 20여 개가 투자대상이다. 이렇게 하나의 산업에서도 다양한 ETF종목이 있기 때문에 꼼꼼히 살펴서 투자해야 한다.

공부는 어떤 대상에 대한 편견을 줄이기 위한 행위라고 한다. 어떤 대상에 대해 알지 못하면, 편견과 아집이 생기게 되고 제한적인 얕은 사고틀로 잦은 오류를 범하게 된다. 투자에서도 꼰대 근성이 그대로 드러난다. 제대로 모르니 자기가 듣고 싶은 것, 보고 싶은 것만 보고 의사결정을 하게 된다. 유연한 사고와 사고의 확장을 위해서는 공부하는 방법밖에 없다. 투자공부는 어떻게 시작하면 좋을까? 자격증을 취득하고 투자학 박사가 되라는 의미가 아니다. 투자지식이 뛰어나서 투자를 잘 하는 것도 아니다. 투자공부는 투자에 앞서 기초와 상식을 학습하는 워밍업 단계이다. 이러한 과정을 통해 투자를 바르게 이해하고 투자원칙에 맞추어 건강한 투자를 하기 위한 수련과정이다. 투자에 대한 올바른 이해 첫 단추가 잘못 끼워지면 평생 불행한 투자생활이 된다. 세 살 버릇이 백 세까지 가듯 투자습관도 쉽게 고치지 못하고 평생 가는 위험이 된다. 인생에 정답이 없듯 투자에도 답이 없기는 마찬가지이다. 그러나 투자에 대한 바른 이해와 원칙에 따라 투자하는 것과 그렇지 못한 투자와는 천양지차일 수밖에 없다.

실전투자에 앞서 금융시장의 흐름과 패턴을 이해하고 익히는 방법으로 경제신문을 꾸준히 읽을 것을 권한다. 경제신문은 실시간 완전정보로 가장 완벽한 투자 교보재이다. 투자공부의 가장 기본 텍스트라 할 수 있다. 물론 관심분야의 투자관련 자료를 통해 깊이를 더하는 노력을 해야겠지만 기본적으로 정치, 경제, 사회, 문화 등 모든 분야의 정책을 입체적으로 파악할 수 있는 신문이야말로 더없이 좋은 투자공부 수단이다. 요즘은 편리한 포털이나 e-신문 등 다양한 채널을 통해 마음만 먹으면 전문가 못지않게 투자지식을 축적할 수 있다.

필자는 아직까지도 출근과 동시에 일간지와 경제신문을 펼쳐보는 것으로 하루를 시작한다. 여전히 신문을 선호하는 이유가 오랜 습관이기도 하지만 종합적인 정보를 가장 짧은 시간에 빠짐없이 균형 있게 읽어낼 수 있기 때문이다. 반면에 포털정보는 편리하기는 하나 상대적으로 단편적이고 부문별로 찾아 들어가 읽다 보면, 불필요한 자극적인 정보에 눈길을 빼앗기고 깊이 있게 살펴보지 못하는 단점이 있다. 어떠한 채널이든 자신에게 수월한 방법으로 올바른 투자를 위한 학습 과정은 반드시 필요하다는 것을 잊지 말자. 만약 잘 모르거든 투자를 하지 않는 것이 상책이다.

만약 당신이 무언가에 투자한다고 하면, 투자 이유에 대해 묻고 싶다. 투자 이유를 먼저 자신에게 설명할 수 있어야 하고 또 객관적인

3자에게 설명할 수 있어야 한다. 입장을 바꾸어 당신의 자녀가 어디선가 소문을 듣고 거액을 투자하겠다 한다면, 투자 이유를 물을 것 아닌가. 투자 이유를 설명할 수 없는 투자는 위험한 것이다. 즉흥적이거나 충동적으로 투자하는 것, 누군가의 추천이나 자신의 감으로 투자하는 것은 위험하다. 자신과 남에게 투자 이유를 명확하게 설명할 수 있으면 투자결과와 무관하게 좋은 투자습관을 가진 것이다. 그러나 투자에 대한 기본 개념이나 이해가 없이 마치 게임하듯 재미로 한다거나 쇼핑하듯 이것저것 건드려 보는 식의 투자태도는 불행한 투자결과밖에 남지 않는다. 한마디로 남 좋은 일만 시키는 꼴이 된다. 투자를 올바르게 이해하지 못하고 투자의 속성을 제대로 알지 못하니, 투자의 위험성을 간과하고 어디든 돈이 된다 싶으면 불나방처럼 달려들었다가 박살이 나는 것이다. 광기 어린 눈빛은 무섭고 아무도 못 말린다. 투자가 무서운 줄 모르고 어중이떠중이 투자자들이 있는 한 기관이나 전문투자자들에게는 손쉬운 먹잇감이 생기는 꼴이다. '식견이 없는 활동만큼 무서운 것은 없다' 라고 독일시인 괴테가 말했다. 누구나 워렌 버핏이 될 수 있는 것도 아니고, 투자고수가 콕 찍어준 종목에서 대박 신화를 쉽게 얻을 수 있는 게 아니다. 투자는 올바른 마음과 겸손한 자세로 자기가 아는 범위 내에서 실전경험을 다져가야 한다. 실전경험을 통해 누구의 노하우가 아니라 자신만의 투자법을 찾아야 한다. 묻지마 투자, 개념 없는 몰빵투자, 시장을 예측한 단기매매, 빚투 등은 투자행위가 아니라 투자를 잘못 이해한 투기행위이다. '투자와 창업은 혹독한 준비, 그리고 신뢰와 미친 집념뿐'이라는 알리바바그룹 마윈 회장의 말도 명언이다. 투자는 결코 쉽지 않으며 지키고 불리는 투자를 위해서는 반드시 충분한 학습으로 무장하고 신중하게 접근해야 한다.

필자가 지방에서 근무하다 서울로 올라와 첫 겨울을 보내던 시절 부서 선배들과 처음 스키장에 다녀올 일이 있었다. 본래 겁이 많고 준비철저를 신조로 삼는 성격이고 스키의 위험성을 익히 들어온 터라, 고민 끝에 수소문하여 실내 스키장에서 한달 간 스키강습을 받았다. 실내 스키장이 있는 것도 신기했지만 실제 슬로프에서 일어날 수 있는 실전을 미리 해보는 것에 재미가 느껴져 스키장 가는 날이 기다려졌다. 거추장스런 부츠를 신고 업다운부터 걷기, S자, 멈춤, 회전, 넘어지는 요령까지 생존의 위험에서 나를 보호할 기본자세를 깐깐하게 배우고 익혔다. 비록 짧은 시간 동안 기본자세를 익히고 나선 길이었지만 한결 마음이 가벼웠다.

드디어 스키장에 도착한 네 명의 일행은 이미 슬로프에서 미끄러져 내려오는 스키어들의 기분이 되어, 빨리 갖춰 입고 슬로프를 내려올 생각에 들떠 있었다. 드디어 부츠를 신고 스키를 짊어지고 눈밭으로 걸어 나가는데 이미 녹다운이 되었다. 눈으로 볼 때는 쉬워 보이더니 막상 설원에서는 어느 것 하나 제대로 움직일 수가 없었다. 익숙하지 않고 뒤뚱뒤뚱 부자연스럽기는 모두가 마찬가지였다. 그런데도 일행은 의욕만 앞서 슬로프에서 미끄러져 내려올 생각만 하고 있었다.

네 명이서 겨우겨우 초급코스에 올라 각자 알음알음 아는 느낌으로 처음 슬로프를 내려가 보기로 했다. 첫시도에 엎어지고 뒤집히고 구르면서 각자 겨우겨우 살아 내려왔다. 그래도 필자는 한 달간 실내강습을 열심히 받은 덕분에 처음은 어색했지만, S자를 그리고 업다운을 자유자재로 반복하며 어렵지 않게 가장 먼저 내려왔다. 서로 왁자지껄 첫 경험의 시행착오를 더듬으며 다시 한번 리프트에 올라 초급코스를 익혀 갔다. 이렇게 몇 사례를 반복한 후 호기가 발동한 일행은 곧장 중상급코스로 두 단계를 뛰어넘어 올랐다. 중상급코스에 올라 아래를 내려다

보니 정말 아찔했다. 아무래도 중상급코스는 무리라는 생각에 걱정이 되어 선배들 일행을 극구 만류하였다. 초급보다 경사도가 장난이 아니고 슬로프 길이도 만만치 않아 초보자가 이용하기에는 너무 위험해 보였다. 그러나 호기로운 객기가 발동하고 경쟁심리까지 더해지면서 내기까지 걸고 난리가 났다. 더 이상 말리지 못하고 대신 내가 가장 마지막에 출발하여 살피기로 했다. 차례대로 출발하여 내려갔고 한참 후 내가 마지막으로 출발하였다. 걱정스런 마음으로 서서히 내려가는데 한 선배가 너무 겁이 났던지 중간에 멈춰서 스키를 어깨에 메고 조심조심 걸어 내려가고 있었다. 평소에도 조심성이 강한 선배인지라 무리한 모험을 하지 않는 것이 다행이라 생각되었다.

아니나 다를까. 호기를 부리며 가장 먼저 내려갔던 선배가 중턱에 널브러져 꼼짝을 하지 않고 누워 있는 게 아닌가. 가까이 다가가 보니 심상치 않아 보였다. 결국 패트롤이 출동하여 의무실로 옮겨졌고 응급처치 후 병원으로 옮겨져 골절과 인대접합 수술을 받아야 했다. 선배는 한동안 목발을 짚고 출퇴근하는 불편은 물론 후유증으로 등산도 꺼리고, 그 이후로 스키장은 거들떠보지도 않는다. 반면에 내려오다 위험을 직감하고 중간에 멈춰 서서 스키를 어깨에 짊어지고 내려왔던 선배는 잠깐 모양새는 구겼지만, 아무 사고 없이 무사히 내려왔다. 몇 푼 내기에도 연연하지 않고 과감하게 걸어 내려온 것이다. 정말 현명한 자세이지 않은가?

투자가 딱 그렇다. 아무런 준비 없이 호기로만 달려들었다가 천 길 낭떠러지로 굴러떨어지는 것이 투자이다. 사고위험을 피하기 위해서는 자기 수준에 맞는 코스를 고르고 안전하게 슬로프를 내려오는 기본요령을 익혀야 한다. 상급코스는 고수들이 올라 그들만의 리그가 되게 해야 한다. 자기 주제를 모르고 고수들 틈에 꼽사리로 끼어 들어가 잡아먹히

기밖에 더 있을까? 설령 기관과 외국인 투자자를 그대로 따라 한다 해도 그들과 같을 수 없다. 투자에 과신하지 마시라.

4. 전문가에 믿고 맡겨라

몸이 아프면 의사를 찾아야 한다. 의사 중에도 명의를 찾아가야 제대로 치료를 받을 수 있다. 물론 소문난 명의라도 실수가 있고 의료사고가 발생할 수는 있지만 그래도 믿고 맡겨야 한다. 돌팔이 의사를 만나거나 급하다고 해서 본인이 알아서 수술을 하고 처방을 내려서는 안 된다.

투자도 마찬가지이다. 주치의를 찾듯 제대로 된 투자전문가를 찾아 믿고 맡겨야 한다. 만약 전문가를 믿지 못하고 본인이 직접 나서서 투자를 하는 날에는 필연 큰 사고가 난다. 본업에 충실하고 투자는 유능한 금융주치의를 만나는 것이 중요하다. 금융주치의는 금융과 투자에 대해 유능한 전문가가 좋지만, 무엇보다 나의 투자 목적과 투자계획에 관해 정확히 이해하고 선량한 관리자로 나와 합이 맞는 적합한 사람을 선택해야 한다. 금융은 신뢰를 바탕으로 유지가 된다. 신뢰가 무너지는 순간 거래와 관계는 중단된다. 나의 소중한 재산을 맡아 대신 투자하고 관리해주는 금융주치의를 잘 만나야 한다. 물론 금융주치의를 잘 만나는 것이 중요하지만 본인이 투자에 대해 공부하여 잘 알아야 하는 것은 기본이다. 본인은 아무것도 모르고 금융주치의에게 알아서 잘 관리해 달라고 하는 것만큼 어리석은 일이 없다. 본인이 투자하고자 하는 목적, 목표, 기준, 투자요건 등 정확한 지침이 공유되어야 금융주치의도 연구하고 고민하여, 최적의 투자솔루션을 만들어 내게 된다. 알아서 잘해달라고 하여 금융주치의 소견대로 투자하고서 손실이 나면 어쩔 것인가?

설령 개인투자자가 공부한 대로 자산배분과 분산투자원칙을 염두에 두어 효율적인 투자를 하려고 해도, 자금이 소액이어서 실전에 적용하기가 어렵다. 시장상황을 보면서 적절한 리밸런싱을 하려 해도 현업에 종사하며 시장 국면에 대처하기는 불가능하다. 이러한 일련의 과정을 절차와 시스템에 의해 전문가가 관리해주는 투자방법이 간접투자 펀드이다. 불특정 다수의 자금을 모아 전문성을 가지고 투자자를 대신하여 운용하고 운용성과를 배분하는 간접투자가 일반투자에게는 적합하다. 소극적인 펀드투자보다 좀 더 적극적인 투자를 하고 싶은 경우 상장지수펀드 ETF를 이용할 수 있다. 개별종목을 거래하는 것에 비해 변동성이 낮아 투자위험도 적은 편이다. 필자는 일반투자자에게 단기매매 수단으로 전락하는 ETF 거래도 권유하지 않는다. 개별종목만큼 투자위험이 크지는 않지만 매매회전이 잦게 일어나는 경향에 우려를 갖는다.

제2장 현명한 투자

1. 상식에 기반한 투자

투자는 개인이 경제적 이익을 얻기 위해 자산을 운용하고 관리하는 일련의 행위이다. 투자에는 다양한 위험요소가 내포되어 있어 신중해야 하고 자신의 상황에 맞는 적합한 상품을 선택하여 정석투자를 해야 한다. 요행을 바라고 과도한 리스크를 떠안으면서 단기간에 비정상적인 이득을 취하려는 행위가 투기이다. 투자와 투기는 한 끗 차이지만 결과는 하늘과 땅 차이가 된다. 단순히 극단적인 모험적 투자만이 아니라 위험 감내 범위를 넘어서는 비정상적 행위는 최소한 건강한 투자가 아니다. 비정상적 투기거래는 본인은 물론 정상적인 경제활동의 자금 흐름을 방해하여 거품을 만들어 내고 경제 안정을 해치는 주범이 되기도 한다. 투자상식을 벗어난 비정상적이고 비이성적인 거래는 반드시 후유증을 남기게 된다.

투자상품에는 대표적인 주식, 채권, 펀드 외에 선물, 옵션, ELS 등 구조가 복잡하고 이해가 어려운 다양한 상품들이 있다. 특히 투자위험이 큰 파생상품을 비롯해 반대 포지션을 거래하는 인버스형 상품이나 일명 곱버스라 불리는 레버리지형 투자상품 등 위험이 큰 상품의 거래는 각별히 신중해야 한다. 이러한 상품들은 운용전문가나 기관들도 보조적 수단으로 활용하는 고난도 투자이어서 투자지식과 투자경험이 부족한 일반투자자가 접근하기에 매우 부담스럽다. 가급적 구조가 간단하고 이해가 쉬운 상품 중 본인이 익숙한 상품에 투자하는 것이 바람직하다. 투자를 하는 목적이 무엇인가? 누구나 수익을 얻기 위함이다. 손해 보기 위해 투자를 하는 사람은 없을 것이다. 그렇다면 최소한 손해 나지 않고 원금을 지키는 것이 투자의 기본이 되어야 한다. 그러나 실전 투자에서 손실을 내지 않고 원금을 지키는 투자가 생각만큼 쉬운 일은 아니다. 따라서 최소한 원금을 지키면서 기대하는 수익을 얻는 투자가 되기 위해서는 신중한 정석투자이어야 한다.

투자에 어떻게 손해 나지 않고 수익만 낼 수 있느냐 반문할 수 있다. 그렇다. 투자에서 아무리 완벽한 사람도 예측할 수 없는 시장상황에서는 완전 박살 나기도 한다. 그만큼 어렵고 불확실성에 투자하는 행위라서 신중함과 정석투자를 당부하는 것이다. 만약 원금이 깨지는 것을 대수롭지 않게 생각하고 유행이나 자신의 투자 감으로 지속하다 보면 원금을 회복하는 것도 요원해진다. 처음부터 손해를 볼 수 있다는 안일한 생각을 허용하고 투자를 하는 사람은, 손해나지 않기 위한 노력이나 책임도 소홀히 하게 된다. 절대 손해나지 않는 투자를 하겠다는 강한 의지를 갖고 만반의 준비를 하여 투자에 나서라는 의미이다. 원금이 깨지면서 다시 원금을 회복하고 초과수익을 올리기는 매우 어렵다. 손해 나지 않는 투자, 원금을 지키는 투자는 워런 버핏 제1의 투자원칙이다. 투자수익만 생각하고 섣불리 투자하는 주린이 투자는 많은 수업료를 지불해야 하고, 때로는 회복불능의 위험에 처하게 된다.

투자는 본인의 투자지식과 상식 내에서 투자행위를 해야 한다. 아무리 좋은 투자처라도 본인이 모르는 곳에 투자하는 것은 깜깜이 투자가 된다. 기본적으로 모르는 곳에 투자하면 불안하고 조바심이 들면 결코 오래 버티지 못한다. 각자 본업이 있고 먹고살기 바쁜 일상에서 관련 산업 및 기업의 정확한 정보사항을 지속적으로 관찰하고 분석할 여유나 역량이 없다. 설령 투자지식이 부족해도 다행히 상식적으로 생각할 수 있는 분별력만 있어도 낭패를 당하지 않는다. 전문가들의 분석의견이나 본인 생각에 너무 싸다고 여겨질 때 매수를 하고 기대한 목표가격이 오면 과감히 매도하는 것을 원칙으로 삼으면 안전하다. 이러한 투자방법을 '안전마진' 투자법이라고 한다. 예를 들어 어떤 ETF종목의 평균가격이 1,000원 수준이었고 전문가들이 적정가격으로 1,200원 정도로 보고 있다면, 관심종목에 넣어두고 눈여겨보다가 800원, 900원으로 하락하면 분할하여 매수한 후 1,000원 이상이 넘어갈 때 매도해 안전한 수익을 얻는 방법이다. 투자를 수시로 사고파는 매매회전으로 접근하면 답이 없다. 투자 기회가 수시로 찾아오는 게 아니다. 알토란 재산을 지키면서 안전하게 투자수익을 얻는 방법은 1년에 한두 번 확실한 투자기회가 왔을 때 생각해야 한다.

자천 타천의 금융전문가를 포함하여 듣보잡의 수많은 전문가들이 여러 채널에서 무분별한 투자권유를 하고 있다. 설령 선의를 가진 거라도 투자기술이 부족한 일반투자자를 대상으로 고수익을 앞세운 위험자산 투자를 권하는 행위에는 신중해야 한다. 본인의 명성과 투자성공담을 전수하고 투자고수 비법을 이야기하는 것이 일반투자자에게 크게 도움이 되지 않기 때문이다. 투자지식이나 투자경험이 미흡한 투자자들 중에는 본인이 워런 버핏이나 투자고수가 된 것인 양 착각하기 때문이다. 한 푼이라도 벌고 싶은 마음과 조급한 마음의 투자자들이 무분별하고 무리한 투자를 하여 어려운 처지에 놓이는 경우가 많이 있다. 시장에는 온갖 구경꾼과 입담 좋은 평론가들이 무수한 정보를 쏟아내며 자랑질을 한다. 투자자 본인이 분별력과 상식을 가지고 투자를 판단할 수밖에 없다. 결국 투자는 오롯이 자기판단 자기책임이기 때문이다.

과거를 분석 평론하며 전문가 행세를 하는 것은 누구나 할 수 있다. 한 치 앞도 알 수 없는 주식시장을 예측하여 족집게식으로 투자권유하는 것에 경계감을 가져야 한다. 신도 모르는 주가를 전문가가 찍어 준 종목이라 믿고 투자하는 것은 상식이 아니다. 저점 매수, 고점 매도? 지나고 나서 '그때 사라고 하지 않았나, 그때 팔라 하지 않았나, 올라갈 거라고 하지 않았나, 떨어질 거라고 하지 않았나.' 이런 말을 누가 못하는가? 정신줄 부여잡고 자기 실력에 맞추어 투자하는 습관을 지녀야 보유자산을 지키면서 안전한 투자관리를 지속해 갈 수 있다.

일반투자자가 투자원칙과 기준도 없이 무장해제 상태로 기관 및 외국인 투자자와 맞짱을 뜨는 것은 너무 무모한 짓이다. 아마 전세계에서 일본, 중국, 심지어 미국사람에게 이놈 저놈 하는 나라는 우리나라밖에 없을 것이다. 그러나 외국인과 기관투자자를 우습게 보고 맞붙어 봐야 코 깨지는 일밖에 없다. 오히려 맞설 게 아니라 안전자산에 묻어두었다가 가끔씩 찾아오는 줍줍투자 기회를 노리는 편이 훨씬 현명하고 안전한 투자자이다. 섣부른 투자는 공든 탑을 한방에 무너뜨리는 어리석은 행동이다. 스키 초보자가 최상급 활강코스에서 모험하는 것보다, 체면이 구겨져도 스키를 둘러메고 걷는 용기가 백번 안전하고 현명한 판단이다. 객기를 부리다 넘어지면 최하 사망이고 그것으로 끝이다. 재기의 기회조차 사라진다.

투자에 정답이 있다면, 그리고 머리 좋은 천재가 유리하다면, 천재 물리학자 뉴턴이 갑부가 되었을 텐데 그도 주식투자로 폭망한 사람이다. 투자는 신중히 내가 잘 아는 상품에 감당할 범위에서 시간을 두고 차곡차곡 쌓아가는 투자를 해야한다. 당연히 금융기관이 추천하는 상품에 투자하여 손실이 발생할 수 있다. 금융기관 담당자는 그 시점에서 가장 핫한 종목을 추천할 수밖에 없기 때문이다. 그렇다고 끝까지 당신을 책임져 주지는 않는다. 조변석개하는 시장을 족집게처럼 따라갈 수는 없는 노릇이다. 그리고 전문가에게 알아서 해달라는 위험천만한 부탁은 하지 말자. 당신의 의도와 무관하게 담당자 생각과 판단으로 투자해도 된다는 말인가? 투자는 본인이 제대로 알고 본인의 의도에 맞게 결정해야 한다.

1997년 IMF사태나 2008년 글로벌 금융위기, 그리고 최근의 코로나 팬데믹 같은 극한 시장상황만이 아니라 크고 작은 수많은 시장 위험은 수시로 닥친다. 아이러니한 시장의 움직임은 내가 확신하는 방향이나 전문가의 예상과는 전혀 다른 방향으로 움직이는 경우가 허다하다. 그만큼 가변적인 시장이라 예측하여 단기적 매매차익을 얻기는 결코 쉬운 일이 아니다. 단기매매로 수익을 얻겠다는 생각 자체가 착각이고 자만이다. 일반적인 투자자의 심리는 과매도 상황에서 저가에 내다 팔고, 과매수 과열국면에서 비싸게 매수하는 뒷북치기 투자이다. 간접투자 펀드에서도 마찬가지이다. A펀드가 수익률 상위의 추천상품으로 소개되면, 자금이 몰리게 되고 넘치는 자금을 적정하게 운용하지 못하게 되면서 그때부터 해당펀드는 내리막길을 걷는 경우가 허다하다. 펀드 투자시에도 투자대상 펀드에 대해 나름대로 비교 분석하여 오랫동안 적립투자하기에 적합한지 판단하여 결정해야 한다. 단순히 인기펀드, 추천펀드라 해서 그대로 따라 하는 것은 현명한 투자가 아니다. 금융기관이나 보도자료는 바로 그 시점에서 가장 우수한 상품, 수익률 상위 몇 개 상품을 소개할 수밖에 없다. 지금 인기 추천상품이 미래에도 좋은 상품인 건 아니다. 오히려 소외되어 수익률이 움직이지 않은 대표펀드를 골라 바닥에서부터 꾸준히 적립투자하는 방법이 현명하다. 더러는 역발상 투자가 유효한 심리전쟁이다. 개구리가 어디로 뛸지 모르듯이 시장을 예측하는 것도 매우 난해한 영역이다. 따라서 투자 시에는 단기투자에 목숨 걸지 말고 시간을 두고 여유자금으로 꾸준히 분산적립 것이다.

딸아이가 취업을 하고 마음의 여유가 생기자 여기저기서 남자친구를 소개받게 되었다. 철부지 아이가 짝을 찾고 사랑을 이야기하는 것이 신기하기도 하고 예뻐 보여 항상 응원하는 편이다. 남자친구를 소개받을 때 조건이 있다는 것이다. 키는 얼마 이상이어야 하고 연봉수준은 얼마 정도이고 소유한 차량이 있으면, 플러스알파 점수가 있다는 것이다. 이러한 조건에 부합한 몇 명의 상대를 만나 겪어보면서 지금의 남자친구와 만남을 이어가며 알콩달콩 연애를 하고 있다. 부디 끝까지 아름답게 성공하기를 바랄 뿐이다. 여기서 끝이 아니다. 만약 혼사까지 이어지게 되면 부모 입장에서도 딸아이의 운명이 달린 일에 마냥 오케이 하지는 않을 것이다. 최소한 가정환경은 원만한지, 인품과 평판이 모나지는 않은지, 믿고 맡겨도 괜찮을지 다양한 탐색과 확인을 거쳐 결심을 하게 된다. 서로 좋다고 하여 묶어 놓고 승낙하는 법은 없다. 그렇게 살펴보고 확인하여서 승낙을 한다 해도 살다 보면 로또 부부가 되어 어려움을 겪기도 한다. 자칫 미모나 첫인상에 매료되어 섣부르게 마음을 정하기라도 한 후에, 진면목을 확인하는 그때는 이미 늦어서 포기하고 살거나 손절매를 치는 수밖에 없다.

주식을 비롯한 위험성이 큰 투자상품을 거래할 때 투자대상 상품에 대해 얼마나 신중하게 확인하며 의사결정을 하는지 자문해봐야 한다.

투자는 살아있는 생물이라 예측하기가 매우 어렵다. 투자대상의 속성을 정확히 이해하고 투자위험을 인식했다면 자신이 감당할 수준에서 보수적으로 투자하는 것이 좋다. 펀드상품 하나를 선택할 때도 운용회사, 투자되는 자산, 과거의 투자성과, 수수료 수준 등 기본적인 상품내용을 비교 평가하는 것이 기본이다. 단순히 유명회사 펀드, 추천펀드여서가 아니라 자신의 투자목적에 부합한 펀드인지가 중요한 요소이다. 그래야 일희일비하지 않고 목표 투자기간 동안 유지해 갈 수 있다. 그렇지 않으면 시장의 작은 흔들림에도 쉽게 현혹되어 정상적인 투자를 하지 못한다. 투자는 복불복이거나 성패가 타고난 운명으로 결정되는 것이 아니다. 감이나 촉을 의지하면 실패하기 쉽고 투자원칙과 기준을 가지고 정석투자를 습관화하면 행복해진다. 투자대박은 아니라도 투자자산을 지키면서 정직한 투자수익을 누려 갈 수 있다.

2. 투자환상 버리기

상상은 자유다. 그러나 상상하는 것이 현실이 될 수는 없다. 대박환상? 가슴 뛰는 상상이지만 꿈은 여기서 깨야 한다. 허무맹랑한 꿈을 현실로 착각하면 미친 사람 아니면 패가망신하는 길이다.

인간의 욕망 기저에는 끝없는 탐욕과 이기심이 무섭게 똬리를 틀고 숨어있다. 자기의지로 통제 불가능한 끝없는 욕망은 필연적으로 자기파괴를 불러온다. 자기 안의 미친 집착들을 내려놓지 못하고 탐욕의 본능을 뻗치게 되는 순간에 모든 걸 잃게 된다.

자본주의는 바로 인간의 약한 본능을 작동원리로 성장해 왔다. 욕심 내어서 더 많은 것을 받아 누리라고 끝없이 재촉한다. 판을 벌여놓고 누구나 다 부자가 될 수 있다고 유혹한다. 땀흘림만큼의 정직한 보상보다 기상천외한 방법으로 백만장자, 억만장자가 될 수 있는 로또를 이것저것 만들어 놓았다. 물론 고안된 시스템은 정상이었지만 이용자들의 상상과 변칙들이 동원되고 선한 목적을 위함보다 자기탐욕의 도구로 변질된 성격도 부인할 수 없다. 하기야 끝없이 생각하고 상상하는 인간의 속성상 어찌할 수 없는 현상인지도 모르겠다. 자기 스스로 분별하고 통제하여 지키는 수밖에 없다. 인생의 주인은 오직 자신뿐이니까.

자본주의 꽃이라는 증권시장의 천태만상을 바라보노라면 가슴이 먹먹해짐을 느낀다. 변화무쌍한 증권시장은 시대상황과 모멘텀은 달라도 상승과 하락, 폭등과 폭락의 역사를 반복해 왔다. 그 속에서 소수의 백만장자와 나머지의 희생제물로 양극화는 지금도 계속되고 있다. 인간의 역사, 투자의 역사는 가슴 쓰린 망각과 착각을 기재로 하고 있다. 세상이 인간의 허영에 불을 붙여 끝없이 시험하고 있다. 정신줄 바짝 붙들어 잡아야 한다.

투자로 기대하는 수준이 얼마인가? 은행 예금이 2%라 할 때 당신이 투자로 기대하는 수준 말이다. 투자대상에 따라 다르겠지만 허황된 환상을 가지는 순간 당신의 투자는 어긋나기 시작한다. 가진 것조차 잃지 않기 위해서는 터무니없는 대박환상부터 버려야 한다. 당신이 생각하는 것은 투자가 아니라 투기행위이기 때문이다. 투기행위를 계속하여 성공하는 일은 결단코 없다. 건강한 투자와 거리가 멀다. 자기의 여유자금으로 자기가 감당할 수 있는 범위에서 상식적인 기대수익을 바라며 투자해야 한다. 공자님 말씀이 아니라 투자의 기본원리이자 원칙이다. 투자와 거리가 먼 충동적이고 즉흥적인 모험적 투자는 당신의 영혼까지 집어삼킬 뿐이다. 인생이 쉽지 않듯 투자도 결코 쉽지 않다.

인간의 탐욕과 투기적 본성을 통제하지 못하면 존재의 전부를 한순간 불태워 버릴 수 있다. 영끌하여, 빚투하여, 곱버스 투자하여 얻을 수 있는 것이라고는 손해 보는 일밖에 없다. 세상은 정상이 비정상으로, 다시 비정상이 정상을 찾아가는 순리를 따라 운행된다. 비정상적인 시장상황이 극에 달하면 버블이 꺼지는 것은 당연한 수순이고 그 시점에서는 모두가 패자가 된다. 수많은 세월 수없이 반복된 전철이지만, 우리는 망각하고 착각하며 살뿐이다. 상식적이지 않은 무모한 투자에 충동적으로 발을 들이면 예외 없이 그 결과는 참담하다. 영끌하여 한 방을 노리는 모험적인 투자자, 노후준비에 고민이 많은 중장년 5060이 위기의 한복판에 있다. 조급한 마음이 만사를 그르치게 하며 어설픈 투자는 백번 안 함만 못하다. 노후준비에 조바심이 생겨도 낯선 투자에 쉽사리 눈 돌리지 말고 오히려 과도한 씀씀이를 걷어내는 것이 쉬운 방법이다. 행여 운이 좋아 횡재를 얻는 것에 기뻐할 일이 아니다.

세상물정 모르는 투자헛발질 헛똑똑 중장년들의 노후절벽을 우려한다. 주식투자 인구의 50%가 50대 이상의 중장년 세대이고, 더욱 놀라운 것은 증권사에서 돈을 빌려 투자하는 신용융자금의 70%를 50대 이상의 투자자가 이용하고 있다. 모험심이 강한 30대 미만 투자자의 20배 이상의 융자잔고를 이용하고, 시장이 하락하는 와중에도 여전히 신용융자를 받고자 줄을 서고 있을 정도이다. 금융감독원이 밝힌 2021년 한해 동안 신용융자 잔고가 30세 미만 5,096억 원, 50세 이상은 9조 9,299억 원으로 하락국면의 빚투에 우려가 커지고 있다. 신용융자 주식투자는 길어야 3개월의 기한을 두고 있어 성공하기 어려운 위험천만한 빚투이다. 그뿐만 아니라 각종 투자설명회와 세미나 자리 단골손님은 단연 시간이 남아도는 고령자들 차지이다. 자산관리에 관심이 크기도 하지만 투자실패에 대한 하소연과 추천종목 등 질문 메뉴에도 크게 변함이 없다.

주식투자는 백번 무사고 운전에 한 번의 교통사고를 당하는 것과 마찬가지이다. 열 번 성공한 마이다스 손이라도 시장에 계속 머물러 투자를 지속하는 한 가진 것을 지키기도 어렵다. 만고의 진리는 횡재를 보거나 생각지 않은 대박이 나거든 조용히 챙겨서 자리를 뜨는 것이다. 미적거리거나 미련이 남아 한번 더를 생각하면 가진 거 고스란히 상납하고 빈손으로 나온다. 주식투자가 위험한 것은 인간의 심리 작동원리가 그렇게 설계되어 있기 때문에 어찌할 수 없다. 한번 실패하면 한 번 더, 계속해서 오기가 발동하고 갈수록 무리한 베팅을 하게 된다. 반대로 쉽게 수익이 나고 생각대로 잘 되어가면 자만하게 되고 욕심이 생겨 돈을 추가하고 빚을 얻어 본격적인 베팅에 나선다. 결과는 뻔하지 않은가? 인간의 탐욕과 시장의 광기 앞에서 비이성적 행동에는 브레이크가 무용하고 아무도 말릴 수 없다.

필자가 처음 영업점 발령을 받아 투자상담을 하면서 이러한 시장의 메커니즘과 투자자들의 심리 흐름을 유심히 관찰하였다. 실전투자에서 자기매매로 금쪽같은 종잣돈을 다 날리기까지 경험하며 단기매매의 허실과 위험성을 깨달았다. 내가 영업점에 근무하던 1990년대 당시는 온라인거래 이전이라서 100% 창구직원에게 주문을 내야 했다. 객장은 발 디딜 틈이 없었고 투자자들은 전광판 시세를 보며 주문지를 써 주문단말에 던졌다. 나는 이율배반적이었지만 무분별하게 즉흥적으로 주문지를 던지는 순진한 투자자들의 주문지를 돌려보내곤 했다. 풍문이나 카더라 소식통에 의지한 묻지마 투자에 경고하며 그러한 투자를 하지 말 것을 당부했지만, 내 눈을 피해 다른 창구직원에게 몰래 주문을 냈다.

지금도 그 알토란 돈을 허망하게 허공에 날려 보내고 낙담하던 고객들의 표정을 잊을 수가 없다. 여전히 나는 개인투자자들의 주식투자를 극구 만류한다. 주식투자에 올인하며 주식시장을 떠나지 못하면 패가망신한다는 말이 틀리지 않는다. 허황된 환상을 갖고서 무분별하고 잘못된 투자습관으로 퇴직금을 날리고 한 푼 두 푼 모은 종잣돈을 날리는 어리석은 선택을 하지 말기를 당부한다. 천하의 뉴턴도 '천체의 움직임은 계산할 수 있어도 인간의 광기는 도저히 측정할 수 없었다'며 고개를 절레절레 흔들었다.

투자에는 예기치 못한 다양한 위험요소가 내포되어 있어 어떤 흐름을 만들어 낼지 아무도 모른다. 투자로 부자가 되어 넉넉한 삶을 살아보고 싶은 마음은 누구나의 바람이다. 부자 되기가 그렇게 쉬운 일이면 바라지도 않았을 것이다. 결론은 투자로 부자가 되는 환상을 꾸지 않는 것이 안전하다. 마이다스 손이어서 만지는 것마다 대박이 나는 신의 손이라면 모를 일이다. 그러나 그러한 일은 쉽게 일어나지 않는다. 백만장자로 떵떵거리며 사는 꿈을 꾸는 것보다 건강한 정석투자로 안전한 길을 가는 편이 행복한 삶이다. 투자에 과도한 욕심이 들고 집착하여 무리하게 베팅하게 되면 정상적인 투자활동이 이루어지기 어렵다. 무슨 일이 되었든 본인의 정직한 노력과 땀 흘림 없이 무임승차나 횡재는 꿈도 꾸지 말아야 할 일이다. 어쩌다 주어지는 횡재조차도 준비된 자에게 신이 주는 깜짝 선물이어야 한다. 대가 없이 거저 얻는 횡재가 어리석은 자에게는 재앙이 되기도 한다. 주식에 주린 이가 코끼리 뒷걸음치다 얻어걸리듯이 첫 경험에 빙고를 외치기라도 하면 독이 든 성배를 마주하는 꼴이 되기 쉽다. 부동산투자에 재미가 붙어 무리한 갭투자나 다양한 수단을 동원하여 투기적 거래에 혈안이 되면 결국에는 어려운 상황을 맞이할 수밖에 없다. 투자의 환상과 착각을 벗어나야 한다. 투자에서 빨리 빨리의 조급증은 금물이다.

농부는 가을 수확 때를 기다려 온갖 정성을 쏟는다. 우선 좋은 씨앗을 고르고 좋은 때를 기다려 씨앗을 뿌린 후 가을철 결실까지 지극정성으로 가꾸어 간다. 물론 밤낮 지극정성으로 가꾸고 풍년을 기도하지만 예기치 않은 풍수해나 적당한 때를 놓쳐 흉년을 맞이할 수 있다.

투자는 농부의 농사짓기와 유사한 성격을 갖는다. 좋은 종목(상품)을 발굴하여 적절한 때에 매수한 후 시간을 두고 살피며 관리해야 한다. 투자에 실패하는 주원인은 기다리지 못하고 당장에 투자성과를 확인하고자 하는 조급증이다. 투자의 성패는 투자대상의 수익률·위험관리보다 자기 자신과의 싸움일지도 모른다. 세상이 흔들리고 요동해도 무던히 버틸 수 있는 내공이 없으면 투자에서 이기기 어렵다. 투자를 기다림의 미학이라고 하지 않던가.

참고로 기관투자자들의 투자형태를 살피며 투자에 대한 요령을 이해하고 투자환상에서 벗어나기를 바란다.

전문투자기관도 주식투자비중은 최대 50%를 넘지 않는다. 자금력과 정보력과 전문투자위원회를 두고 투자전문가들이 모여 투자하는 기관투자자들의 투자형태가 이럴진대, 개인투자자 입장에서 주식이나 투기적 투자대상에 단기매매로 고수익을 얻고자 하는 생각은 환상일 뿐이다.

우리나라 기관투자자 투자포트폴리오 예시

기관명	운용규모	투자자산 비중	투자심의 기관
국민연금	920조	• 주식 41% • 채권 41% • 대체자산 등 18%	• 투자정책전문위원회 • 수탁자책임전문위원회 • 위험관리/성과보상 전문위원회
공무원연금	17조	• 주식 28% • 채권 35% • 내세부사 26%	• 리스크관리위원회 • 성과평가위원회 • 자사우용위원회 • 대체투자위원회 등
교직원공제회	56조	• 주식 21% • 채권 19% • 대체투자 37% • 기업금융 22%	• 자산운용위원회 • 리스크관리위원회 • 투자심의위원회
군인공제회	15조	• 주식 7% • 채권 9% • 대체투자 48% • 기타자산 35%	• 대의원회 • 운영위원회 • 이사회
사학연금	26조	• 주식 42% • 채권 35% • 대체투자 21%	• 자산운용위원회 • 리스크관리위원회 • 투자심의위원회 • 수탁자책임위원회 등
노란우산공제회	21조	• 주식 15% • 채권 52% • 대체투자 28%	• 자산운용위원회 • 대체투자위원회 • 리스크관리위원회 • 투자심의위원회 등
지방행정공제회	20조	• 주식 10% • 채권 6% • 대체투자 73%	• 운영위원회 • 자산운용위원회 • 리스크관리위원회 • 투자실무협의회 등
과학기술인공제회	10조	• 주식 11% • 채권 7% • 부동산 27% • IB 및 인프라 44%	• 연금심의위원회 • 자산운용전략위원회 • 투자심의위원회 • 리스크관리위원회 등

* 출처 : 각 기간별 공시지료 및 언론보도 참조

3. 금융사기에 주의하라

일반적으로 고령자와 사회초년생들이 금융사기 위험에 많이 노출된다. 사회초년생들은 사회 경험이 부족하고 순진한 마음에 쉽게 현혹되거나 속아 넘어가는 일이 많이 생긴다. 또한 고령자들은 나이가 들어판단력이 떨어지거나 정에 약해져 자기도 모르게 당하는 경우가 많이있다. 특히 고령자들의 금융사기 이면에는 노후준비 여부가 상당한 영향을 미친다. 노후준비가 미흡하여 조급한 마음이 들고 당장 뭐라도 해야 할 것 같은 불안감이 생긴다. 익히 고령자들의 고단한 현실을 귀가따갑게 들어왔고 갈수록 길어지는 노후장수가 걱정이 되기 때문이다.조급한 마음에 혹하는 소문이 있으면 관심이 쏠리게 되고 듣다 보면 구경꾼들의 사탕발림 말들도 나를 위한 준비된 기회인 것만 같아진다. 대부분의 제안은 수익률이 턱없이 높은데도 안전하다고 장담하며 특별히기회를 주는 것이라 현혹한다. 세상에 수익률이 높으면서 안전한 투자상품이 어디에 있겠는가? 노후준비를 한 방에 해결할 수 있는 절호의기회로 여겨진다. 마음이 콩밭에 가 있으면 누가 무슨 말을 해도 들리지않고 들으려고도 하지 않는다. 시중금리의 몇 곱절을 주고 기상천외한이해되지 않는 수익모델을 제안하지만 당장 손에 쥐는 배당금에 의심의여지가 없다. 사이비 이단 종교에 빠지는 것이나 보이스피싱에 속아 넘어가는 것과 매한가지다. 누가 어리석게 속아 넘어가느냐 하겠지만 내안에 갈급함이 있고 무장해제 된 상태에서는 합리적 의심의 기재가 발동하지 않는다. 자기도 모르게 순간적으로 속아 넘어가는 것이다.

대부분의 금융사기 현장 분위기는 대동소이하다. 장소도 의심할 여지없어 보이고 응대하는 사람들도 멀쩡하게 생겨서 극진하게 응대한다.

하기야 사기치는 사람들이 '나 사기꾼이요' 하는 사람은 없을 것이다. 처음 보는 사람에게 과도하게 친절하고 친근하다면 합리적 의심부터 해 봐야 한다. 인물 좋은 젊은 사람이 친절하고 살갑게 다가오니 자식 같은 마음이 들어 의심하지 않고 따라갔다는 피해 고령자의 말을 들었는데, 사실 말이지 내 자식이 그렇게 살갑고 친절한던가 믿기지 않는다. 내 자식은 평상시 그렇게 친절하고 살갑게 다가오지 않는다. 그때는 돈이 필요하거나 뭔가 아쉬울 때 뿐이다. 사기꾼의 또 다른 특징은 '높은 금리를 꼬박꼬박 통장에 꽂아 준다. 한사람 데려오면 추가금리를 더해 준다, 강남 부자들만 알음알음 가입하는 VIP용 상품이다. 선착순이고 한도가 있다' 이런 식이다. 모객활동에 절판마케팅, VIP특별전용, 고금리 경험 등 심리를 이용한 마케팅 수법을 선보인다. 고령자들의 미래에 대한 두려움과 결핍된 마음의 약해진 틈을 교묘히 이용하는 것이다. 본인은 절대로 당하지 않는다고 장담하지만, 그런 상황이 되고 보면 자기도 모르게 위험성에 빠져든다. 노후준비가 미흡하게 되면 강박감이 생기게 되어 무리한 투자를 할 위험성이 크다. 노후준비가 충분한 여유로운 사람은 굳이 무리하여 그러한 위험에 현혹되지 않는다. 안정적인 연금이 준비되어 있으면 두려움도 줄어든다.

투자대상이 무엇이든 고수익을 좇는 상품이면 일단 합리적 의심부터 하고 주변 사람들과 상의해야 한다. High Risk, High Return은 투자에 있어서 유치원생도 아는 상식이다. 고수익이면서 안전한 투자라고 권유한다면 백 퍼센트 사기라고 확신하면 된다. 그렇게 안전하고 좋은 상품이라면 본인이 가장 먼저 가입했을 것이고, 가까운 부모나 형제 자식부터 가입시켜서 한도가 남아 있지 않아야 한다. 왜 안전하고 좋은 상품을 알음알음 방법으로 음성적으로 거래하는 걸까? 만약 인터넷이나 각종 SNS채널에서 전문가로 사칭하며 고수익 보장, 노후연금 수단으로 입금을 재촉하는 것이면 100% 사기 아니면, 미등록 사설업자로 무시해야 한다. 이밖에 허위정보를 제공하고 가짜 주식거래 프로그램을 배포하는 등 은밀한 거래유도에 현혹되어서는 안 된다. 100% 수익보장이니 족집게 추천종목이니 하며 일임매매를 강요하고 성공보수를 요구하는 것에 관심을 쏟아서는 안 된다. 한순간에 패가망신할 수 있기 때문이다. 고령자를 대상으로 퇴직금과 목돈을 노린 금융사기와 온갖 투자방에서 멘탈 약한 투자자들의 돈을 노린 황당한 일들이 수시로 발생하고 있다. 만약 귀에 솔깃한 투자 건이 있다면 먼저 가족이나 신뢰할 만한 전문가에게 알려서 확인하고 투자여부를 결정해도 늦지 않다. 특히 고령자가 누구에게도 말하지 않고 혼자의 판단으로 몰래 거래하는 것은 매우 위험하다. 설령 놓친 고기가 커 보일 수 있지만 투자 기회는 얼마든지 찾아온다. 지나간 투자기회는 수많은 기회 중 단 하나 놓친 것이다.

노후자금으로 연금을 강조하는 이유가 바로 여기에 있다. 목돈을 쥐고 있으면 어딘가에 맡겨 놓고 투자해야 한다. 아니 목돈을 가지고 있으면 귀신같이 알고 들보잡들이 찾아온다. 크든 작든 노후자금이 연금으로 설계되어 있으면, 두려움도 줄일 수 있고 크게 신경쓰지 않고도 노년을 이어갈 수 있다. 보유자산이 주로 연금으로 묶여 있다면 사기를 당해도 일정한 금액으로 한정할 수 있다. 연금이 있는데 무리하여 잘 알지도 못하는 투자를 할 이유가 없다. 조급함과 허황된 생각이 일을 그르친다. 무엇보다 금융사기나 투자 위험을 줄이는 요령은 공신력 있는 금융기관을 이용하는 것이다. 금융기관은 기본적으로 신뢰를 바탕으로 한 공공성을 가진 기관이다. 공신력이 있는 금융기관은 감독기관과 내부통제 절차에 따라 관리되고 있다. 만약 예기치 않은 금융사고가 발생하고 거래 중 어려움에 봉착하여 구제방법을 모색할 때도 투명한 절차에 따라 사후관리를 기대할 수 있다. 금융소비자 입장에서 아쉬운 부분도 많이 있겠지만, 금융기관에서도 난감한 상황에 처해 본의 아니게 어려움을 겪기도 한다.

금융거래 및 투자 시에 주의할 점들이 있다. 가장 기본이 되는 것은 거래는 반드시 본인이 주체가 되어야 한다. 거래인감과 거래통장이나 카드는 본인이 소지해야 하고, 아무리 신뢰하는 거래 금융기관 관리자라도 함부로 거래인감과 카드를 맡겨 놓는 행위는 잘못이다. 거래는 당사자로 정확하고 명확하게 투명한 절차에 의해 행해져야 한다. 바쁘다고 해서 위임하거나 믿고 의지하는 관계여서 일임매매를 방조하는 것도 절대 허용해서는 안 된다. 사고를 미리 방지하고 상호 신뢰관계를 오래 유지하기 위해서는 반드시 그렇게 해야 한다.

금융기관은 시스템과 내부통제기구가 작동하고 있지만, 금융거래의 당사자로 수많은 이해관계자들과의 거래관계에서 말 못할 어려움이 많이 있다. 때로는 비난의 대상이 되기도 하고 대규모 손실을 입기도 한다. 회사 배지를 달고 고객을 맞이하는 입장에서 고객의 매너나 신사의 품격을 기대하는 것이 무리인 때도 많다. 상상을 초월하는 억지와 떼쓰기에 도저히 당해낼 도리가 없을 때가 있다. 아직까지는 고객이 왕이고 금융소비자보호에 대한 시대적 변화 영향이 있지만, 상식을 가진 성숙한 금융소비자 시대가 앞당겨지기를 소망한다. 사람은 누구나 자기 관점에서 생각하기 때문에 일방적으로 귀책사유를 묻기가 어려운 경우가 많이 있다. 아무튼 금융소비자로 보호를 받기 위해서라도 반드시 공신력 있는 금융기관을 이용하는 것이 중요하다. 이자 몇 퍼센트 더 받고 제공하는 혜택이 많다는 이유로, 신용할 수 없는 기관을 이용하는 것은 자제하는 것이 바람직하다.

4. 지수에 장기투자

처음 입사하여 영업점에 근무하면서 자기매매로 가지고 있던 여유자금을 몽땅 날린 경험이 있다. 고객들의 주문은 머리에 들어오지 않고 종일 시세판과 단말기를 바라보며 더블을 학수고대하며 앉아 있었다. 금방이라도 더블이 날 것 같은 착각이 들었지만, 시간이 가고 매매 횟수가 늘어날수록 원금은 쪼그라 들었다. 얼마 지나지 않아 보유종목이 부도를 맞으면서 나의 미친 투자는 끝이 났다. 초보투자자로 투자손실에 오기가 생기고 속이 쓰리면서 누구의 말도 들리지 않았다. 심지어 손실을 만회하고자 더 큰 위험성이 있는 상품까지 손을 대게 되었다. 순간 이러다가 큰일 나겠구나 하는 생각이 들어 정신을 차리게 되었다. 그간의 투자실패를 복기하면서 투자의 속성을 이해하고 제대로 된 투자전문가로 거듭나기 위해 부단히 공부하였다. 지금은 연차가 늘고 연륜이 쌓여 투자자들에게 투자의 본질과 정석투자를 강권하지만 쉽게 이해하려고 하지는 않는다. 일반투자자들의 안타까운 투자습관에 주문거절을 하면서까지 무모한 투자를 말려보지만 헛수고다. 내 눈을 피해 다른 창구에서 주문을 내는가 하면 별난 직원이라고 다른 증권사로 옮겨가기도 했다. 크고 작은 투자실패를 수시로 경험하면서도 습관적으로 잘못된 투자를 반복하는 행태에 안타까움을 지울 수 없다.

우리나라 주식계좌수는 약 5,000만개, 실제 활동계좌수가 1,300만명를 훌쩍 넘는다. 국민 4명 중 1명이 주식투자를 재테크 수단으로 활용하고 있다. 은행의 적금통장보다 주식계좌수가 많다는 통계도 들린다. 젊은 대학생부터 가정주부, 직장인, 초고령자에 이르기까지 주식투자는 일상의 소재가 되어 때와 장소를 가리지 않고 이야깃거리가 되어 있다.

주식투자는 누구나 제약 없이 자기의지로 참여하여 거래할 수 있는 투자해방구이다. 한방에 큰돈을 벌 수 있다는 환상을 가지고 행여나 하는 마음으로 투기적 속성을 감추지 않는다. 건강한 투자라면 권장할 일이지만 테마와 시장 유행을 좇아 단기매매로 승부를 보고자 하는 거래는 투자가 아니다.

최근 몇 년간 세상을 떠들썩하게 했던 암호화폐 현상도 투기적 주식투자 행태의 연속을 보여주었다. 암호화폐라는 신기루가 난무하면서 통제되지 않은 투기시장이 한동안 회오리바람을 일으켰다. 국경을 넘나들며 24시간 가격제한폭 없이 한마디로 돈 놓고 돈 먹는 식의 투기 광기를 여실히 보여주었다. 향후 블록체인 기술이 세상을 바꿀지 어쩔지는 모르겠으나, 실체가 불분명한 테마들로 구경꾼들을 끌어모아 그야말로 투기의 광란을 치렀다. 광란의 뒤끝은 처참하다.

비정상적인 주식시장과 암호화폐 시장을 넘나들며 파티에 참여한 수많은 투자자들이 암호화폐와 주식폭락의 여파로 정신적 충격에 상담센터가 문전성시를 이루고 있다고 한다. 3포 세대라 불리는 젊은 계층의 사람들이 계층상승의 사다리로 달려들고 노후자금을 마련하고픈 조급한 중장년 세대의 투자실패가 우려된다.

선택은 자유이지만 책임과 결과도 본인의 몫이다. 자산관리에도 원칙과 상식이 기반해야 한다. 눈앞의 현상에 매몰되면 평정심을 잃게 되고 평정심이 깨지면 상식과 분별력은 무용지물이 되어 버린다. 싸움에서도 흥분하는 사람이 100% 지게 되어 있다. 투자 분위기에 젖어 정신줄을 놓고 있으면 영혼까지 앗아가 버린다. 투자시장은 투자자들의 심리전 쟁터이다. 1차적으로 수급과 재료가 가격형성의 소재가 되지만 이해관계자들의 심리적 요소가 결합하여 요동하고 격동하는 가변성을 가진 세계이다. 탐욕과 광기가 결합되어 버블이 발생하기도 하고 반대로 눈치 채지 못할 나비효과로 집단공포에 무작정 투매하는 비이성적 현상을 볼 수 있다. 이러한 시장에 부화뇌동하는 모습을 보면 투자업계에 몸담고 있는 입장에서 안타깝기 그지없다. 돈이 된다 싶은 곳이면 여지없이 불나방 되어 달려들고 보는 호구 투자자가 되어서는 안 된다. 투전판과 다름없는 시장에 참여하여 당신의 뜻을 이루기는 완전히 불가능하다. 유혹에 미혹되면 가진 것도 다 잃게 된다. 아무리 시급하고 갈급하여도 무모한 투자에 목숨 걸 일은 아니다.

2022년 한 해 증권시장의 성적을 보면 특히 개인투자자들의 폭망을 여실히 보여주고 있다. 우리나라 대표주식 또는 간판주식에 투자한 사람이 두 자릿수 큰 폭의 손실을 기록하였다. 시장 유행을 좇아 투자한 테마주식이나 개별주식에 투자한 경우라면 말도 꺼내지 못할 정도이다. 반면에 외국인투자자는 이 와중에도 10%대의 수익을 거두었다. 개미투자자들의 코 묻은 돈을 줍줍한 꼴이 되었다. 이처럼 비교우위가 없는 일반투자자가 완전무장한 골리앗 경쟁상대와 경쟁하는 것은 전혀 승산 없는 게임이다. 시장의 주도세력도 아니고 시장을 컨트롤 할 수 있는 능력이 부족한 일반투자자가 개별주식으로 단기매매하는 것은 매우 신중해야 한다.

개인투자자가 자산증식 수단으로 주식투자가 적합한 재테크 수단인지 의문이다. 개인투자자들이 주식투자를 통해 기대하는 투자수익을 얻기는 하늘의 별 따기와 다름이 없다. 여전히 주변에는 주식투자로 크고 작은 손실을 입어, 하소연도 못하고 신음하며 곤고한 일상을 버텨가는 사람들이 많이 있다. 특히 노후자금과 목적자금을 주식투자한 중장년 투자자들의 투자 실패담은 노후절벽의 원인이 어디에 있는지 엿보게 한다. 팔팔한 청년들의 실패라면 전화위복의 기회라도 주어지지만 은퇴기에 접어든 중장년의 투자실패는 그렇지 않다. 우리나라 중장년 50대 이상이 주식투자에 가장 많이 참여하고 있고 가장 모험적으로 투자하고 있기에 하는 말이다.

노파심에서 진심으로 당부하고 싶다. 은퇴기에 접어든 은퇴준비생으로 아직도 미련을 버리지 못하고 여전히 주식시장에 머물고 있다면, 노후절벽과 노후빈곤의 위험에 노출된 것이다. 설령 보유자산이 부족하여 하루 두 끼를 먹는 한이 있어도 주식투자에는 신중해야 하고 발을 빼는 것이 상책이다. 자칫 한 끼도 해결하지 못하고 곤고한 노후에 한숨을 쉴 수 있기 때문이다. 현재 보유하고 있는 주식이 있거든 가급적 빠른 시간 내 손절매라도 과감히 정리해야 한다. 만일 증권사 신용대출로 불안한 빚투거래를 하는 거라면 눈물을 머금고 빨리 정리하는 것이 답이다. 그래야 다리 쭉 뻗고 잠을 이룰 수 있다.

주식투자를 업으로 하는 증권사 직원들이 모두 투자고수로 부자가 되어 있을까? 결론은 일반투자자와 별반 차이가 없다. 스타 직원도 있지만 깜짝 스타일 뿐 지속적인 투자에는 대부분 말짱 도루묵이다. 투자가 생각만큼 쉽지 않은 일이다.

그렇다면 일반투자자가 투자할 수 있는 직접투자 수단에는 무엇이 있을까?

주식시장에 상장되어 거래되는 상장지수펀드 ETF종목이 있다. 일반 주식과 동일하게 실시간 매매가 가능한 인덱스(지수형) 상품이다. 개별 주식이 아니라 산업지수, 테마지수, 그룹지수 등 각 섹터에 해당하는 주식들로 지수를 만들어 하나의 종목으로 상장시켜서 거래하는 것이다. 물론 ETF 투자가 위험이 없는 것은 아니다. 개별주식 투자보다 여러 종목에 분산투자하는 효과가 있어 투자위험을 줄일 수 있고 안정적인 투자수익률을 기대할 수 있다. 투자의 기본원칙이자 정석투자인 분산투자가 가능한 투자가 ETF투자이다. 일반투자자가 분산적립투자로 장기투자하기에 가장 적합한 직접투자 방법이다. 재테크 수단으로 직접투자를 고려한다면 개별주식이 아닌 ETF를 이용하면 된다.

예를들어 00전자가 좋아 보여 그 종목에 몰빵을 했을 때 예상대로 가격이 상승하면 다행이지만 예상과 달리 하락하는 경우 큰 낭패를 보게 된다. 모 아니면 도인 위험한 확률게임이다. 반면에 00전자를 포함하여 우량한 10개의 종목에 골고루 투자한다면 시장의 호재와 악재가 상쇄되면서 평준화된 안정적인 수익을 유지해 갈 수 있다. 이것이 분산투자법이다. 분산투자는 본인이 직접 여러 종목에 나누어 매수할 수 있지만, 전문투자자가 자산배분하여 투자해 주는 펀드를 이용하는 것이 편리하다. 그렇지 않고 본인이 직접 매매하고 싶을 때는 상장지수펀드 ETF를 매수하는 방법이 있다. 상장지수펀드 ETF종목에는 국내외 다양한 섹터의 ETF가 상장되어 있어서 투자대상 종목선정에 전혀 어려움이 없다. 대표적인 ETF종목으로 우리나라 종합주가지수를 추종하는 KOSPI, KOSDAQ ETF(TIGER 200/KODEX200)가 있다.

TIGER200 ETF종목은 상장주식 중 시가총액 상위 200개 종목으로 구성된 주가지수에 투자하는 상품이다. 상위 10개 종목에는 시가 비중에 따라 삼성전자 26.6%, SK하이닉스 5.2%, 삼성SDI 3.2%, NAVER3.05%, LG화학 3.04%, 현대차 2.81%, 카카오 2.15%, 기아차 2.01%, 셀트리온 1.95%, KB금융 1.75% 등으로 구성되어 있다. TIGER 200 ETF 1주를 매수하면 시가총액 200개 종목에 골고루 투자되는 효과가 있다. 향후 4차산업혁명시대 핵심인 반도체산업에 투자하고자 한다면, 개별주식 투자보다 반도체산업을 대표하는 ETF를 사는 것이 안정적인 투자이다. 국내 주식시장에 상장된 'TIGER 미국필라델피아반도체 나스닥' ETF가 미국 나스닥에 상장된 대표적인 글로벌 반도체기업들로 구성된 ETF이다. 만일 국내 반도체산업에 투자하고 싶다면 대표적으로 KODEX반도체 ETF가 있다. 국내 반도체산업을 영위하는 45개 종목에 분산투자 되는 효과가 있다. KODEX반도체 ETF에는 삼성전자를 제외한 SK하이닉스부터 중소형 반도체기업이 총 망라되어 있다. 이밖에도 반도체와 관련한 ETF는 TIGER반도체, KBSTAR비메모리반도체액티브, KODEX Fn시스템반도체 종목이 있다. ETF종목은 동일한 산업과 섹터의 종목이라도 운용사마다 경쟁적으로 운용하고 있으므로 종목선정 시에는 운용사의 안정성과 운용능력, 거래량 등을 고려해야 한다.

ETF투자 역시 주식거래와 마찬가지로 단기매매를 통한 매매회전을 높이는 투자는 바람직하지 않다. 가격변동성을 이용해 단기매매로 수익을 얻고자 하는 투자습관은 전혀 도움이 되지 않는다. 한두 번 단타매매를 성공시킬 수 있지만 아무 의미 없는 잘못된 투자습관일 뿐이다. 머지않아 모두 토해내고 본래 가진 것까지 다 잃을 가능성이 크기 때문이다.

본인의 보유자산에 대해 잘 분산된 지수형 상품 중심으로 꾸준히 적립투자하면서 목표수익률에 도달하거나 목적자금이 필요할 때 현금화하여 활용하는 건강한 투자습관을 들여야 행복한 일상을 유지해 갈 수 있다. 안전한 투자정석에 맞추어 건강한 투자습관으로 자산관리하는 사람이 끝까지 성공한다. 한방을 꿈꾸며 습관적으로 단기투자하는 단타족에게 행복한 미래는 없다

제3장 마음 편한 투자상품

1. 리츠와 인프라펀드

개인이 부동산에 직접 투자하기는 쉬운 일이 아니다. 일정 규모 이상의 목돈이 필요하고 임대부터 사후관리에 이르기까지 전문적인 실무를 처리하기가 쉽지 않기 때문이다. 부동산투자에 금융상품 수단을 접목하여 부동산에 투자하는 효과를 낼 수 있는 방법이 있다. 바로 리츠(Real Estate Investment Trusts(이후 "REITs"라 한다) 상품이다. 리츠(REITs)는 부동산전문투자자가 다수의 투자자로부터 자금을 모집해 부동산에 투자하고 발생한 수익을 투자자에게 배당하는 부동산투자신탁이다. 부동산투자에 관심이 있는 일반투자자가 소액으로 우량한 부동산에 투자할 수 있는 투자수단이다. 우리나라는 아직 리츠에 대한 역사가 짧은 초기시장이지만, 미국을 비롯한 리츠 선진국 시장에는 다양한 리츠상품들이 주식과 마찬가지로 활발하게 거래되고 있다. 그간 부동산투자상품은 주로 거액자산가와 기관들을 대상으로 사모형이 주류를 이루었으나 2019년 9월 공모형리츠 활성화방안이 발표된 이후 개인들도 소액으로 투자가 가능한 공모리츠가 활성화되었다.

국내상장 주요 리츠 현황

(2023.3.31 기준)

no	리츠명	투자자산	배당월
1	롯데리츠	백화점, 마트, 물류센터, 아울렛 등 롯데그룹자산	6, 12
2	SK리츠	SK서린빌딩, 116개 주유소 등	3, 6, 9, 12
3	JR글로벌리츠	벨기에 브뤼셀 파이낸스타워 등	6, 12
4	ESR캔달스퀘어리츠	홍콩계 ESR 물류센터 11곳	5, 11
5	코람코에너지리츠	현대오일뱅크 직영주유소 187개	5, 11
6	신한알파리츠	판교 크래프톤, 용산 프라임타워 등 오피스	3, 9
7	이리츠코크랩	뉴코아아울렛, NC백화점 등 이랜드계열 자산	6, 12
8	이지스밸류리츠	서울 태평로빌딩, 이천 YM물류센터	2, 8
9	이지스레지던스리츠	인천 부평더샵 임대주택, 디어스명동	6, 12
10	미래에셋맵스리츠	수원 광교푸르지오시티 상업시설 등	5, 11
11	NH프라임리츠	서울스퀘어, 삼성화재 서초사옥 등	5, 11
12	디앤디플랫폼리츠	물류	3, 9
13	NH올원리츠	오피스/물류	6, 12
14	코람코더원리츠	오피스	2, 5, 8, 11
15	신한서부티엔디	호텔/복합몰	6, 12
16	미래에셋글로벌리츠	해외물류	4, 10
17	KB스타리츠	오피스	1, 7
18	마스턴프리미어리츠	오피스/물류	3, 9

국내 주식시장에 상장된 리츠는 배당가능이익의 90% 이상을 배당으로 지급해야 하고 부동산 매각 등으로 발생하는 매각차익에 대해서도 배당 형태로 분배해야 한다. 공모형리츠 활성화 방안에 따라 공모리츠나 부동산펀드에 투자하는 투자자에게 5,000만 원까지 배당소득에 대

해 분리과세하며 과세율도 9%로 낮게 과세한다. 국내상장 된 공모리츠의 투자자산은 주로 오피스, 상업용 부동산, 임대주택, 물류센터, 주유소 등으로 제한적이다. 반면 미국을 비롯한 해외 리츠시장은 시장규모가 크고 투자자산도 다양하여, 해외 리츠에 관심 있는 투자자들은 해외로 눈을 돌리고 있다. 미국이 글로벌 리츠시장의 66%를 차지하는 가장 큰 규모이고, 아시아의 싱가포르는 주식시장에서 상장리츠 비중이 20% 이상으로 리츠 투자가 활성화되어 있다. 특히 호주의 폭발적인 퇴직연금시장의 성장 배경에는 안정성과 수익성을 가진 다양한 인프라 자산과 리츠자산이 일조하였다.

글로벌리츠재간접펀드와 ETF 예시

섹터구분	펀드명	비고
글로벌	미래에셋글로벌리츠부동산투자신탁	재간접펀드
글로벌	대신글로벌리츠부동산투자신탁	재간접펀드
미국	미래에셋미국리츠부동산투자신탁	재간접펀드
글로벌	신한BNPP탑스글로벌리츠부동산투자신탁	재간접펀드
아시안	하나UBS아시안리츠부동산투자신탁	재간접펀드
미국	한화글로벌프라임상업용부동산투자신탁	재간접펀드
미국리츠	TIGER MSCI US리츠부동산상장지수(합성H)	ETF
미국리츠	KINDEX다우존스미국리츠부동산상장지수(합성H)	ETF
싱가포르리츠	KINDEX싱가포르리츠부동산상장지수(재간접형)	ETF

글로벌 리츠투자는 국가나 기초자산에 따라 상품종류가 다양하고 번거로운 절차로 인해 개인이 종목을 선택하기가 쉽지 않다. 글로벌 리츠에 직접투자가 어려울 때는 리츠재간접펀드나 상장지수펀드(ETF)를 이용하면 편리하다. 최근에는 글로벌리츠에 투자하는 글로벌멀티에셋펀

드들이 많이 출시되어 있다.

리츠상품은 부동산에 간접투자하는 실적배당 금융투자상품이다. 부동산에 투자하기 때문에 투자위험이 있고 부동산시장에 악재가 발생하면 리츠가 투자한 기초자산에도 영향을 미쳐 손익이 변동되는 실적배당형 상품이다. 실물 부동산에 투자하여 부동산 시세에 따라 수익이 발생하기도 하고 손해가 나는 것과 마찬가지이다. 부동산투자가 장기투자 특성이 있듯이 리츠투자도 단기적 시세차익보다 안정적인 배당관점에서 접근해야 한다. 리츠는 부동산 직접투자나 변동성이 큰 전통자산 투자보다 안정성과 현금흐름 관점에서 안정적인 연금투자에도 적합한 상품이다. 리츠투자는 부동산 물건의 특성을 이해하고 시황에 따른 매매차익보다 꾸준한 현금흐름이 발생하는 안정적인 투자수단으로 활용해야 한다.

또 리츠와 유사한 인프라펀드가 있다. 인프라펀드는 투자자의 자금을 모아 수익형부동산이나 인프라자산을 매수하여 정기적으로 수취하는 임대료나 사용료를 투자자에게 배당하는 상품이다. 주로 사회간접자본인 고속도로, 항만, 터널 등 인프라자산에 투자한다. 국내 주식시장에 상장된 인프라펀드는 '맥쿼리인프라펀드'가 유일하다. 맥쿼리인프라펀드는 인천국제공항 고속도로, 인천대교, 서울춘천간고속도로, 우면산 터널 등에 투자하여 통행료 수입 등으로 발생한 수익을 배당한다. 배당금은 6개월마다 지급되며 배당액은 매년 변동하지만 크게 등락 없이 비교적 안정적으로 지급되고 있다. 인프라펀드는 호주와 미국 은퇴자들의 퇴직연금투자 펀드로 매우 각광받고 있다. 저금리 상황에서 안정적인 배당수익으로 인식되어 은퇴자산 투자상품의 대명사가 되었다. 인프라사산은 상대석으로 경기변농의 영향을 덜 받고 꾸준한 수익을 창출하는 상품이다.

대부분이 독점권을 갖고 있거나 독점에 가까운 자산이어서 안정적인 현금 창출이 가능하다. 현금이 필요한 경우 언제든지 시장에 매도하여 현금화할 수 있어 편리하다. 인프라펀드 또한 단기적인 시세차익 목적보다는 노후 안정적인 현금흐름을 만들어주는 장기채권 투자개념으로 접근하는 것이 바람직하다.

해외 글로벌인프라펀드에 간접투자하는 상품도 있는데 대표적으로 한화분기배당형에너지인프라 MLP특별자산펀드(인프라−재간접형)와 한국투자연금저축미국MLP특별자산펀드(오일가스인프라−파생형), 하나UBS글로벌인프라펀드가 있다. 한화인프라특별자산펀드는 원유와 셰일가스의 송유관, 저장시설 등을 운영하는 미국마스터합자회사(MLP)에 투자하는 상품이다.

2. 자산배분형 TDF

타깃데이트펀드(TDF)란 자산운용사가 은퇴목표시점에 맞추어서 안전자산과 투자자산을 조절하여 투자해 주는 펀드이다. 투자자가 설정한 은퇴목표시점(Target date)에 맞추어 펀드 내 자산비중을 자동으로 조정하며 운용하는 생애주기 맞춤펀드이다. 가입자는 본인의 퇴직시점을 투자기간으로 정하여 해당TDF를 선택하면 알아서 운용관리 해준다. 미국에서는 퇴직연금 운용에 TDF가 주요 투자상품으로 적극 활용되고 있다.

TDF는 가입자가 자산배분과 리밸런싱 등의 투자실무를 실행하는 것이 어렵기 때문에 이를 해결해 주기 위해 창안된 상품이다. 개인이 소액으로 자산배분과 주기적으로 시장상황을 보아가며 투자자산을 조정해가는 것이 수월한 일은 아니다. 이러한 어려움을 해결하여 개인투자자들에게 더욱 효율적인 투자가 가능하게 한 것이 TDF이다. 다만, 장기투자를 기본전략으로 삼고 있음은 명심해야 한다. 투자되는 자산에 따라 주식형과 채권형 등 다양한 상품이 있으므로 본인의 투자 성향과 투자기간 등을 고려하여 선택해야 한다.

TDF펀드 상품명에는 TDF2030, TDF2040, TDF2045, TDF2050처럼 숫자가 붙어 있는데 예상은퇴시점으로 투자기간을 구분한 것이다. 예를 들어 TDF2040은 2040년을 은퇴시점으로 예상한 자산배분형 상품을 의미하고 TDF2030은 2030년을 은퇴시점으로 예상한 자산배분형 상품을 의미한다. 각 자산배분형TDF펀드는 은퇴연도가 가까워질수록 위험자산의 투자비중은 줄이고 채권 등 안전자산 투자비중을 높게 조정하여 운용한다. 상품선택 요령은 자신이 태어난 연도에 60을 더하여 은퇴예상시점으로 삼는다. 만약 가입자가 1985년생이라면 1985+60=2045가 되어 적합한 상품 TDF2045를 선택하는 방식이다. 1970년생이라면 1970+60=2030이 되어 TDF2030이 적합한 상품이 된다. 그러면 TDF2030과 TDF2040의 차이는 무엇일까? 가장 큰 차이는 위험자산에 투자하는 비중이다. 은퇴예상시점이 많이 남아있는 장기상품일수록 위험자산 투자비중이 높고 만기시점이 짧은 상품일수록 안전자산 투자비중이 높다. 사전에 정해진 투자계획에 따라 자산편입 비중을 조절하는데, 투자기간 초기에는 주식비중을 높게 유지하다가, 목표시점이 다가올수록 안전자산 비중을 늘려 인출에 대비한다. 투자경험과 투자지식이 부족하고 시간 여유가 없는 일반투자자에게 장기적립투자에 적합한 상품이다.

TDF의 가장 큰 장점은 운용사가 투자비중을 조정해 가면서 생애주기에 맞춰 자산을 운용해준다는 점이다. 주식, 채권, 대체자산 등 전세계의 다양한 자산에 분산투자하고 주기적으로 자산들의 투자비중을 조절하는 리밸런싱 작업까지 알아서 관리해 준다.

반면에 장기투자상품으로 중도해지 시 수수료가 높고 상대적으로 운용보수가 높다. 더욱 유의해야 할 점은 장기전략으로 운용되는 상품이어서 초기 주식투자비중이 높아 중도해지할 경우(교체매매 등), 시점에 따라서는 큰 손실이 발생할 수 있으므로 신중해야 한다. 예를 들어 TDF2050 장기투자 펀드를 선택했다가 예상대로 수익이 나지 않아 안정적인 상품으로 교체매매를 한다거나, 갑자기 퇴직하게 되어 중도에 해지해야 하는 경우 시장이 하락한 상황에서는 큰 손실이 발생할 수 있는 것이다. 따라서 TDF펀드 선택 시에는 신중하게 투자기간을 고려하여 만기시점까지 꾸준히 적립투자하는 것이어야 한다. 동일한 TDF 종목이라도 자산운용사나 투자전략 등이 다양하므로 세심하게 살펴보고 자신에게 적합한 상품을 선택해야 한다.

국내 자산배분형TDF 예시

펀드명	비 고
신한마음편한TDF2025증권투자신탁[주식혼합]	TD2025 자산배분형
미래에셋전략배분TDF2025혼합자산투자신탁	TD2025 자산배분형
KB온국민TDF2030증권투자신탁[주식혼합형]	TD2030 자산배분형
한국투자TDF알아서2030증권투자신탁[주식혼합]	TD2030 자산배분형
키움키워드TDF2030증권투자신탁1[혼합형]	TD2030 자산배분형
대신343TDF2035증권투자신탁[재간접형)	TD2035 자산배분형
한화LifePlusTDF2045증권투자신탁[혼합형]	TD2045 자산배분형
NH-Amundi하나로TDF2045증권투자신탁[주식혼합]	TD2045 자산배분형
삼성한국형TDF2045투자신탁H[주식혼합]	TD2045 자산배분형

최근에는 적극적인 투자자를 위해 TDF펀드의 ETF가 증권시장에 상장되어 연금투자상품으로 간편하게 매매할 수 있게 되었다. 증권시장에 상장된 TDF액티브ETF는 예상은퇴연령에 따라 위험자산과 안전자산 비중을 조절하여 운용하는 TDF를 추종하면서 운용자의 역량으로 추가수익을 추구하는 상품이다. 투자자는 주식처럼 실시간으로 매매할 수 있어서 편리하고 보수도 저렴한 편이다. 보통 TDF액티브 ETF는 BM지수를 70% 추종하고 나머지 30%는 운용사의 전략에 따라 운용한다.

매매의 편리성과 저렴한 수수료가 장점이지만 단기매매 수단으로 전용될 우려가 있어 장기 자동적립투자가 적격인 퇴직연금자산 운용에 도움이 될지는 의문이다. 퇴직연금 투자수단의 하나로 인식하고 필요한 경우 활용할 수 있으면 될 듯하다.

대표적인 상장TDF ETF종목 예시

운용사	TDF ETF종목	벤치마크지수
삼성자산운용	KODEX TDF2030/2040/2050	S&P산출 글로벌주식지수와 한국채권지수 등 총2개 지수를 혼합한 지수
키움투자자산운용	히어로즈 TDF2030/2040/2050	S&P산출 글로벌주식 및 채권지수 총14개 지수를 혼합한 지수
한화자산운용	ARIRANG TDF2030/2040/2050/2060	모닝스타산출 글로벌주식 및 채권지수 등 총5개 지수를 혼합한 지수
	ARIRANG글로벌D램반도체 iSelect	반도체 D램에 국한하여 투자하는 ETF상품(10개종목)
KB자산운용	KBSTAR TDF2030/2040/2050	iSelect전략자산배분 TDF 2030/2040/2050
미래에셋자산운용	TIGER미국나스닥100 커버드콜(합성)	미국나스닥100지수 현물 및 옵션 결합 산출지수 월배당 지급 ETF

3. 안전마진 인컴형펀드

인컴펀드란 가격변동성이 작으면서 예측 가능한 현금흐름이 꾸준히 발생하는 자산에 집중적으로 투자하는 펀드를 말한다. 주로 배당주 같은 주식이나 회사채 등 채권에 투자한다. 주로 자본차익보다 이자나 배당처럼 정기적으로 지급되는 현금흐름을 목적으로 투자한다

인컴형펀드는 저금리기 노후자금을 은행 예금에 묻어두기보다 좀 더 효율적인 투자방법으로도 적합하다. 원금을 최대한 지키면서 안정적인 분배금을 발생시킬 수 있게 설계된 자산배분펀드로 투자자산에서 주기적으로 발생하는 이자나 분배금을 월 또는 분기 단위로 안정적인 소득을 지급해준다.

대표적인 국내 Income형 펀드 예시

펀드명	주요 특징
미래에셋평생소득TIF혼합자산투자신탁[채권혼합]	국내외채권, 고배당주, 부동산 등 투자
삼성평생소득TIF40증권투자신탁[채권혼합]	글로벌 인컴자산배분펀드
한국투자TIF알아서평생소득펀드[채권혼합]	글로벌 채권 및 성장/가치주 투자
피델리티글로벌배당인컴증권자투자신탁[주식형]	글로벌 주식 및 채권에 배당투자
블랙록다이나믹하이인컴증권투자신탁	글로벌 주식과 채권 등에 투자
삼성누버거버먼글로벌인컴투자신탁	다양한 채권에 분산투자

인컴형투자는 채권이나 고배당펀드에 가입하여 안정적인 이자와 배

당을 받는 방법, 부동산이나 리츠에 투자하여 주기별 분배금을 받는 방법, 인프라펀드에서 꼬박꼬박 배당을 받는 등 다양한 투자방법이 있다. 투자자산을 주로 배당과 이자소득 같은 꾸준한 현금수익이 나는 자산에 투자하여 안전마진(safty margin)을 확보하는 상품이라 할 수 있다. 원금손실을 최소화하면서 연 3~4% 수준의 안정적인 수익을 추구하는 방어적인 투자상품이다. 매매차익을 추구하는 자본손익(Capital gain)보다는 정기적으로 안정적인 수익(cash flow)이 발생하는 변동성이 낮은 자산에 투자되는 중위험 중수익상품으로 분류된다.

4. 상장지수펀드 ETF

21세기 최고의 금융상품으로 손에 꼽는다면 적립식펀드에 이어 상장지수펀드 ETF가 아닐까 싶다. ETF는 펀드와 동일한 분산투자 상품으로 증권시장에 상장되어 주식처럼 거래할 수 있는 투자상품이다. ETF(Equity Trading Fund)는 인덱스펀드를 주식처럼 거래할 수 있는 직접투자 방법이다. 이제는 개별주식보다 ETF 매매를 더 선호하는 역전현상이 벌어져 직접투자의 대중화를 이끌고 있다.

상장지수펀드 ETF는 시장지수의 수익률을 그대로 따라가도록 구성한 펀드이다. 대표적으로 코스피 200지수와 코스닥 150지수가 있고 각종 해외지수를 추종하는 해외지수 ETF가 있다. 주가지수를 추종하는 ETF뿐만 아니라 산업섹터 지수, 테마 지수, 채권 ETF 등 그 종류와 기초자산은 다양하다. 예를 들어 'Tiger 미국필라델피아반도체 나스닥 ETF'라는 종목을 보자. Tiger는 미래에셋 자산운용사 운용 ETF 고유명칭이고 미국 나스닥에 상장된 종목 중 반도체 섹터 시가총액 상위 종목으로 구성된 반도체지수 종목에 투자하는 ETF이다. 주요 TOP10 종목으로는 〈브로드컴, 인텔, 퀄컴, AMD, 앤비디아, 마벨, 마이크론, 어플라이드머티리얼즈, 램리서치, KLA〉로 구성되어 있다. 참고로 우리나라 삼성전자와 SK하이닉스는 포함되어 있지 않다. Tiger 미국 S&P500ETF'종목은 미국 주식시장을 대표하는 500개 기업에 분산투자하는 ETF종목이다. 주요 TOP10 종목으로 〈애플, 마이크로소프트, 아마존, 테슬라, 알파벳A, 알파벳C, 메타, 앤디비아, 버크셔헤서웨이, 유나이티드헬스〉로 구성되어 있다.

ETF는 주기적으로 분배금 지급이 있는데 주식투자 시 결산기 배당금이 지급되는 것과 같다. 예를 들어 Tiger 미국필라델피아반도체 나스닥 ETF 종목의 분배금 지급 기준일은 매 1, 4, 7, 10월의 마지막 영업일 및 회계기간 종료일이다.

현명한 투자자는 개별주식이 아닌 유망한 ETF 종목을 검색하여 똑똑한 투자를 한다. 개별주식의 위험성을 피하면서 소액으로도 분산투자가 가능하기 때문이다. 더구나 유동성에 제약이 없고 거래비용도 상대적으로 저렴하다.

ETF상품 중에는 지수의 하락과 상승에 반대의 수익구조를 갖는 인버스형 ETF와 추종하는 지수의 2배, 3배 등 배수만큼의 등락폭을 추종하는 레버리지형 ETF가 있다. 손익구조가 반대라는 의미에서 인버스라는 이름이 붙었고 지렛대 효과를 노려 레버리지라는 별명이 붙어 있다. 인덱스는 주식이나 채권뿐만 아니라 원자재, 금, 농산물, 원유 등 상품화가 가능한 기초자산이면 ETF로 상장될 수 있다.

ETF투자는 연금계좌(DC, IRP, 연금저축)에 가능한데 다만 국내에 상장된 ETF에 국한된다. 물론 국내시장에 상장된 해외ETF 투자는 가능하다. 예를 들어 국내 자산운용사가 미국 나스닥100ETF, 중국전기차 ETF 등을 설정하여 국내시장에 상장한 ETF는 투자가 가능하다. 특히 연금저축에서 ETF를 매매하여 매매차익이 발생하면 15.4%의 양도세를 부과하지 않는다. 일반계좌에서 ETF를 투자하여 매매차익이 발생하는 경우 세금을 부과하는 것에 비해 절세효과가 있다. 연금계좌에서는 안정성을 고려하여 인버스형 ETF나 레버리지 ETF 투자가 불가하다. 안정적인 채권투자에 관심이 있는 투자자라면 채권을 기초자산으로 하는 ETF에 투자할 수 있다. 채권ETF 종목에는 국고채 10년을 추종하는 ETF부터 국고채 3년, 중기우량회사채, 단기채권까지 실물채권을 매수하는 것과 같이 소액으로도 투자가 가능하다.

국내상장 주요 ETF 예시

유형	상품명	기초자산
국내주식	KODEX200/TIGER200	코스피200지수 추종
국내주식	ARIRANG 고배당주	국내배당주식 35개종목 추종
해외주식	TIGER 미국S&P500	미국S&P500지수 추종
해외주식	TIGER필라델피아반도체나스닥	미국 'PXLX Semiconductor Sector' 지수추종
해외주식	TIGER차이나전기차 SOLACTIVE	미국 'Solactive china elective vehicle' 지수 추종
해외채혼	KODEX TRF3070	선진국 MSCI World 지수 추종

최근 시장에는 인컴형 유형의 ETF가 상장되어 중위험 중수익형 투자자에게 좋은 투자수단이 되고 있다. 인컴형 ETF는 고배당주, 채권, 리츠 등에 투자하여 주기적으로 투자자에게 배당금을 지급해준다. 연금자

산 투자에 적합한 ETF도 출시되고 있는데 펀드투자의 불편을 해결하는 방편으로 장점이 주목받고 있다. 그러나 장기 적립투자 성격의 연금자산이 실시간 단기매매 수단으로 전락되어서는 곤란하다. 연금자산 투자가 차곡차곡 쌓이는 적립투자의 가치를 벗어나면 연금자산 축적의 가치가 훼손된다. 편리성과 저렴한 수수료에 현혹되어서는 안 된다.

ETF투자 또한 꾸준한 적립자산 매매수단으로 활용하는 것이 바람직하다. 필자는 DC형 퇴직연금계좌에 3개의 ETF종목을 보유하고 있다. 반도체지수를 추종하는 ETF 1종목과 중국섹터의 지수ETF 1종목, 그리고 우리나라 고배당지수 ETF를 가지고 부담금이 납입될 때마다 그 시점의 저가 ETF종목을 매수하여 아직 보유하고 있다. 퇴직하여 현금화가 필요할 때까지 계속 보유할 계획이다.

국내상장 인컴형 ETF 예시

펀드명	주요 특징
TIGER미국MSCI리츠(합성 H) ETF – 미국리츠	월배당 지급
TIGER유로스탁스 배당30 – 유럽주식	월배당 지급
TIGER미국다우존스30 ETF	월배당 지급
SOL미국S&P500 ETF	월배당 지급
TIGER200커버드콜5%OTM ETF	월배당 지급

퇴직연금 투자에 적합한 ETF상품으로 단기 유행테마를 좇기보다는 안정적인 수익이 쌓이는 ETF이어야 한다. 대표적으로 토털리턴 ETF는 기업에서 나오는 배당금을 배분하지 않고, 자동 재투자해주는 상품으로 배당금 인출이 없기 때문에 복리투자 효과가 발생해 중장기 수익률이 올라갈 수 있다. 국내에 상장된 KODEX미국S&P500TR, TIGER

미국S&P500TR(H), KODEX 미국나스닥100TR, TIGER 미국나스닥
100TR(H) 등이 있다. 특히 배당주 투자는 국내기업보다 미국주식이 배
당성향이 높고 꾸준히 배당을 늘린 기업이 상대적으로 많아 미국기업으
로 구성된 상품을 선택하는 것이 좋다. 국내에는 SOL 미국배당 다우존
스와 ACE 미국고배당S&P가 상장되어 있다.

5. 분산투자 끝판왕 EMP펀드

EMP펀드(ETF Managed Fund)란 상장지수펀드(ETF)에 재간접투
자하는 초분산투자상품이다. 펀드자산의 50% 이상을 상장지수펀드
(ETF)에 투자하는 상품으로 특정 국가의 주가지수나 특정 업종을 대상
으로 분산투자하는 펀드이다. EMP펀드는 펀드자산을 여러 ETF에 분
산투자하는 투자방식이다. 이미 분산투자 된 투자대상(ETF)을 또다시
분산투자하는 초분산투자상품이라 할 수 있다. EMP펀드는 개별 ETF
로 운용되기 때문에 ETF가 가지고 있는 저비용, 시장 유동성, 가격 효
율성 등의 장점이 있다. EMP펀드에도 다양한 유형이 있으므로 가입자
의 투자성향이나 투자목적에 맞게 선택하여 투자할 수 있다. 또한 EMP
펀드는 대부분 해외ETF 비중이 높다는 점에서 해외ETF에 직접투자가
부담스러운 가입자들에게 적절한 투자대안이 될 수 있다.
EMP펀드는 시장 변동성이 크고 개별상품 투자에 어려움을 느끼는
가입자들에게 분산투자 수단으로 가장 바람직한 투자방법이다.

대표적인 EMP펀드 예시

펀드명	주요 특징
IBK인컴바닐라EMP증권모투자신탁[혼합형]	국내외 성장/배당/대체자산 ETF 투자
미래에셋글로벌EMP인컴배분증권모투자신탁 [주식형]	국내외 주식 및 채권(ETF)에 투자
KTB글로벌멀티에셋EMP증권자투자신탁 [혼합형]	글로벌 성장주, 채권, 부동산 등 인컴형자산(ETF)에 투자
하나UBS PIMCO글로벌인컴혼합자산모투자 신탁	글로벌 고배당, 우선주, 채권, MBS, ABS에 투자
하이글로벌리얼인컴EMP증권투자신탁(H) [혼합형]	부동산, 리츠, 인프라, 미국채 상장지수펀드(ETF)에 투자

대표적인 EMP펀드로 '한국투자EMP글로벌자산배분증권신탁' 상품은 미국, 유럽, 일본, 신흥국 등 글로벌시장의 ETF와 주식, 채권 등 다양한 자산에 분산투자한다. 또 다른 '키움불리오글로벌멀티에셋EMP증권투자신탁' 상품은 미국재무부 물가연동채권(TIPS)인덱스를 추종하는 ETF에 주로 투자한다. 일부 금융사에서는 EMP자산배분을 AI(인공지능)에 맡겨 변동성이 높은 자산비중을 자동으로 조절하면서 안정적인 투자를 실행하는 이른바 '위험사전배분' 기능을 자산배분에 적극적으로 활용하고 있다. EMP펀드의 핵심가치는 높은 수익률이 아니라 시장의 변동성을 최대한 줄이면서 안정적인 수익률 관리가 목적이다. 그래서 안정적 투자가 생명인 연금자산 운용과 은퇴자용 월지급식펀드로 각광받기도 한다. EMP펀드 중에는 로보어드바이져 알고리즘을 적용하여 운용되는 유형도 있다. 대표적으로 대신로보어드바이저펀드와 키움쿼터백글로벌어드바이져펀드가 있다. 국내외 상장지수펀드(ETF)에 자산을 분산투자하는 자산배분형 상품인데 자산배분 및 리밸런싱을 AI알고

리즘에 의지하는 방식이다. 일반 공모형펀드와 달리 판매보수와 운용수수료가 거의 없어 장기투자에 더욱 매력적이다.

6. 장기고배당투자

배당주투자는 저금리, 저성장 시대에 매우 유용한 투자방법 중 하나이다. 낮은 시중금리 대비 연간 4~5%의 시가배당률은 매력적인 수준이다. 배당주투자는 고배당 정책을 추구하는 기업에 투자하여 배당금을 받아 안정적인 생활자금으로 활용하는 투자전략이다. 우리나라에도 주주친화적인 회사들은 경기변화와 무관하게 배당금을 일정하게 지급하는 정책을 가지고 있다. 이처럼 상당한 수준의 배당금을 꾸준하게 지급하는 회사에 투자하여 안정적인 평생소득을 얻을 수 있다. 국내에서 주주친화적이고 고배당정책을 일관되게 지속하는 대표적기업으로 대신증권을 비롯해 은행, 증권, 보험의 금융업종이 주종을 이루고 있다. 이밖에도 효성, KT&G, KT, 성신양회, 성보화학, 고려아연, 삼성전자 등도 배당주 투자에 적합한 기업으로 분류된다. 물론 고배당주식이라도 시장상황에 영향을 받아 주가변동성이 있어 단순히 배당투자만이 아니라 시세변동에 따른 주가변동은 고려해야 한다. 고배당주식도 주식투자 경험이 있고 주식에 대한 이해가 충분한 투자자가 신중하게 접근해야 한다. 배당주 투자에도 한 종목에 몰아서 하기보다는 몇개의 고배당주에 분산하여 투자하는 것이 안전하나. 배낭주투자를 배당을 앞두고 단기투자하는 것은 의미가 없고 눈여겨본 주식이 하락할 때마다 여유자금으로 모아가는 방법이 가장 바람직하다.

코스피 배당수익률 상위20

순위	기업명	섹터	2022년 주당배당금 (원)	2022년 현금 배당수익률 (%)	과거3년평균 현금배당 수익률(%)
1	대신증권	증권	1,200	9.3	8.7
2	JB금융지주	은행	835	10.6	8.1
3	기업은행	은행	960	9.8	7.6
4	NH투자증권	증권	700	8.0	7.5
5	BNK금융지주	은행	625	9.6	7.3
6	DGB금융지주	은행	650	9.3	7.3
7	삼성카드	은행	2,500	8.5	7.1
8	하나금융지주	은행	3,350	8.0	6.9
9	우리금융지주	은행	1,130	9.8	6.9
10	동부건설	건설, 건축관련	500	6.9	6.6
11	금호건설	건설, 건축관련	500	7.1	6.5
12	삼성증권	증권	1,700	5.4	6.4
13	LX인터네셔널	상사, 자본재	3,000	8.8	6.4
14	DB손해보험	보험	4,600	7.0	6.2
15	아이마켓코리아	상사, 자본재	600	5.9	6.1
16	한국자산신탁	은행	220	7.4	6.1
17	화성산업	건설, 건축관련	500	4.8	6.0
18	현대차증권	증권	550	6.1	6.0
19	코리안리	보험	430	6.3	5.9
20	KT	통신서비스	1,960	5.8	5.9

* 출처 : 한국거래소, Fn가이드, 2023. 3. 31 기준일

제4장 세금까지 줄여주는 효자상품

1. ISA(Individual Savings Account. 개인종합자산관리계좌)

은퇴생활자들에게 금리는 매우 민감한 요소이다. 저금리기에는 몇 푼의 수익률보다 세금을 줄이는 절세방법이 오히려 도움이 된다. 금융상품 중에는 세금을 부과하지 않는 비과세상품이나 세금우대상품 등 다양한 방법으로 재산증식에 도움을 주는 정책상품들이 있다. 여유자금이 있고 효과적으로 목돈마련을 하고자 할 때는 이러한 절세상품을 우선적으로 가입하는 것이 자산관리 순서이다. 절세상품은 가입자격과 한도가 정해져 있고 기한이 있어 꼼꼼히 살펴서 자신에게 유리한 상품을 선택 가입해야 한다. 절세상품에는 세액공제상품, 비과세상품, 세금우대상품, 분리과세상품 등이 있다.

절세혜택과 함께 효과적으로 목돈을 마련할 수 있는 상품으로 개인종합자산관리계좌 ISA(Individual Savings Account. 이하"ISA")가 있다. ISA계좌는 국내에 거주하는 만 19세 이상(근로소득이 있는 자는 15세 이상)이면, 누구나 가입이 가능하며 목돈마련 기회 부여를 취지로 2016년 도입되었다. 도입 초기 안전한 신탁형과 일임형이 허용되었지만, 가입대상과 운용상품 등에 제약이 대두되면서 가입자들의 호응이 시들해지기도 했다. 이후 가입자가 주식을 비롯한 다양한 투자상품에 직접 투자할 수 있는 중개형이 추가되면서 상품성은 더욱 커지게 되었다.

가입자는 연간 최대 2,000만 원, 만기 5년간 최대 1억 원까지 저축하여 투자할 수 있다. 만일 연간 납입한도 2,000만 원 중 미납금액이 있으면 다음 연도로 이월하여 추가 납입할 수 있다. 기존의 재형저축이나 소득공제 장기펀드에 가입된 가입자는 가입한 금액을 차감한 금액이 ISA계좌 저축한도가 된다. ISA계좌의 절세혜택은 투자로 발생한 이자 및 배당소득, 매매차익에 대해 순이익 200만 원까지 비과세하고 초과분에 대해서 9.9%로 분리과세 한다. 또 다른 장점은 주식매매 차익에 대한 세금을 부과하지 않고 다른 금융상품에서 발생한 손실분에 대해서는 이자나 배당소득으로 상계처리해준다. 예를 들어 ISA계좌 내에서 국내상장 ETF에 투자하여 500만 원의 수익이 발생하고 주식으로 300만 원의 손실을 봤다고 하면 이익에서 손실을 상계한 200만 원만 과세대상 소득이 된다. 그런데 200만 원까지는 비과세 혜택으로 세금은 한 푼도 발생하지 않게 된다. 만약 200만 원을 초과하는 수익이 발생한다면 초과수익의 9.9%로 분리과세한다. 일반계좌에서 투자할 경우 발생한 수익에 대해서 무조건 15.4%로 과세하는 것에 비하면 훨씬 유리하다. 특히 ISA계좌는 2년 유예로 2025년부터 적용 예고된 금융투자소득세(줄여서 "금투세")가 도입되게 되면 연 5천만 원을 초과는 주식매매 차익에 대해 20~25%의 세금이 부과되는 것에서도 자유롭다. 중개형 ISA계좌는 편입자산이 주식과 국내외 ETF 투자비중이 70% 이상을 차지하고 있어 적극적인 투자수단으로 이용되고 있다.

기존의 신탁형과 일임형 ISA는 예적금을 포함한 간접투자상품만 허용되었으나 추가로 중개형 ISA가 허용되면서 주식투자, ETF, ELS 등 투자범위가 확대되면서 만능통장으로 불리게 되었다. ISA계좌를 이용해 주식이나 상장지수펀드(ETF) 등 직접투자를 원하는 가입자는 기존 은행이나 보험사에 가입한 ISA계좌를 직접투자가 가능한 증권사로 이전하여 이용할 수 있다. 물론 증권사에 가입된 기존 신탁형이나 일임형을 중개형 ISA로 전환도 가능하다.

ISA계좌는 만기 5년의 목돈마련 저축수단으로 활용하기에 적합하다. 본인의 투자성향이 가장 중요하겠지만 고배당주펀드나 인덱스형 상품(지수형 상품)에 나누어 자동이체 적립식투자하는 방법을 적극 권한다. 만기 5년이면 충분히 적립투자 효과를 기대할 수 있고 개별주식이 아닌 분산투자 펀드상품이어서 투자위험에도 제한적이다. 한가지 상품에 집중투자하기보다는 위험수준이 다른 복수의 투자상품으로 분산하여 꾸준히 적립투자하는 것이 바람직하다. 물론 보수적인 투자성향을 가진 투자자라면 은행 예적금 상품이나 채권형 상품을 골라 투자하면 된다.

ISA계좌는 연령과 무관하게 대상이 되면 우선적으로 개설해 놓아야 한다. 당장 저축할 자금이 없어도 기한 내에 여유자금이 생길 때 그간 적립하지 못한 금액까지 저축할 수 있고 세제혜택이 뛰어나기 때문에 미리 개설해 둘 필요가 있다. 사회초년생이나 노후자금 마련을 위해 집중투자가 필요한 사람들에게는 만기 5년짜리 목적자금 용도로 활용하면 좋다. 비과세 및 손익상계의 장점을 활용할 수 있는 효자상품이다.

2. 개인연금

노후연금 재원을 높이기 위해 자발적으로 가입하는 대표적인 금융상품이 개인연금이다. 개인연금에는 연말정산 시 세액공제 혜택이 있는 '연금저축'과 이자소득을 비과세하는 '연금보험' 두 종류가 있다. 상품명에 '저축'이 포함되어 있으면 세액공제 상품이고 없으면 비과세 장기보험상품이다. 의무가입이 아닌 자발적으로 가입하는 상품이라서 가입률이 낮고 10년 이상 장기 유지비율도 낮은 편이다. 개인연금 상품을 노후연금 자산이라는 인식보다 당장 세액공제나 비과세 상품으로 인식하고 있기 때문이다. 투자수익률도 기대 이하로 사후관리까지 소홀하면서 노후연금 수단으로 기능하지 못하고 있다. 이는 노후 3층 연금체계 완성에 큰 불안 요인이 되고 있다. 가입자의 인식전환과 노후자금 용도로의 획기적인 세제혜택 지원 등 자발적 노후연금 수단이 되도록 특별한 대책이 필요해 보인다.

1) 연금저축

연금저축은 대표적인 사적연금 상품으로 직장인들이 재직 중에는 연말정산 세액공제 용도로 가입하는 상품이다. 남녀노소 누구나 가입이 가능하며 연간 1,800만 원 한도, 가입기간 5년 이상, 연금수령은 만55세 이상 시점부터 10년 이상의 가입 조건을 가지고 있다. 연금저축은 취급하는 금융기관에 따라 연금저축보험, 연금저축신탁, 연금저축펀드로 구분한다.

가장 큰 비중을 차지하는 연금저축보험은 보험사가 취급하는 상품으로 채권 금리와 유사한 수준의 예정이율로 운용되는 안정적인 상품의 성격을 가지고 있다. 가입할 때 사업비 성격의 선취수수료가 차감된 후 투자되어 보통 가입 후 5~6년이 지나야 원금수준에 도달한다. 따라서 중도해지나 계약이전 시 주의해야 한다. 보수적인 투자자가 세액공제를 받으면서 노후연금 수령을 목적으로 가입하는 경우가 적합하다.

은행이 취급하는 연금저축신탁은 채권 위주의 안정적인 상품에 투자하며 운용성과에 따라 수익률을 지급하는 상품이다. 주로 국고채를 중심으로 안전하게 운용되지만 금리변동으로 수익률이 변동할 수 있다. 연금저축신탁 또한 세액공제를 받으면서 안전한 상품을 찾는 가입자에게 적합한 상품이다.

마지막으로 증권사가 판매하는 연금저축펀드는 실적배당형 펀드상품으로 적극적인 투자자에게 적합한 상품이다. 개인의 투자성향과 투자경험에 맞추어 주식형, 채권형, 혼합형 등 다양한 국내외 펀드상품을 선택할 수 있다. 본인이 선택한 펀드상품의 투자성과에 따라 수익률이 결정된다. 최근에는 펀드뿐만 아니라 상장지수펀드(ETF)와 부동산에 투자하는 상장리츠에 직접투자가 가능하다.

연금저축계좌는 금융회사 간 계좌이동이 가능하여 연금저축펀드에서 연금저축신탁이나 연금저축보험으로, 또는 연금저축보험이나 연금저축신탁에서 연금저축펀드로 이동이 가능하다.

예를 들어 연금저축에 가입한 후 투자수익률이 저조하고 관리가 부실하면 계약이전으로 금융기관을 변경하여 운용할 수 있다. 기존의 납입기간과 세제혜택이 그대로 유지되면서 가입자에게 불리함 없이 기존 계약을 옮겨갈 수 있다. 계약이전 간소화 시행으로 이선하고자 하는 금융기관에 방문하여 한 번에 처리 할 수 있다.

금융사 연금저축상품 비교

구분	세제적격 연금저축		
	연금저축펀드 (증권사)	연금저축신탁 (은행)	연금저축보험 (보험사)
납입	자유적립	자유적립	정기납입
상품	주식형, 채권형, ETF, 리츠 등	안정형, 채권형	공시이율형
이율	실적배당	실적배당	공시이율
연금수령	확정기간형	확정기간형	확정기간형 종신형(생보)
특징	다양한 투자상품 매매 편의성	안전투자형	원금보전 예금자보호
세제혜택	세액공제		

연금저축은 장기 투자되는 상품으로 가입하기 전 투자기관, 투자목적, 투자방법 등을 신중히 생각하고 결정해야 한다. 단순히 세액공제를 위해 가입하거나 지인의 부탁으로 가입하여 중도에 해지하는 일은 바람직하지 않다. 또한 연금저축에 가입한 후에도 투자상품 선정이나 투자요령을 정확히 이해하지 않고 방치하게 되면 낭패를 볼 수 있다. 계속 유지를 하지 않고 중도해지를 하게 되면, 혜택받은 세금 이상으로 환수받게 되고 투자성과도 형편없게 된다.

연금저축에 가입하면 납입금액 중 최대 600만 원까지 공제한도가 주어져 소득수준에 따라 13.2%~16.5%의 세액공제 환급금을 받게 된다. 그리고 55세 이후 연금수령 시에 세액공제 받은 금액과 운용수익에 대해 5.5%~3.3%의 연금소득세를 내게 된다. 당연히 세액공제 받지 않은 금액은 비과세 되며 일시금으로 수령하는 경우 기타소득세 16.5%가 부과된다.

만약 ISA계좌(개인종합자산관리계좌) 보유자가 만기자금을 연금계좌로 이체하면 이체금액의 10%인 최대 300만 원을 추가로 세액공제 받을 수 있다. ISA계좌 만기자금 수령 후 60일 이내 연금계좌로 이체해야 하며 일부 이체도 가능하다.

2) 연금보험

세액공제가 아닌 이자소득에 대해 비과세 혜택이 주어지는 연금상품을 세제비적격연금이라 부른다. 세제비적격연금에는 보험사 연금보험이 해당되며 비과세 요건이 충족되면 발생한 수익에 대해 세금을 부과하지 않는다. 개인연금 상품은 노후연금을 목적자금으로 하는 공통점이 있어 세액공제 용도와 비과세 혜택을 비교하여 본인에게 적합한 상품을 선택해 활용할 수 있다. 세액공제 용도가 목적이면 세제적격상품인 연금저축을 선택하고 세액공제는 필요 없고 비과세 혜택이 필요한 경우에는 연금보험을 활용하면 된다.

최근 세법개정으로 연금보험의 비과세혜택 요건이 강화되어 거치식은 1억 원 한도, 적립식은 월납 150만 원 한도, 계약기간 10년 조건으로 변경되었다. 갈수록 장기저축성보험의 보험차익에 대한 비과세 한도와 조건이 까다로워지고 있다. 연금보험은 보험금을 연금방식으로 수령하여 노후소득을 준비하는 장기저축성 보험상품이다. 연금보험에는 이율이 고정된 금리확정형과 시장금리에 따라 변동되는 금리연동형 그리고 주식이나 채권 등 운용실적에 따라 달라지는 변액연금보험이 있다.

사적연금을 연간 1,200만 원 이상 수령 시 금융소득종합과세에 합산과세 되나 연금보험에서 발생하는 연금소득은 비과세 된다. 연금보험은 자금여력이 있는 고소득자가 절세목적으로 세액공제 상품과 비과세상품 한도를 분배하여 활용할 수 있는 좋은 수단이다.

3. 비과세종합저축

보통 저축이나 금융상품 투자로 발생한 이자나 배당소득은 원천징수되어 15.4%의 소득세를 내게 된다. 그런데 5천만 원 한도 내에서 이자소득세가 면제되는 상품으로 비과세종합저축이 있다. 가입대상은 경로우대자(만 65세 이상 거주자)와 장애인, 독립유공자 및 유가족, 상이자 등 사회적 약자가 해당된다. 가입 시점의 자격요건을 충족하면 이후 금융소득종합과세 대상자가 되어도 비과세혜택은 계속 받을 수 있다. 납입한도 5천만 원은 원금에서 발생한 이자 및 배당소득 등이 포함되지 않은 원금기준이며, 세금우대종합저축이 있으면 그 한도가 차감되어 관리된다. 신규가입은 2022년 말까지로 종료되었다.

비과세종합저축 계좌는 모든 금융기관이 취급하는데 은행에서는 비과세종합저축예금, 보험회사에서는 비과세종합저축보험, 증권사에서는 비과세종합저축계좌라는 이름으로 가입할 수 있다. 증권사 비과세종합저축계좌 내에서는 원리금보장상품을 비롯해 주식, 채권, ETF 등 다양한 상품에 투자할 수 있다. 비과세종합저축 계좌는 해지하지 않으면 만기가 없고 입출금도 자유롭다. 여유자금이 생기면 납입한도 내에서 입금하고 자금이 필요하면 한도 내에서 중도인출이 가능하다.

4. 주택청약종합계좌

주택청약종합저축은 신규분양 아파트 청약에 필요한 저축으로 1인 1계좌 개설이 가능하다. 기존의 청약저축, 청약부금, 청약예금의 기능을 통합해 2009년에 출시되었다. 가입은 주택소유, 세대주 여부, 연령 등과 관계없이 누구나 가능하며 청약자격은 만 19세 이상이어야 하고 19세 미만인 경우는 세대주만 가능하다. 매월 2만 원에서 50만 원까지 자유롭게 납부할 수 있고 잔액이 1,500만 원 미만인 경우 월 50만 원을 초과하여 잔액 1,500만 원까지 일시 예치도 가능하다. 납입기간은 별도의 만기 없이 국민주택이나 민영주택 입주자로 선정될 때까지이다. 예금자보호 대상은 아니지만 국민주택기금 조성 재원으로 정부가 관리하므로 안전하다.

민영주택 청약예치 기준금액

(단위 : 만 원)

구 분	청약가능 전용면적			
	85㎡ 이하	102㎡ 이하	135㎡ 이하	모든 면적
서울, 부산	300	600	1,000	1,500
광역시	250	400	700	1,000
시 · 군	200	300	400	500

* 출처 : 국토교통부, 주택도시기금

주택청약종합저축은 연간소득 7천만 원 이하 근로자인 무주택 세대주에게 당해연도 주택청약종합저축 납입금액(연간 240만 원 한도)의

40%(최대 96만 원)를 소득공제해 준다. 청약은 국민주택의 경우 국가, 지방자치단체, 대한주택공사, 지방공사가 건설하는 전용면적 85제곱미터 이하 주택이고 민영주택은 국민주택을 제외한 주택으로 주거 전용면적에 따라 청약예치 기준금액이 달라진다.

제3부

행복한 은퇴

제1장 행복이라는 이름

우리나라 사람들의 은퇴에 대한 인식은 여타 서구 유럽인들보다 매우 부정적이고 우울하다. 노후준비가 안 된 상태로 은퇴를 맞기 때문이다. 서구인들은 우리에 비해 제도와 시스템으로 은퇴준비가 이루어진다. 문화적 차이도 클 것이다. 미국은 자녀에게 본인의 은퇴자금을 쏟아부어 교육부터 결혼까지 책임져주지 않는다. 어릴 때부터 경제적으로 독립하여 각자의 생존법으로 살아가는 문화이기 때문이다. 그래서 주체적으로 은퇴를 계획하고 계획대로 은퇴연금이 충족되면 은퇴를 하여 원하는 삶을 누리며 살게 된다. 반면 우리나라는 사정이 전혀 다르다. 많은 세월이 흘렀지만 예나 지금이나 우리가 누리는 문화는 크게 변하지 않았다. 죽을 때까지 일해야 하고 자녀들 뒷바라지는 할 수 있는 한, 손자까지도 책임져야 한다. 그러다 내 앞가림도 못 하고 빈곤한 노후, 골골장수로 전락하게 되니 은퇴가 우울하고 부정적일 수밖에 없다. 경제적 어려움만이 아니라 건강문제, 존재감 상실, 밀려오는 외로움과 허탄함에 마음이 무너져내린다. 그럭저럭 잘 살아온 인생도 하산길에서 맞닥뜨리는 실존적 문제에 다시 한번 사춘기를 맞게 된다. 인생후반에 또다시 사춘기를 맞이할 줄이야.

영공을 호령하는 독수리의 일생 이야기를 들어봤을 것이다. 독수리는 태어나 보통 40년을 살게 되고 의지 여하에 따라 추가로 30년을 더 살 수 있다고 한다. 새로운 30년을 살기 위해서는 처절한 각고의 환골탈태 과정을 겪어야 한다. 다 닳아 부러진 부리를 깨부수고 낡은 발톱을 다 뽑아낸 다음, 새로운 부리와 발톱이 자라기까지 식음을 전폐하며 인고의 시간을 보내야 한다. 독수리의 환골탈태 못지않게 인생 후반을 위한 깊은 자기성찰과 변화가 필요하다. 겸허히 반추하며 내 안의 아집과 구습을 깨뜨리고 낮은 데로 임해야 한다. 인생의 중요한 변곡점에서 새로이 나를 정의 할 수 있어야 한다.

거울에 비친 낯선 모습에서 세월의 흔적을 느꼈다. 철없이 방황하던 학창시절을 지나 사회인이 되고 가정을 이루어 앞만 바라보고 달려온 30년이었다. 세월 가는 줄 모르고 달리다 보니 여기에 닿아 있다. 생각하면 눈물겨운 시간들이었다. 아쉬움이야 많지만 다행히 후회하지 않는 시간이었기에 다시 그 시절로 돌아갈 생각도 없다. 예정된 여정이 어떻게 펼쳐질지 반신반의하지만 두려워하지는 않는다. 지금까지도 그래왔듯이 남은 길도 내 뜻과 의지와는 상관없이 보이지 않는 손이 나를 이끌어 갈 거라 믿기 때문이다. 신묘막측한 섭리에 나는 그저 오늘에 최선을 다할 뿐이다. 내게 감당할 만한 무게로 매일의 삶이 전쟁터였을지는 모르나 지옥은 아니었다. 내가 마땅히 짊어져야 할 십자가로 생각하였다. 나의 인생 정년은 아직 멀었다. 마지막 끝나는 순간이 나의 정년이다.

일전에 어느 동기 모임에서의 일이다. 정말 오랜만에 만난 친구들의 왁자지껄한 수다에 귀가 아플 지경이었다. 여럿이 모이니 별의별 친구가 다 모였다. 나이가 들어서인지 곰살맞은 귀여운 모습들이 더욱 친근하고 허물없게 느껴졌다. 얼굴에 기름기가 좌르르 흐르는 한 친구의 허풍 가득한 성공담과 자랑질이 시작되었다. 사실 이야기의 반은 농담 같고 오랜만에 만나 분위기에 도취하여 술김에 마구 던지는 너스레로 같이 웃어넘겼다. 자랑질한 값으로 그날 저녁 거나한 술값은 그 잘난 친구가 지불했으니, 누이 좋고 매부도 좋은 저녁이었다. 그런 자랑질 들어주고 거나한 저녁 자리에 초대되면, 언제든 한달음에 달려갈 마음이 있다. 그날 저녁을 쏜 잘난 친구는 계절마다 가족들과 함께 세계여행을 다니는데 지금까지 56개국을 돌아다녔다고 한다. 아시아는 물론 유럽, 아메리카, 아프리카지역까지 안 가본 나라가 없다는 것이다. 여행으로 다녀온 지역의 특징과 맛본 음식 이야기를 실감 나게 들려주는 것으로 봐서는 거짓말이 아닌 듯 느껴졌다. 예기치 못한 코로나 2년 동안 외국에 나가지 못하다가 거리두기가 풀리면서 올해 마음먹고 아내와 함께 한달 기간으로 남미지역을 다녀왔다는 것이다. 한 달 동안의 여행비용으로 5천만이 들었으나 아깝지 않았다는 자랑이었다. 허풍인지 허세인지 분간하기가 어려웠지만, 사실이면 어떻고 아니라고 어쩔 것인가. 재미있고 멋지게 사는 인생을 부러워하면서도 '너 잘났으니 밥이나 사라'고 쏘아붙이며 웃었다. 그런데 문제는 그다음이었다. 다른 한 친구가 성공한 친구의 자랑질을 듣고 나더니 갑자기 자기 신세한탄을 하는 것이다. 자신은 지금까지 뼈가 부서지도록 열심히 살아도 세계여행이라고 가까운 일본과 중국 상해에 한번 다녀온 것이 전부라는 것이다. 그것도 너무 오래되어서 지금은 기억도 가물가물하단다. 어쩌다 여유를 부려서 가족들과 제주도 여행 다녀오는 것이 유일한 사치라고 했다. 잘난 친구에 비하면 자신은 사람 사는 것 같지 않다는 자괴감에 술잔만 기울였다. 한심한 자신을 탓하며 지금까지 뭐하고 살았는지 모르겠다며 연신 고개를 숙였다. 일순간 분위기는 싸해지고 혹여나 친구에게 상처가 될까 봐 아무도 심한 말은 하지 않았다. 이구동성으로 인생의 성공이나 행복이 해외여행이나 눈에 보이는 자랑질 거리가 아님을 이야기해도 그 친구는 도리어 위선이라 쏘아붙였다. 이 친구는 행복을 무엇이라 생각하는 걸까? 혹시 착각하고 있는 건 아닌지 안타까움이 들었다. 그러함에도 친구의 깊은 내막을 알 수 없고 함부로 판단할 수는 없어서 더 이상 이어지지는 않았다. 그렇다고 일 년의 반을 세계여행으로 호사를 누리고 한 번에 5천만 원쯤은 써줘야 성공한 인생이라 할 것은 아니다. 그는 그대로 나는 나대로의 삶이지 남이 누리는 행복의 모습을 나와 비교할 필요는 없다. 그 정도의 경지는 깨달아 편안해져 있을 나이 아닐까? 나이를 먹어도 어린아이의 감수성으로 배고프다 칭얼거리고 외롭다 징징거리면 볼썽사납다. 비록 보잘것없는 비천한 삶일지라도 행복할 수 있어야 한다. 행복은 행복을 부르는 사람을 찾아가 안긴다. 행복하기를 원한다면 행복을 부르는 사람이어야 한다. 세계일주를 하고 명품으로 휘감아도 행복의 이름을 부르지 않으면 행복은 스스로 찾아오지 않는다.

내 영혼의 순례길은 야트막하고 친근한 남산 생태숲길이다. 남산은 가난한 영혼에 참 안식과 위로를 주는 어머니의 품이다. 영겁의 시간 속에 정기를 품고 수도 서울을 지키는 수호신이 살고 있다. 사계절 천혜의 옷으로 갈아입고 반기는 남산 순례길을 이제는 눈을 감고도 걸을 수가 있다. 사계절 사연을 담아 졸졸 흐르는 실개천과 흐드러져 향내를 품어내는 이름 모를 야생화들, 사시사철 푸른 절개를 지키고 서 있는 팔도 소나무 군락까지 남산은 자연의 보고이다. 남산을 떠올리면 힘이 솟는다. 나를 치료한 남산이기도 하다. 한동안 지치고 낙담한 시간을 보내고 있을 때 주저 없이 남산을 향해 마냥 걷고 또 걸었다. 걷고 집에 돌아오는 길은 해우소를 다녀온 듯 개운한 기분이 들었다. 충만한 기운이 돌았다.

한번은 여느 때와 다름없이 여름날 장마철에 빗소리를 노래 삼아 호젓이 남산길을 오르고 싶었다. 신발장에서 오래전 신었던 여름 샌들을 꺼내어 먼지를 닦고 맨발로 샌들을 신고 호기롭게 남산을 향해서 차에 올랐다. 아마도 늦춰 잡아 약 7년은 신발장에서 잠자던 샌들로 오랜만에 신어서인지 맨발과 샌들이 따로 노는 느낌이 들었다. 차창 밖에는 굵은 빗줄기에 버스가 휘청일 정도로 이러다 한강이 넘치는 건 아닌가 하는 걱정까지 들었다. 남산3호터널 앞에서 내려 우산을 펼쳐 들고 본격적으로 남산길을 걸을 참이었다. 정류장에서 육교를 지나야 남산을 오를 수 있는 길목이 나온다. 눈 앞을 가리는 빗줄기에 걸어가는 인도가 이미 발목이 잠기는 시내를 이루고 있었다. 몇 발자국을 떼어 육교를 막 오르는 순간에 오른쪽 샌들에 뭐가 떨어져 나가는 느낌이 들면서 중심이 흔들렸다. 발목이 물에 잠겨 바닥을 잘못 디뎠나 생각을 했다. 아뿔싸, 순간 오른쪽 샌들이 분해가 되어 걸을 수가 없었다. 밑창이 떨어져 나가고 이어서 발목을 덮고 있던 덮개까지 스르륵 떨어져 나가 버리는 게 아닌가? 한순간 어떻게 끌고갈 수조차 없게 완전 분해가 되어버렸다. 이를 어쩐담. 이런 낭패가 있나, 한발로 어떻게 움직이지? 아뿔싸, 이조차도 잠깐이었다. 나머지 왼발의 샌들도 뭐가 이상하더니만 순식간에 완전 분해가 되어 옴짝달싹할 수가 없게 되었다. 순식간에 육교 중간에서 오도 가도 못하고 비만 후줄근 맞으며 멈춰 서 있었다. 일순간 모든 판단이 멈추어 버렸다. 이 난관을 어떻게 헤쳐나가야 할지 판단이 서지 않았다. 순식간에 일어난 일이라서 손을 써볼 겨를도 없이 황당한 상황에 너무나 어이가 없어 웃음도 나오지 않았다. 어쩌다 지나는 사람들은 반바지 차림에 비에 흠뻑 젖어, 신발도 없이 오도 가도 못하고 서 있는 불쌍한 남자를 좀 나사가 풀린 사람 정도로 흘겨보며 지나갔다. 어떻게 도움을 청할 수도 없고 스스로 움직여서 어떻게 해결할 수도 없는 난감한 상황이 계속되었다. 정신을 차리고 인근 주변에 뭐라도 도움이 될만한 것이 있을까 싶어 맨발로 조심조심 움직여 보았다. 그러나 맨발에 육교 밑 지하도를 건너 골목길을 걷는데 온통 흙탕물이라서 쉽사리 걸음을 옮길 수가 없었다. 나뭇가지에 발이 찢기고 굴러온 자갈에 더 이상 걸을 수가 없어 더 방황하기보다는 여기를 빠져나가야 방법이 있을 것 같았다. 험난한 자갈길을 걸어 무조건 대로를 향해 나아갔다. 힘겹게 걸어 정거장까지 왔는데, 이미 발바닥은 상처투성이가 되어 있고 우산은 살대가 구부러져서 있으나 마나가 되어 있었다. 맨발로 정거장에 서서 차를 기다리고 있는데 사람들이 흘깃흘깃 쳐다보는 것 같아 눈을 둘 수가 없었다. 억센 빗줄기 때문인지 10분이 넘도록 지나가는 택시 한 대가 없었다. 그렇다면 버스를 타고 남대문시장을 들러 슬리퍼라도 사서 신고 가야 하나, 아니면 남산터널을 지나 환승하여 집으로 돌아오는 편을 택할지 쉽게 판단이 서지 않았다. 남대문시장으로 가는 길도 곧바로 갈 수가 없어 내려서 건너 다시 환승해야 했고, 내려서도 다시 지하도를 건너야 하는 번거로움이 있어 만만치 않았다. 공교롭게도 남산3호터널 입구에서는 반대편 승강장으로 이동하기가 불가능해 터널을 지나서 반대편으로 건너 환승해야 하는 불편한 구조였다. 일단은 지나가는 차를 타고 최대한 빨리 집으로 돌아오는 코스를 택하기로 하였다. 드디어 406번 버스가 다가오는데 맨발에 비에 홀딱 젖은 나를 태워주지 않으면 어쩌나 걱정이 되어, 부서진 우산을 펼쳐 맨발을 감추고 있다가 버스가 멈추자, 후다닥 차에 올라 빈자리를 찾아 못 본 척 다리를 감추고 차창만 바라보았다. 기사 아저씨와 눈을 피하면서 수군거리는 듯한 사람들의 시선을 무시하고 어서 터널을 지나가기만을 기다렸다. 긴 터널을 지나자마자 후다닥 차에서 내렸다. 난관은 여기서 끝나지 않았다. 한참을 걸어 내려와 지하보도를 걷다가 발이 미끄러져 지하보도 바닥에 나동그라셨다. 때마침 지나가던 젊은 커플이 아저씨 괜찮냐고 일으켜 세우는데, 정말이지 고마운 마음보다 너무 쪽팔려 그냥 못 본 체 지나갔으면 하는 마음이 굴뚝 같았다. 아픈 줄도 모르고 벌떡 일어나 맨발로 다시 계단을 뛰다시피 걸어 올라 건너편 정거장에서 환승버스를 기다렸다. 이번에도 후줄근한 내 모습에 태워주지 않을까 걱정되어 우산으로 발을 가리고 있다가 143번 버스가 도착하자 후다닥 뛰어올라 빈자리에 앉아, 다시 한번 주변 사람들의 동정을 받으며 눈을 감고 기도했다. 머리에서는 빗물이 뚝뚝 떨어지고 비에 젖어 몸은 부들부들 떨고 입술이 파랗게 변한 내 모습은 누가 봐도 정상은 아니었다. 다시 버스는 남산터널을 건너고 용산구청을 지나 반포대교를 건너 길고 긴 집으로의 귀환이 가까워져 오고 있었다. 드디어 그토록 기다리고 염원했던 구반포역이다. 버스에서 내려 신호가 바뀌자마자 100미터 달리기로 한달음에 4층 집에 당도하였다. 정말 길고 긴 남산 순례길의 꺼내고 싶지 않은 나의 흑역사이다. 한편의 코미디에 가족들은 지금도 놀린다.

2022년 12월 첫눈이 내리던 날 이른 아침, 새벽예배를 마치고 커피향이 생각나 전망이 좋은 스벅매장을 찾았다. 홀로 창가에 앉아 경쾌한 캐럴을 들으며 지나는 사람들의 표정을 물끄러미 바라보고 있었다. 이른 주말 아침에도 어디론가 바쁘게 이동하는 사람들이 많았다. 한참을 바라보고 있던 창가 건너편으로 장사트럭 한 대가 멈춰 섰다. 주차금지 구역인데 어쩌려고 저기에 멈춰서나 싶더니 60대는 넘어 보이는 중년의 여성 한 분이 내렸다. 종종걸음으로 길을 건너 스벅 안으로 들어와 커피 두 잔을 받아들고 나가셨다. 마스크한 얼굴이어서 자세히는 볼 수 없었지만, 점원에게 공손히 인사하고 걷는 발걸음에서 행복한 표정이 느껴졌다. 아까 내렸던 트럭 앞에 다가가 운전석 남편에게 커피 한잔을 건넸다. 남편분께서도 반가운 몸짓으로 커피를 받아드는데 나만큼이나 커피를 좋아하는 분 같았다. 두 분의 모습이 정겨워 보여 매장 파트너분에게 참 좋아 보인다며 손가락으로 가리켰다. 파트너분 하는 말이 장사하는 노부부로 가끔 매장에 들러서 남편은 달달한 바닐라라테를 아내는 따뜻한 아메리카노를 주문하여 간다고 했다. 고단함에도 항상 웃는 얼굴로 인사를 건네고 받아 든 커피에 너무 행복해 입꼬리가 하늘로 올라간단다. 남루한 옷차림에 매일 시장에서 장사로 생계를 유지해 가지만, 소소한 행복들을 채우며 자기 삶을 살아가는 것이다.

실제 자산이 증가하면 일정 수준까지는 행복도 비례하여 증가한다고 한다. 하지만 일정 수준 이상이 되면 행복감은 더 이상 증가하지 않는다고 한다. 행복과 불행은 내 마음속에서 생겨나고 내가 마음먹기에 따라 변화시킬 수 있는 마법이다. 부유함 속에서도 가난을 사서하고 가난한 영혼 가운데서 행복을 노래한다. 행복은 내 마음속에서 피어난다. 행복은 내가 만들고 내가 소멸시킨다. 행복을 부르는 습관을 들이자. 부르는 자에게 찾아온다. 인간의 생사화복은 단지 환경이나 조건 때문만이 아니라 자신이 내뱉는 말과 사고 습관에 달려있다. 어떠한 상황에서도 자신의 마음과 생각을 지킬 수 있도록 노력해야 한다. 눈에 보이는 현상에 질식될 필요가 없다. 보이는 것이 다가 아니며 끝날 때까지 끝난 것이 아니기 때문이다. 행복에도 훈련이 필요하다.

집착을 내려놓고 쓸데없는 고집을 내려놓고 누려온 감사를 세어 보는 것이다.

제2장 노후재무계획서

퇴직을 앞둔 예비은퇴자에게 가장 힘겨운 것은 다름 아닌 막연한 두려움이다. 두려움은 실체가 없지만 한번 포위되면 정상적인 사고가 불가능하고 현실을 제대로 볼 수 없게 만든다. 직장이라는 안전한 울타리에서 20~30년을 보내다 막상 퇴직을 맞을 때 느끼는 두려움은 결코 작은 무게가 아니다. 아직은 제법 총기도 있고 뭐든 부족함 없이 잘 할 수 있는데, 한물간 꼰대로 취급하는 것 같아 서운한 마음이다. 벌써 사회에 진출한 자녀들이 생겼으니 이제 무대에서 퇴장할 시기가 된 거 같기도 하다. 아니 후배들은 또 이날을 얼마나 손꼽아 기다려 왔겠는가?

익숙함에서 벗어나 새로이 낯선 지대로의 진입은 두렵고 불편한 것이 사실이다. 두려움이 없을 수야 없지만 엄습할 때는 의지적으로 단호히 떨쳐내야 한다. 우리가 걱정하는 것들의 95%는 쓸데없는 것들이요 나머지 5%조차도 불가항력적이어서 괜한 두려움을 붙들고 힘을 소진할 필요가 없다. 시간이 해결사이고 내 의지와 관계없은 예정된 길을 가게 된다.

필자는 머리가 복잡하고 쓸데없는 잡념이 꼬리에 꼬리를 무는 때에는 전혀 엉뚱한 관심사로 생각을 분산시켜 버린다. 가끔은 장래 재취업에 대한 심란한 생각에 머리가 지근지근하여 일상 유지조차 힘들다. 앞서

나갔던 선배들도 마땅한 일자리를 찾지 못하고 갑자기 중늙은이가 되어 버리더라는 소리를 듣는다. 이렇게 시간을 보내다가는 폐인이 되거나 정말 빈손으로 집에 들어앉을거 같은 생각이 들었다. 마음을 고쳐먹고 일단 내가 좋아하는 공부와 책읽기에 몰입하기로 했다. 공부할 만 한 자격증 목록을 정리하여 시기별 시험기간을 체크하고 인강 및 집합교육을 하나하나 듣기 시작했다. 이 기간 동안에 자격증만 5개를 몰아 취득하고 나중에는 관심 있던 바리스타 1급 자격증까지 얻게 되었다. 틈틈이 글을 정리해보면서 앞으로도 내가 잘 할 수 있는 일, 즐겁게 할 수 있는 일이 무엇일까 계속 탐색했다. 공부하면서 덤으로 다양한 인적 네트워크를 만들어 동병상련의 마음을 나누기도 하고 정보를 교환하면서 전혀 새로운 세상을 접할 기회가 되었다.

마음에 두려움이 일고 미래에 대한 막연한 걱정이 끝없이 올라 올 때는 시선을 돌려 다른 것에 관심을 쏟는 방법이 도움이 된다. 예를 들어 내일 배움카드를 활용하여 관심분야의 공부에 몰입하거나 자격증 시험을 준비하는 것도 방법이다. 배움에는 끝이 없고 배워야 할 것도 너무나 많이 있다. 만약 건강이 망가졌다면 건강체력을 다지는 데 공을 들여 보고, 4대강 종주 라이딩이나 10대 명산 종주와 같은 자기한계 극복 기회를 통해 미래를 재설계하는 사람들을 주변에서 볼 수 있다. 똑같은 상황과 처지에서도 수용하고 극복하는 방법에 따라 새롭게 펼쳐지는 길도 다르고 누리는 삶의 질도 차이가 있다. 어차피 내가 만들어 가는 인생이고 믿음의 분량대로 얻어지는 행복이다. 유한한 시간을 무의미한 소모적 두려움이나 긴장감 없이 한량으로 보내기에는 억울한 마음이 든다. 인간에게 두려움은 항상 과장을 동반하여 한순간에 몸과 마음, 영혼까지도 초토화해버린나. 천하장사라도 무너뜨리며 널썽하던 사람도 질병을 얻어 골골인생으로 전락시켜 버린다. 두려움에는 백약이 무효이다.

자의든 타의든 주된 직장에서 퇴직한 이후가 되면 안정된 소득원이 중단되는 불안정한 시기가 된다. 상시적 구조조정으로 퇴직의 시기는 더욱 빨라졌고 많은 사람이 어중간한 나이에 퇴직을 받아들여야 한다. 다행히 바로 재취업의 기회를 얻으면 어려움은 덜하지만 이조차도 쉽지 않다. 정말이지 최소한 국민연금을 받을 때까지는 경제활동을 지속해야 하는데 아무도 환영하지 않는다. 실제 나이 50 언저리를 고령자라 하기도 어렵고 어정쩡한 중장년이라서 어디에도 낄 수 없는 개밥에 도토리 신세가 된다. 어제까지도 멀쩡하게 자리를 지키며 아무 문제 없이 살아 왔건만, 하루아침에 쓸모없는 존재가 되어 내팽개쳐진 느낌이다. 두려움의 시작은 직장에서 나오는 순간 내가 가졌던 것들이 대부분 무용지물이 되어 버리기 때문이다. 강력한 울타리가 사라졌고 보증수표였던 명함과 배지가 쓸모없게 된다. 무장해제로 투명인간이 되는 순간이다.

이제부터는 내가 변해야 한다. 삶의 패턴과 자세부터 바꿔가야 한다. 가장 먼저 이전의 연봉으로 생활하던 소비습관과 눈높이를 확 낮추어야 한다. 체면이나 눈치를 보던 생활습관은 길거리 강아지에게나 던져주고 자유로운 영혼으로 자기 인생을 살아갈 준비를 갖추어 가야 한다. 가족들의 절대적인 협조가 필요하다. 가뜩이나 의기소침해 있는 가장의 위상에 불을 질러서는 안 된다. 한없는 무력감과 자기실존의 한계를 느끼며 방황하는 한 남자의 고뇌를 외면해서는 안 된다.

현실적으로 소득이 줄어드는 시기가 되면 씀씀이를 줄이는 것이 상책이다. 불필요한 지출이나 분에 넘치는 씀씀이 습관을 찾아내 통제해 가야 한다. 이러한 의지적 변화노력을 3개월만 견디고 나면, 새로운 패턴이 형성되어 자연스럽게 적응되어 살아갈 수 있다. 사실 처음 시작이 낯설어 어렵게 느껴질 뿐 인간의 적응력은 의외로 빠르다. 이렇게 적응해

가며 본격적인 노후준비 점검을 해가야 한다. 퇴직이 현실로 다가왔듯 예정된 노후 또한 눈앞의 현실이 되기 때문이다. 노후준비 상태를 점검하고 어느 정도의 수준으로 어떠한 방법으로 준비해 갈 것인지 구체적인 계획서를 작성하는 절차가 노후재무설계이다. 노후재무설계는 본격적인 은퇴기의 필요를 구체화하여 현실성 있는 달성방안을 마련하는 것이다. 현재 시점의 자산과 부채현황 등을 정확히 파악해 보고 부족을 채우기 위한 효과적인 방법을 찾아가는 과정이다.

자산부채 상태표

자산		부채 및 순자산	
항목	금액	항목	금액
현금성자산(예금 등)	200,000,000	신용대출	20,000,000
주식/채권/펀드	50,000,000	주택담보대출	100,000,000
부동산(주택/상가)	200,000,000	자동차 할부금	10,000,000
퇴직연금/개인연금	100,000,000	기타	20,000,000
기타	50,000,000		
자산 합계	600,000,000	부채 합계	150,000,000
		순자산(자산-부채)	450,000,000

노후재무설계 진단의 시작은 소득대체율 수준을 살펴보는 일이다. 소득대체율은 은퇴 후 소득이 은퇴 전 소득의 몇 % 수준인지를 보여주는 비율이다. 적정한 소득대체율을 보통 70~80% 수준으로 제시하는데 사실 만만치 않은 비율이다. 은퇴 후에도 감소하는 소득에 비해 지출항목이 크게 줄지 않는다. 적정 소득대체율을 감안하고 자신의 현재 수준을 파악한 후 기대목표에 따라 준비해 가야 한다. 석성 노후자금은 자신의 라이프스타일과 평균적인 고정지출 금액을 고려하여 산정해야 한다. 재

무목표와 실행계획 또한 구체적이고 실행가능한 것이어야 한다. 그래서 재무목표와 실행계획은 가급적 숫자로 용도별 이름을 붙여가며 구체적으로 작성해야 한다. 구체적이지 않으면 흐지부지해지고 또한 목적이 명확하지 않으면 중도에 생활자금으로 소진해 버리기 쉽다.

요즘은 가계부를 작성하는 모습을 찾아보기 힘들다. 특히 남성들의 경우 계획적인 지출입 정산과정이 생략되는 수가 많아 재무계획표 작성이 익숙하지 않을 수 있다. 그러다 보니 노후를 국민연금과 퇴직연금 그리고 얼마의 보유자산으로 그럭저럭 살 수 있을 거라 어림잡아 생각한다. 그러나 멀쩡한 기업도 실사를 해보면 보이지 않던 것들이 새롭게 드러나 깜짝 놀라는 경우가 많다. 노후재무계획표 작성에도 목적과 용도를 구분하고 자산과 부채를 제대로 정산해 보면 실질이 정확히 정리된다. 보유자산이 이것저것 많은 듯해도 금융기관 부채를 정산하고 나면 빛 좋은 개살구일 수 있고, 보험이 여러 개 가입되어 있어도 중복되고 실속이 없는 경우가 있다. 그러므로 재무계획표 작성 시에는 표를 그려서 항목별로 정리하며 직접 해봐야 제대로 이해할 수 있다.

예를 들어 한 달 기본생활비로 얼마가 소비되는지? 식료품비를 제외하고도 대출이자, 교통비, 통신비, 보험료 등 이런 식으로 1차적 지출경비를 산정해 본다. 그밖에 경조사비, 의료비, 주기적인 자녀교육비, 부모님 용돈 등을 반영하여 하나하나 숫자로 정리해보는 것이다. 그래서 현재의 수입과 지출의 괴리를 감안하여 줄이고 늘려야 할 항목들을 추출하는 것이다.

현금흐름표 만들기

수입(월)		지출(월)	
항목	금액	항목	금액
급여	5,0000,000	대출금 상환/이자	500,0000
		보험료	400,000
		신용카드	950,000
		통신비	250,000
		의료비	200,000
		교통비	200,000
		자녀교육비	500,000
		부모님 용돈	200,000
		기타	500,0000
수입 합계	5,000,000	지출 합계	3,700,000
		저축가능금액	1,300,000
합계	5,000,000		5,000,000

은퇴생활에 필요한 적정생활비는 부부기준 월 300만 원대 수준이다. 개인의 씀씀이나 기대 생활수준에 따라 다르지만 평범한 일상을 유지하는 데 필요한 보통의 금액이라 할 수 있다. 주로 식료품비, 주거관리비, 보건의료비 등 필수 소비항목으로 구성되어 있어 급격히 지출수준을 줄이는 데 한계가 있다. 시간이 갈수록 평균수명이 길어지고 부담스러운 물가상승, 그리고 예기치 않은 보유자산의 손실 등과 같은 변동상황을 감안하여 보수적으로 관리해 가야 한다.

노후생활을 위한 현금흐름이 어떻게 예상되는지 귀찮고 번거로워도 반드시 구체적으로 확인해 봐야 한다. 자녀의 결혼이니 생에 주요한 이벤트 사항들도 계획에 반영하여 별도의 목적자금을 구분 관리해 가야 한다. 노후재무설계는 현재의 소득상황과 수준, 그리고 은퇴시점의 소득수준을 감안하여 감당할 수 있는 수준으로 이루어져야 한다. 효과적인 노후재무설계는 현재의 자산상황에서 최악의 상황까지 고려하여 측정해보는 것이 좋다.

인간은 미래의 일과 눈앞의 현실 사이에서 편안한 길, 쉬운 길을 선택한다. 그러나 예정된 미래를 생각하지 않고 오늘만 사는 인간이야말로 외눈박이 인생이다. 퇴직이 가까워지면 무엇보다 국민연금을 포함한 연금을 키우는 데 주안점을 두어야 한다. 국민연금의 다양한 추가 수령제도를 활용하거나 퇴직연금 추가납입을 늘리는 등 자신에게 수월한 방법을 찾아 보완하는 것이 필요하다. 노후에 가장 부러운 사람이 연금부자라고 한다. 정해진 날짜에 화수분처럼 고정적으로 들어오는 연금이야말로 최고의 선물이다. 3층 연금제도를 바탕으로 거주하고 있는 주택이나 보유자산을 활용해 다양한 연금재원을 확보하여 연금부자로 살아갈 수 있다.

나의 은퇴자산 현황

국민연금	(월) 1,500,000	65세부터 수령
퇴직연금	150,000,000	65세부터 수령 목표
연금저축	30,000,000	
기타 금융자산	50,000,000	
주택연금 활용	600,000,000	65세부터 수령 목표
우리사주(ESOP)	70,000,000	예비비
은퇴 후 예상 연금액		75세전후까지 400만 원 수준 활동기 이후 점차 축소

제3장 부채의 덫

"한국경제의 고질적인 리스크로 작용하는 세계 최고수준의 가계빚 감소가 급선무이다. 국제금융협회(IIF) 발표에서도 한국의 국내총생산(GDP) 대비 가계부채비율은 104.3%로 유로존을 포함한 조사대상 36개국 중 가장 높다. 2008년 금융위기 이후 주요선진국에서 본격적인 부채 감축이 이뤄진 것과 다르게 한국의 가계부채는 지속적으로 늘었다. 가계부채 1,800조 중 주담대(주택담보대출)는 약 1,000조 원을 차지하며 부동산 하락 위험을 그대로 떠안을 위험을 갖고 있고, 신용카드(판매신용)도 지속적으로 늘고 있다." 최근 신문기사의 한 대목이다.

우리나라의 가계부채 규모는 자그마치 1,880조 원에 이른다. 여기에 기업과 국가 부채를 더하면 약 5,000조를 넘어선다. 빚공화국인 셈인데 특히 가계부채 규모는 전세계 최고수준으로 자칫 대내외 경제변수 급변동에 따라 시한폭탄이 될 우려가 있다. 전체가구의 2/3가 금융기관에 빚을 지고 있고 가구당 평균부채액도 약 1억 원에 달한다. 특히 연령이 높아질수록 빚의 규모가 크고 빚을 지고 있는 가구도 많다. 요즘 세상에 빚 없는 사람이 어디 있고 나만의 문제도 아닌데 하는 생각을 할지 모르겠다. 빚을 권하는 사회에서 부채를 일으킬 수 있는 것이 오히려 능력이라 여길 수도 있다.

그러나 내 돈이 아닌 부채는 기한이 정해져 있고 기한 내에 반드시 갚아야 하는 무서운 빚이다. 호시절에야 부채를 활용한 재테크가 도움이 되었지만, 오늘날과 같은 저성장 저금리 시대에 과도한 레버리지 투자는 매우 위험하다. 부채는 잠을 자는 시간에도 자라나며 가속도가 붙어 늘어나기 때문에, 불요불급한 상황이 아니면 가급적 이용하지 않는 것이 현명하다. 특히 투자에 빚을 얻어 무리한 모험투자를 하는 것은 절대 해서는 안 되는 일이다. 은퇴기를 맞아 노후자금을 굴려 보려다가 낭패를 보는 고령자들이 적지 않다. 본인이 감당할 수 있는 수준이 아니면 절대 욕심내서는 안 된다. 은퇴기 투자활동은 오히려 돌다리도 두드리며 신중히 건너야 할 시기이다. 단기에 투자수익을 욕심내고 무리하게 투자하는 것이야말로 가장 어리석은 결정이다. 노후빈곤과 은퇴절벽을 부르는 위험한 행동이다.

우리나라 경제 및 금융시장은 대내외 환경에 매우 취약한 구조로 되어 있다. 수출주도 경제구조하에서 환율, 외화, 원자재 등의 대내외 변수에 매우 민감하여 시장의 변동성이 매우 크다. 주기적으로 일어나는 외환위기, 오일쇼크, 공급망 붕괴, 외교분쟁 등이 시장의 변동성을 키우면서 단기매매 투자자에게 위험성이 매우 크다. 변동성이 큰 시장에서 개인투자자의 빚투는 절대 금물이다. 개인, 기업, 심지어 국가도 한 번의 치명적인 투자실패는 재기할 기회조차 찾기가 어려워진다. 빚은 존재를 드러내지 않고 조용히 숨어 기회를 엿보아 쓰러뜨리는 암적인 존재이다.

필연적 부채야 어쩔 수 없다고 치자. 학자금이나 불요불급한 병원비나 생계수단을 위한 생업자금과 같은 빚은 별개의 문제이다. 생계형 부채라도 위험한데 이도 저도 아닌 모험적 투자를 위해 과도한 부채를 끌어들이는 것은 무책임한 짓이다. 자신의 실력을 알고 투자에 과신하지 말아야 한다. 일단 질러놓고 보는 시대가 아니다. 어떠한 투자활동을 계획해도 쉽게 돈을 벌 수 있는 환경이 절대 아니다. 성장동력이 식어버린 시대 상황에서의 섣부른 투자는 위험을 키울 수밖에 없다. 부채규모를 줄이지 않고 자산을 늘리는 것은 한순간 보유자산이 남의 자산이 되어 버릴 수 있다. 무엇보다 손쉽게 돈을 벌어보고자 무모하게 베팅하는 식의 투기행위에 가담하는 일은 절대 해서는 안 된다. 주식투자나 암호화폐에 빚을 추가하여 단기투자에 나서는 것이야말로 미친 짓이다. 무슨 파이어족인가! 쪽박 차는 지름길이다. 빚을 권하는 자본주의시스템은 사기다. 자본을 가지고 장사하여 카지노 자본주의를 유혹하고 있다. 그러기에 스스로 경계하고 신중해져야 한다. 한순간 자기도 모르게 죽음의 덫에 걸려들면 평생이 고달파진다.

퇴직을 앞둔 상황에서는 만사를 제쳐두고 부채를 줄이는 게 우선이다. 설령 주택담보대출이라도 평수를 줄이거나 지역을 조정하거나 전세로 갈아타는 방법이라도 부채를 줄이는 것이 최선이다. 우리나라 주택담보대출은 구조상 잠재 리스크가 매우 크다. 담보대출에 만기일시상환이 차지하는 비율이 44.2%이고 변동금리대출이 90%를 차지하고 있어 급격한 금리인상이나 소득감소와 같은 외부충격에 매우 취약하다. 퇴직 무렵이 되어 은행 대출로 주택을 마련하거나 무리하게 재테크를 하는 사람은 정상이 아니다. 부담되는 기존 주택을 처분하여 빚을 상환하고 감당할 만한 수준의 주거계획을 가져가는 것이 정석이다. 마음이 조급하다 해서 주식투자에 손을 대거나 근본도 없는 고금리상품에 목돈을 투자하는 것이야말로 노후절벽으로 가는 지름길이다.

금융기관은 나의 신용을 보고 대출여부와 대출금리를 결정하는 게 아니다. 나의 직장을 보고 고용의 안정성과 지속적인 수익원을 감안하여 대출여부와 금리를 결정하는 것이다. 돈 떼일 염려가 없고 고정적인 월급이 지급되기 때문에 그걸 믿고 돈을 빌려주는 것이다. 그런데 은퇴하고 나면 신용 조건이었던 직장이 사라지면서 금리가 높아지고 대출조건도 까다로워진다. 심지어 대출한도가 줄어들고 기존의 대출금마저 갚으라고 독촉까지 한다. 회사의 배지를 보고 대출해 준 것이지 나를 보고 빌려준 게 아니라는 말이다. 금융기관 입장에서 틀린 건 하나도 없다. 뭘 믿고 나에게 돈을 빌려준단 말인가? 이렇게 대출이 막히고 자금순환이 꼬이게 되면 문제없이 지내오던 평범한 일상이 한순간 엉망이 되어버린다. 퇴직이나 은퇴가 가까워져 오면 가장 먼저 부채 줄이는 것부터 시작하자. 과도한 부채는 언제 터질지 모르는 시한폭탄이나 다름없다.

일반적으로 가계의 부채상환액이 가처분소득의 20% 이내여야 무리 없이 살아갈 수 있다. 부채상환액이 가처분소득의 40%를 넘어서면 정상적인 생활이 어렵게 되고 50% 이상이면 위험수준으로 전락한다. 최근 우리나라의 가계 부채상환액이 가처분소득에 비해 과도하여 OECD 국가 중 가장 높다는 보도자료까지 등장하였다. 가계 부채수준이 과도한 위험수준이라는 것은 확실하다.

은퇴 후 대출이자와 부채상환액은 매월 현금유출이 일어나는 고정비용으로 현금흐름을 악화시키는 주범이다. 따라서 은퇴 전 본인의 자산과 부채규모, 대출금리 등을 점검하여 최대한 부채를 줄여 가야 한다. 은퇴 시점에는 투자보다 부채규모를 줄이는 것이 우선순위이다. 부채정리 계획을 빼놓은 은퇴준비는 무의미하다. 안정된 노후는커녕 대출이자 갚느라 투잡을 뛰어야 할 수도 있고 연금을 대출이자 갚는 데 사용해야 한다.

부채를 줄이는 구체적인 계획으로 다운사이징을 고려할 수 있다. 다운사이징은 단순히 부채를 줄이는 것뿐만 아니라 과도한 소비지출 요소를 통제하는 노력이다. 다운사이징은 결핍과 빈곤에 따른 접근이 아니라 필요 이상의 과소비 습관을 정상화하는 과정이다. 주택의 규모를 줄이고 거주지역을 변화시키는 것이 다운사이징의 적극적인 실천이다. 이렇게 하여 부채규모를 줄이고 현금흐름의 물꼬를 트게 하는 것이 행복한 노후를 위한 현명한 자세이다. 만약 노후준비가 미흡하다 싶으면 부족한 소득을 늘리는 데 힘을 소진하기보다, 씀씀이를 줄여 합리적 소비를 실천하는 편이 훨씬 낫다. 다운사우징이 부족함을 메우기 위한 생활규모를 줄이는 것으로 생각할 것이 아니라 살아가는 방식을 변화시키는 것으로 인식할 수 있어야 한다. 지출을 통제하는 습관은 은퇴 전부터 익숙해져야 한다. 몸에 밴 습관이 하루아침에 바뀌는 것은 아니기 때문이다.

필자는 생활방식을 바꾸는 실천방안으로 가장 먼저 시작한 것이 골프장 횟수를 줄이는 것이었다. 형편이 좋아지고 여유가 생기면 라운딩 기회를 갖겠지만, 당장은 일 년에 두 번 정도로 줄이고 대신 둘레길 걷기, 자전거 라이딩, 마라톤으로 방향을 바꿨다. 처음에는 위축된 신세가 서글펐지만 오래가지 않고 편안해지면서 새로운 패턴이 만들어졌다. 그렇게 2년이 지난 지금은 이전보다 몸과 마음이 더 건강해졌고, 생활의 활력도 더해져 편안한 일상을 유지하고 있다. 어쩌다 한 번씩 찾게 되는 라운딩은 그야말로 기쁨이 충만하여 더 큰 행복을 느낀다. 그 밖에도 핸드폰 요금제를 바꾸고 보험증서를 정리하여 중첩되거나 무의미한 보험계약을 해지하여 보험료를 30% 이상 줄였다. 신용카드 할인혜택 등을 따져서 나에게 가장 유리한 카드 하나만 남기고 가급적 체크카드 사용을 생활화하였다. 처음에는 가족들도 무슨 청승이냐고 한마디씩 했지만, 나름대로 불필요하고 느슨했던 생활습관들을 살피면서 낭비요소들을 상당히 줄일 수 있었다. 우리 주변에는 유야무야 자원의 낭비 요소가 많이 있다. 심각성을 인식하면서도 생각에만 머물러 있어 걱정이다. 회

식자리 후 뒷자리를 볼 때마다 씁쓸한 마음을 감출 수 없다. 귀한 식재료들이 손 한번 대지 않고 잔반통으로 직행하거나 각종 서비스에 자동 결제되는 건수도 적지 않다.

세계 최고의 부자 워렌 버핏의 재테크 제1의 법칙은 '검약하는 것'이라 한다. 영끌하고 빚투하여 광폭투자 하는 것보다 검약이 가장 효과적인 재테크이다.

제4장 연금이어야 하는 이유

　노후설계의 핵심은 월급처럼 정기적으로 생활비를 얻을 수 있는 고정 수입을 최대한 많이 확보하는 것이다. 바로 연금이다. 노후연금의 중요성에 대해서는 아무리 강조해도 지나치지 않다. 연금은 보험이고 쓰면 다시 채워지는 화수분이다. 손 벌리지 않고 당당하게 살 수 있는 노후 반려자이다. 연금은 노후의 평범한 일상을 만들어 주는 기반이다.

　얼마 전 연금을 받으려 어머니의 시신을 2년간 방치한 40대 딸이 긴급체포 된 일이 있었다. 월 50만~60만 원 지급되는 어머니의 연금으로 생계를 유지하고 있는 상황에서 어쩔수 없었다고 밝혔다. 어머니의 시신 방치 이유를 '사망 신고를 하면 어머니에게 지급되는 연금을 받지 못할까봐'라는 말에 마음이 메어졌다. 기초연금과 국민연금은 수급대상이 되면 죽을 때까지 평생 지급되기 때문이다. 어머니를 유기한 딸의 입장에서 일정한 직업이 없고 정상적인 몸이 아니라서 어머니의 연금이 생계를 위한 최소한의 연명 수단이 되었던 것이다. 이처럼 연금은 최후의 보루 자금이 되어 자신과 가족의 생계를 유지하며 삶의 존엄을 지키기 위해 준비해야 하는 노후준비 1순위이다. 고령사회 일본의 하류노인들의 일관된 목소리도 '연금은 목숨줄이다, 이럴 줄 알았으면 더 많은 언금을 준비해 둘 걸. 연금만 한 효자 없다'는 간절한 호소이다. 보건복지부가 펴낸 '2021년도 노인학대 현황보고'에서도 노인학대 가해자 1위는 배우자(29.1%), 2위가 아들(27.2%)로 나타났다. 새삼스러울 것도 없지만 어쩐지 씁쓸한 마음은 남는다. 당사자가 아니고서 함부로 왈가왈부할 수 있는 일은 아니다. 만약 소득이 변변치 못하고 거기에다 골골하여 손까지 많이 가는 처지가 되고 보면 배우자나 자식이라도 쉽지 않은 현실이 되는 건 사실이다.

우리나라는 은퇴하고 싶지만 은퇴하지 못하고 생존형 일자리를 찾는 고령자가 전체 고령자의 절반을 차지한다. 몸이 아파 움직일 수 없는 사람은 한 끼 배식줄이라도 서야 굶지 않는다. 신도림역 새벽 5시 30분 전동차 문이 열리는 순간의 강렬한 인상을 잊을 수가 없다. 전동차 문이 열리는 순간 쏟아져 나오는 인파의 규모도 엄청나지만, 거의 전부가 고령자 행렬로 환승을 위해 달리는 사투의 현장을 생생히 목도할 수 있다. 작업복에 간단한 배낭을 메고 이분들이 향하는 곳은 어디일까? 어디 신도림역만의 모습이겠는가? 준비되지 않는 노후에는 저 대열에 내가 낄 거라는 위기감을 가져야 한다. 새벽을 깨우는 저 사람들은 잠이 없어 소일거리 하는 사람이 아니라 생존을 부지하기 위해 마지막 불꽃을 태우는 고령자들이다. 그분들이라고 처음부터 자신의 노년이 이럴 거라 상상이나 했을까? 열심히 살았건만 세상이 속이고 인생살이가 마음대로 되지 않아서 일 것이다. 인생살이가 힘들어도 내일을 알 수 없기에 작은 주머니를 여러 개 마련하는 것이 필요하다. 다람쥐는 겨울나기를 준비하며 도토리를 여기저기 숨겨 놓는다고 한다.

한곳에 저장하면 한꺼번에 도둑 맞을까 봐 그러는지 아니면, 그들만의 알 수 없는 습성인지는 모르겠으나, 아무튼 그 중에 찾아 먹는 도토리도 있지만, 잊어버린 도토리는 다른 동물의 먹이가 되기도 하고 싹이 나서 또 다른 도토리나무를 태어나게도 한다. 작은 주머니로 금액이 적더라도 연금보험이나 연금저축이나 장기적금과 같은 나중을 위한 자신만의 희망의 주머니를 만들어 놓아야 한다.

연금은 안정적인 평범한 일상을 유지하는 데 큰 도움을 준다. 목돈에 비해 크게 고민하지 않고 고정적인 일정한 금액 내에서 계획성 있는 소비를 하며 삶을 향유해 갈 수 있다. 목돈을 쌓아놓고 필요할 때마다 꺼내 쓰는 일이 쉽지 않다고 한다. 계획성 없는 지출이 되고 쉽게 가늠이 안 되기 때문에 금방 소진될 거 같은 불안감에 편한 소비가 되지 못한다. 여기저기 돈을 노리는 눈길들도 부담이다. 그러나 연금으로 묶여 있으면 노후자금을 함부로 건드리는 법은 거의 없다. 여유로운 연금수급자가 되어 후한 인심으로 인기를 얻을 수 있고 가족들도 한 번이라도 더 찾아와 용돈을 받아 갈 것이다. 노후에는 연금만 한 효자가 없다는 것이 한결같은 조언이다.

노후자금은 왜 연금이어야 하는지 근년에 명예퇴직을 신청한 선배의 경험담이다. 임금피크 대상자가 되어 명예퇴직금과 함께 퇴직금을 목돈으로 받게 되었다. 당장의 일자리 찾기도 어렵고 몸과 마음이 지쳐 있어 한동안 실업수당을 받으며 근근이 시간을 보내고 있었다. 몸에 벤 규칙적인 일상에 변화가 오자 갑자기 건강에 이상이 생겨 한동안 병원 신세도 지게 되었다. 선배는 지금까지 결혼을 하지 않고 홀로되신 어머니와 함께 의지하며 살고 있다. 팽팽한 긴장감과 조여오는 실적에 밤잠을 설치면서도, 함께 부대끼며 정신없이 지냈던 일상이 얼마나 소중했는지 실감하게 되었다.

퇴직금과 명퇴금으로 받은 목돈은 최후의 보루 자금이라는 생각으로 은행에 예치해 두었다. 돈이 궁해도 조금씩 헐어 쓰다 보면, 금방 소진되어 없어질 것 같고 그러면 알거지가 될 거라는 강박감이 느껴져 도저히 쓸 수가 없다. 적은 금액이라도 꼬박꼬박 월급처럼 나오는 자금이면 괜찮을 텐데 목돈이다 보니 막연하게 심리적 두려움이 느껴졌던 것이다.

급여생활자들의 생활 패턴은 월소득에 맞춰져 익숙해 있다. 예를 들어 1년치 연봉을 12개월로 나누어 지급하지 않고 1월 1일에 연봉 전액을 지급한다고 해보자. 처음 목돈을 만질 때는 부자가 된 마음이 들 수 있지만, 이것을 12개월로 나누어 생활비를 비롯한 저축과 투자 등을 적절히 배분하여 살림하는 것이 생각보다 쉽지 않다. 자칫하면 적자에 빠질 수 있고 계획성 있는 씀씀이가 되지 못하게 되면 큰 스트레스가 된다. 이제는 1년 연봉이 아니라 30년 치 연봉을 한방에 목돈으로 받았다고 치자. 어떻게 할 것인가? 걱정도 팔자라 할지 모르지만 정말 쉽지 않다. 그런데 이것을 연금으로 전환해 두면 이런 걱정 없이 실컷 쓰고 자식이나 지인들에게 인기 있는 사람으로 대접받고 살 수 있다. 그렇게 쓰고 남은 것이 있다면, 자식에게 상속하거나 사회에 환원하여 아름다운 마무리를 스스로 만들어 갈 수 있다.

일본 노인들의 고독사를 살펴보면 통장에 잔고가 충분히 있는데도 굶어 죽거나 병원에 가지 않고 그대로 사망한 사례가 많았다. 통장의 잔고가 떨어지면 죽는다는 심리적 강박감이 있어 끝까지 지키며 사용하지 못한 채 생을 마감한 것이다. 마지막 잎새를 붙들고 있는 심리가 아닐까 싶다.

제5장 보험의 시간

부모님 머리맡에 몇 종류의 약봉지가 있는지 세어보자. 당신에게는 약봉지 걱정 없는 건강한 노년이 되기를 진심으로 빈다. 그러나 한 가지 확실한 건 나이가 들면 노화가 진행되는 것과 당신은 부모세대보다 더 오래 살 거라는 사실이다.

2021년도 국민건강보험 청구를 보면 한국인의 외래진료비 지출은 50~54세에 가장 많고 평생 쓰는 의료비의 50% 이상은 65세 이후에 지출하는 것으로 나타난다. 그러니까 50대부터 의료비 지출이 점차 증가하다 65세 이상이 되면 2~4개의 만성질환으로 본격적인 의료비 지출이 일어나게 된다. 전체 국민의 평균의료비가 월 10만 원 수준인데 65세 이상의 평균의료비는 월 28~30만 원으로 개인별 의료비 차는 더 크게 나타날 것이다. 고액의 의료비 부담은 가족에게 큰 부담을 안기면서 노후절벽에 이르는 주요인이 되기도 한다. 원치 않게 배우자나 자녀에게 짐이 되는 신세가 되는 것이다. 고정소득이 있으면 그나마 다행이지만 그렇지 못한 형편에서의 의료비 부담은 어려움을 가중시킨다.

이렇게 예상할 수 없는 각종 위험에 대비하여 준비해야 하는 것이 보험이다. 특히 노후에 뜻하지 않은 사고나 질병으로 예측하지 못한 위험에 노출되기라도 하면 한순간 노후절벽으로 내몰리게 된다. 보험은 생애재무설계의 첫 번째 단계이다. 각종 위험으로부터 보호대책이 없는 재무계획은 아무 의미가 없다. 치명적인 질병이나 불미스러운 사고 한 번으로 모든 것을 잃을 수 있기 때문이다. 보험은 재테크의 기본 중 기본이다. 힘들여 쌓아온 자산을 지키는 안전장치이다. 노후를 대비한 보험설계는 경제적 사정을 고려하여 실손의료보험과 필수보험 3대 진단비 위주로 설계해 두는 것이 좋다.

먼저 실손의료보험은 우선적으로 가입해야 할 보험이다. 아프거나 다쳐서 입원, 수술 등을 받을 때, 본인이 부담한 의료비의 전부 또는 일부를 보장해주는 보험이다. 의료비는 본인이 부담해야 하는 급여부분과 비급여의 합으로 구성되는데 실손의료보험이 이를 보장하는 상품이다. 실손의료보험은 병원비 등으로 지출한 실제 손해액 범위 내에서 보장하기 때문에, 여러 보험상품에 중복가입해도 병의원과 약국에서 실제 지출한 금액 이내에서만 보장한다. 대부분 실손의료보험은 갱신주기가 1년으로 매년 보험료가 갱신되며 재가입 주기인 15년마다 보장내용이 변경될 수 있다. 표준형 실손의료보험의 경우 입원의료비의 80%를 보상하고 나머지 20%를 보험가입자가 부담하게 된다. 실손의료보험은 국민건강보험에서 보장해주지 못한 의료비를 보장해주는 상품으로, 노후에 발생할 수 있는 과도한 의료비 지출의 부담을 줄여준다. 실손의료보험은 노후에 가장 확실하고 든든한 위험관리 수단이 되므로 반드시 챙겨야 한다. 보장한도와 보장기간을 감안하여 적정한 수준의 실손의료보험에 가입해 두면 암이나 뇌질환, 심장질환 등 중대 질환에 걸렸을 때 최소한의 의료비를 해결할 수 있다. 실손의료보험을 포함한 보험설계가 부실한 경우 힘들게 모은 노후자금이 의료비로 모두 소진될 수 있다.

우리나라 65세 이상 고령자의 사망원인 1위는 단연 암으로 10만 명당 750명이 사망하고 있다. 그 다음은 심장질환, 폐렴, 뇌혈관질환 순으로 나타나고 있다. 부동의 사망원인 1위 암은 매년 12만 명이 발생하고 약 7만 명이 사망한다. 전체 사망자 10명 중 3명이 암환자인 것이다. 질병은 그 자체만으로도 큰 위험이지만 치료비 부담은 더 큰 문제가 된다. 특히 노후에 치료비와 간병비, 생활비 등 만만치 않은 비용이 지속적으로 발생하기 때문에 위험에 대비한 보험의 준비는 노후설계의 기본이 된다. 당장 효용을 느끼지 못한다고 하여 중도에 해지한다거나 신중함 없이 이것저것 하나씩 들어둔다는 생각으로 보험을 접근하면, 결정적인 순간에 낭패를 당할 수 있다. 보험은 경제적으로, 정신적으로 안정감을 주는 든든한 담보가 되는 것이다. 보험상품은 장기간 유지되고 미래를 위한 준비이므로 정확한 목적을 가지고 자신의 사정에 맞게 가입하는 것이 중요하다. 보험을 설계할 때는 처한 상황과 목적에 따라 적절한 전환과 변경이 가능한 것이면 더욱더 유용하다. 가령 소득이 감소할 때 보장금액과 납입보험료를 줄일 수 있는 감액완납제도라든지, 종신보험을 저렴한 정기보험이나 연금으로 전환이 가능하도록 옵션을 갖는 등 편리한 쓰임이 될 수 있으면 효용은 커질 것이다. 유사시 간호해 줄 가족이 없거나 1인 가구이면 간병보험가입을 고려해야 한다.

한편으로 부지불식간에 줄줄 새 나가는 것이 보험이기도 하다. 노후 재무설계 새점검 시 꼼꼼히 살펴봐야 하는 것이 보험이다. 보험증서를 보고도 내용을 제대로 이해 할 수 없는 경우가 대부분이다. 그럴 때는 보험전문가의 도움을 받아 가입된 보험을 상세히 진단하여 필요한 조치를 하는 것이 바람직하다. 은퇴 이후 보험료 부담은 계륵이 된다. 노후에 예상할 수 없는 의료비 부담을 대비하기 위해 보험유지는 필요하지만, 고액의 보험료는 부담스러울 수밖에 없다. 노후재무설계 시 보험에 대한 재점검 및 적정성 분석이 반드시 필요하다.

우리나라 10대 사망원인

순위	사망원인	사망률(인구 10만 명당)
1위	암	158.2
2위	심장질환	60.4
3위	폐렴	45.1
4위	뇌혈관질환	42.0
5위	자살	26.9
6위	당뇨병	15.8
7위	알츠하이머병	13.1
8위	간질환	12.7
9위	만성하기도질환	12.0
10위	고혈압성질환	11.0

* 출처 : 통계청, 2019년 사망원인통계 결과

보험의 본질은 미래 예측할 수 없는 위험에 대한 보상이다. 따라서 해지 시 환급금액이나 싼 보험료를 찾아 가입하는 것보다 내가 대비하려는 위험에 얼마나 충실히 보상받을 수 있는지를 살펴 가입해야 한다. 보험설계 시에는 믿을 만한 보험설계사를 소개받아 자신이 보장받고 싶은 위험에 대해 3~4개사의 비교견적서를 요청하여 보장내용과 보험료를 살펴보고 결정해야 한다. 보험은 한번 가입하면 10년 이상 보험료를 내야 하는 장기상품이고 중도해지하면 원금 손실이 크고 위험 대비 계획에도 차질이 빚어질 수 있다. 그러므로 보험에 가입이나 해지는 매우 신중해야 한다. 나중에 다시 가입하려면 보장내용이 불리해지고 더 비싼 보험료를 내야 하고 심지어 재가입 자체가 어려운 경우도 발생한다.

평균수명이 83세라면 건강수명은 약 72세로 약 10년 이상은 누군가의 도움이 필요할 수밖에 없다. 현재 간병비는 일평균 10만 원 이상으로 한 달이면 300만 원 수준의 부담이 발생한다. 간병비는 실손보험에서 보장하지 않기 때문에 노후에 간병인이 필요한 시기를 대비하여 간병보험을 준비하는 것도 방법이다.

제6장 건강체력 평생연금

'경제협력개발기구 보건 통계 2022'에 따르면 한국인의 기대수명은 83.5세로 일본에 이어 2위에 올라 있다. 기대수명은 올해 태어난 아이가 앞으로 생존할 것으로 기대되는 평균생존연수를 말하는데, 보통 평균수명 또는 0세의 기대여명이라고도 한다. 지금과 같은 속도로 의료기술과 생명과학이 발전해 가면, 앞으로 인간의 평균수명은 훨씬 더 늘어나게 될 것이다.

평균수명보다 더 중요한 지표가 건강수명이다. 건강수명은 83.5세의 기대수명에서 질병이나 부상으로 활동하지 못하는 기간을 제외한 일상생활 동안 건강하게 생존해 있는 기간이다. 단순한 생존기간이 아닌 건강한 인간으로 사람답게 사는 '건강수명, 행복수명'에 의미가 있는 것이다. 우리의 건강수명은 평균 73.1세로 기대수명보다 10년 남짓 짧아 고령자가 되어, 약 10년 이상은 의료적 도움 속에서 골골하며 살다가 생을 마감하게 된다. 향후 인간의 유전자분석 완성으로 맞춤형 건강관리가 가능해지면 건강수명은 획기적으로 연장될 것으로 기대된다.

인간은 나이가 들어가면서 신체기능이 저하되고 퇴화한다. 쉽게 생각하면 태어나 약 50여 년을 쉼 없이 가동한 장기가 마모되고 고장이나는 것은 당연하다. 기계장치나 부품들도 주기적으로 교체하고 수리를 해야만 정상을 유지할 수 있다. 어느 때보다 자기관리가 필요한 시기이다. 개인차는 있지만 신체기능의 노화는 50세 전후를 기점으로 급격히 진행된다. 하루하루가 다르게 신체적 한계를 느끼게 되고 관리를 하지 않으면 급속히 무너져 내린다. 실제로 인간의 근육은 30대부터 약화하기 시작해 70대에 이르면 절정기 때의 절반수준으로 줄어든다고 한다. 우선 신체 근육이 줄어들면 운동능력이 떨어지고 관절에 무리가 가면서 근골격계 질환의 원인이 되어 체형도 구부정하게 변한다. 자신도 모르게 상체가 굽어지고 구두를 끄는 습관이 생기게 되는데 바로 이러한 요인들 때문이다. 특히 50대 이후 팔다리 근육량이 급속히 감소하는 근감소증은 건강 위험의 중대한 신호이기도 하다. 따라서 중장년기 근력운동은 선택이 아닌 필수항목이다. 50세부터 근육량은 매년 1~2%씩 감소하고 10년이면 약 4킬로그램 정도가 감소하게 된다. 65세에는 약 25~35%가 소실되고 80세가 되면 약 40% 이상이 감소하게 된다. 그로 인해 뼈가 약해지고 면역력이 떨어지면서 고지혈증, 당뇨, 지방간이 생길 가능성이 높아진다. 소리 없이 줄어드는 근육량을 보충할 수 있는 방법은 철저한 근력운동밖에 없다. 필자가 건강에 관심을 가지면서 운동에도 흥미를 갖고 운동처방사 자격증을 취득하게 되었다. 건강체력 유지의 중요성과 함께 자신의 신체조건에 맞는 운동을 처방받아 적절한 운동을 하는 것이 얼마나 중요한 것인지 알게 되었다. 잘못된 운동습관은 오히려 건강을 해칠 수 있고, 요령과 자세를 정확히 익혀서 운동하면 보다 효율적인 건강관리가 가능하다는 것도 알려주고 싶다.

　50대 중년은 관절의 노화가 본격적으로 시작되는 시기이다. 근력운동은 근력을 강화하고 관절의 유연성을 높여 골밀도가 높아지고 골다공증을 예방하는 데 효과가 있다. 특히 신체의 유연성과 균형성을 높이는 스쿼트와 간단한 팔굽혀 펴기는 상체 근육발달에도 매우 효과적이다.

최근 급증하고 있는 치매는 불치병으로 예방과 함께 최대한 지연시켜 가야 하는 대표적인 질환이다. 2020년 기준 우리나라 65세 이상의 10명 중 1명이 치매로 추정될 정도로 증가하고 있는데 나이도 갈수록 낮아지고 있다. 규칙적인 운동과 균형 잡힌 생활습관이 치매로부터 위험을 늦출 수 있다고 한다. 치매 유병률은 85세 이상에서 40%를 차지할 정도로 시기가 좀 빠르냐 좀 늦게 찾아오느냐의 문제로 여겨야 한다. 뿐만 아니라 관련 학회 보고자료에 의하면 치매 전단계인 '경도인지장애(Mild Cognitive Impairment, MCI)' 환자가 260만명에 육박할 정도로 급증하는 추세라고 한다. 경도인지장애는 일상생활을 유지할 수는 있으나, 기억력을 포함한 기타 인지기능이 뚜렷하게 감퇴된 상태로, 한 해 약 10~15%의 경도인지장애 환자가 치매로 진행된다고 한다. 꾸준한 자기관리 노력만이 노인질환과 노화로부터 자기를 지킬 수 있는 비결이다.

자기관리의 첫째는 꾸준한 운동이다. 운동은 육체적인 건강관리를 위해서만이 아니라, 정신건강을 위해서도 챙겨야 하는 일상의 습관이다. 건강체력은 타고나는 것보다 꾸준한 운동습관과 자기관리로 가능하다. 마음만 먹으면 당장 시작할 수 있는 가벼운 걷기운동부터 자전거 타기, 마라톤, 수영, 헬스장 근력운동 등을 최소한 6월 이상 지속한 후 자기에게 맞는 운동을 선택하여 꾸준히 해가면 하나의 패턴이 형성된다. 많은 운동이 혼자서 인내력을 가져야 지속할 수 있기 때문에 자신과의 의지력 싸움이 된다. 자신과의 싸움에 6개월 정도만 꾹 참고 지속하면 어느새 습관이 되어 몸도 훨씬 수월해진다.

필자가 퇴직을 앞두고 정신적으로 힘든 시간을 보내고 있을 때 가까운 친구가 함께 마라톤을 제안했다. 사업을 하는 친구인데 코로나 영향으로 사업장이 폐쇄되고 직원들을 내보내야 하는 처지에 놓이면서 시름을 잊고자 마라톤을 시작했다. 한 번도 장거리를 달려본 경험이 없고 무엇보다 오십을 훌쩍 넘어서 관절과 발목이 걱정되어 주저하였다. 하지만 친구의 끈질긴 제안으로 마지못해 마라톤을 시작했다. 2022년 3월 초부터 집 근처 안양천변을 따라 처음 5킬로미터를 목표로 달리기 시작했다. 처음 달리기 시작하여 체 10분을 넘기지 못하고 숨이 목까지 차오르며 주저앉았다. 그러기를 몇 차례 반복하며 처음 5킬로미터 달리기를 마쳤다. 그날 밤부터 온몸이 놀라서 쑤시고 저리고 얼얼하여 끙끙 앓으며 거의 일주일 동안 몸살을 앓았다. 그렇다고 어렵게 시작한 걸 그만두기도 창피하여, 매주 한 번은 꾸준히 호흡을 가다듬으며 달리기를 그치지 않았다. 한 달 남짓 지속하다 보니 이제 5킬로미터 정도는 가볍게 한달음에 달릴 수 있었다. 그렇게 서서히 10킬로미터, 15킬로미터, 10월부터는 20킬로미터까지 달릴 수 있었다. 매번 컨디션을 봐가며 준비운동도 빼놓지 않고 몸을 달래가며 몸을 길들여 가다 보니 놀라울 정도로 몸이 적응해 갔다. 막연하게 달리는 것 보다 목표를 정하고 달리는 것이 좋겠다는 친구의 조언을 들어 첫해에는 하프코스를 목표로 연말에 예정된 대회에 참가하기로 했다. 연말을 앞두고 목표로 삼은 11월 손기정 마라톤 대회 하프코스를 등록하였다. 기록보다는 완주를 목표로 건강하게 무사히 출발지점까지 돌아오는 것이 꿈이었다. 행사 당일 잠실종합운동장에 들어서니, 마치 올림픽 경기에 참가하는 기분이 들어 들떴다. 참가하는 수많은 선수들과 운동장을 채운 애드벌룬과 플래카드와 전광판이 축제현장을 연출하는데 정말 내가 국가대표 올림픽 선수가 된 느낌이었다. 들뜬 분위기를 뒤로 하고 총성과 함께 약 21킬로미터의 대장정이 시작되었다. 분위기에 압도되어 혼자 달릴 때보다 경쟁심리를 느끼며 나도 모르게 더 열심히 뛰고 있었다. 반환섬을 돌고 죽을힘을 나해 출발지점까지 달려 들어왔다. 완주가 목표였는데 정말 기적같이 하프코스를 2시간 이내로 들어오면서 말로 다 할 수 없는 성취감을 맛보았다. 나의 한계를 확인하며 좀 더 분발하고자 하는 각오로 참가하였는데, 기대 이상의 기록까지 세우면서 자신감도 더욱 충만해졌다. 불가능하다고 스스로 포기하면 그것으로 끝이고, 그러함에도 자기한계에 굴하지 않고 끝없이 도전하면, 최소한 지금보다 더 발전할 기회가 된다는 것을 되새기게 되었다. 당분간은 넘사벽이라 생각했던 2시간 기록이 조기에 달성되자 이제는 내년을 목표로 더 크게 잡고 꾸준히 몸을 단련하며 준비해 갈 생각이다. 이젠 달리는 것이 큰 기쁨이 되었다.

기억해야 할 것은 우리의 신체는 매우 예민하고 민감해서 갑자기 몸이 놀래는 무리한 운동은 피해야 한다. 운동을 작심해도 민감한 신체를 서서히 길들이며 조심스럽게 다루어야 한다. 안전한 운동을 위해 먼저 자신의 몸 상태를 점검하고 운동량이나 시간 및 강도를 조절하여야 한다. 중장년의 경우 처음 운동을 시작하면 자신의 최대운동 능력의 50% 수준 강도에서 서서히 높여가야 한다. 특히 관절염이나 골다공증, 심장질환이 있는 사람은 반드시 폐활량이나 심장 상태 등 자신의 신체 조건을 점검한 후, 자신의 몸에 맞는 운동을 선별하는 것이 안전하다.

사실 현대인의 많은 질병은 너무 움직이지 않아서 생긴다. 더구나 나이가 들면 움직이는 것이 둔해지고 귀찮아서 피하게 되는데 그럴수록 습관적으로 움직여야 몸의 퇴행을 막을 수 있다. 하루 30분 이상 걷기나 스트레칭을 꾸준히 실천하는 것만으로도 건강을 유지하는 데 도움이 된다. 그러나 아무리 좋은 운동도 잘못된 방법이거나 몸에 무리가 가게 하는 것은 도움이 되지 않는다. 자신의 몸 상태에 맞게 정확한 동작으로 꾸준히 하는 것이 중요하다. 마치 골프샷에서 아름다운 정석 샷을 가르쳐 주어도 이미 굳어버린 중장년이 프로처럼 아름답게 따라하기는 어렵다. 자신의 신체구조와 자연스럽게 움직이는 스윙에 맡겨 자기방식의 샷을 쓰는 것이 안전하고 편안하다. 무리하여 따라 하다가 더 큰 참사를 맞을 수 있다.

적절한 신체운동은 혈액순환에도 도움이 되고 몸에 쌓인 노폐물이 땀으로 배출되어 피로 회복에 도움이 된다. 적당한 운동은 진통효과가 있는 엔도르핀이 분비되어 통증도 잊게 하고 기분을 좋게 하는 묘약이다. 나이와 함께 자신의 신체 변화를 이해하고 자신에게 맞는 운동으로 꾸준히 관리하는 것이 건강수명을 늘리는 비결이다. 체력관리는 젊을 때부터 꾸준히 하는 것이 가장 좋겠지만 언제 시작하든 시작하는 것이 중요하다. 젊음과 타고난 건강을 자랑하며 평소에 건강을 돌보지 않으면 어느 순간 당신의 몸이 배신을 한다. 결국에는 힘들여 평생 모은 재산이 모두 의료비로 소진되고 인생의 공든 탑이 힘없이 무너져 내린다. 말 못하는 기계나 농사일을 돕는 황소도 주기적으로 잘 먹이고 소중히 다루어야 오래 함께 할 수 있다. 하물며 유기질로 구성된 연약한 신체장기를 소중히 관리하지 않으면 탈이 나는 것은 당연하다. 영혼이 깃든 소중한 집이 몸이다.

내가 운동과 처음 인연을 맺게 된 것은 대학교 3학년 때 일이다. 왜소한 체격에 약골이었던 내가 거의 턱걸이 성적으로 학군단에 입단하게 되었다. 그때부터 고생길이 시작되었다. 순진한 마음에 제복이 멋있어 입어보고 싶었고, 어차피 군대에 다녀와야 하는데 소대장으로 임관해서 월급도 받으면 좋을 거라 생각하고 지원하였다. 1980년대 후반 그 당시에도 학군단 군기는 장난이 아니었다. 서슬 퍼런 3학년 1년차 시절은 4학년 후보생 선배가 하나님과 동급이었고 호랑이보다 더 무서웠다. 물론 지금의 후배들도 힘들기는 마찬가지일 것이다. 지나간 일이지만 수

백 미터 떨어진 선배에게 인사 안 했다고, 집합 당해 얼차려 받고 목이 터져라 대답해도 복창소리 작다고 두들겨 맞던 시절이었다. 특히나 왜소하고 약골인 나는 그야말로 동네북이었다. 그러던 어느 날 한 선배가 나를 세워 놓고 잔뜩 엄포를 놓았다. 그렇게 허약한 체격으로 임관도 어렵고 임관해도 자대에서 소대장 역할을 수행하기 어렵다는 것이었다. 당장 헬스장에 등록해서 기초체력과 근력을 키우라는 것이다. 사실 지방대학에 다니면서 넉넉한 형편도 아니고 그때까지 헬스장이라고는 구경도 못 해본 나에게 돈을 주고 운동하는 것은 한마디로 사치였다. 그렇지만 선배는 하늘이라 마냥 무서워서 그 길로 생전 처음 헬스장에 등록하여 운동을 시작하게 되었다. 처음 이용해보는 헬스장은 재미도 없고 날이면 날마다 혼자만의 고독한 운동이라, 4학년 2년차가 되면 그만둘 생각이었다. 한동안 자신과의 싸움을 벌이며 코치가 시키는 대로 체력단련에 매진하였다. 사실은 학군단에 입단하기 전에 이미 한차례 우여곡절을 겪은 터라 더 이상 포기할 수도 없고 오기도 생겼다. 신체검사에서 평발이라는 이유로 군의관 불가 판정이 내려졌다. 청천벽력 같은 소리에 군의관을 붙들고 절대 낙오하지 않을 것이고 설령 중간에 낙오하더라도 꼭 하고 싶다고 애원을 했다. 이렇게 아슬아슬하게 고비를 넘길 수 있었다. 허약체질에 평발 때문인지 군사훈련을 하고 힘든 체력단련 시간을 가지고 나면 심한 피로감에 시달려야 했다. 시간이 흐르고 2년차 선배가 되고 임관하여 군복무까지 무사히 마치게 되었다. 소대장 시절에도 약하게 보이지 않기 위해 쉼 없이 뛰고 달리며 티 내지 않고 앞장서서 노력했다.

바로 그때의 운동 습관이 오십이 넘은 지금까지 일상으로 자리 잡아 온 것이다. 덕분에 대학교 때의 몸무게가 변함없이 지금까지도 유지되고 있다. 하루라도 운동을 거르면 몸이 무겁고 컨디션까지 좋지 않은 느낌이다. 생각해보면 타고난 허약체질에 단신의 볼품없는 내가 사람 구실을 하며 지금까지 올 수 있었던 것도 다름 아닌 꾸준한 운동으로 자기관리를 해온 덕분이다. 그 시절의 엄하고 강제적인 훈련이 유쾌한 일은 아니었지만, 새로운 습관을 들이는 데 보약이 되었다. 나는 몸과 마음이 힘들고 고단할 때 술자리를 찾기보다 한바탕 뛰고 달리며 땀 흘리는 운동을 택한다. 내게 운동은 힐링이고 노력을 배신하지 않는 정직한 반응이 좋다.

　통계청 자료에 의하면 우리나라 성인들의 유병기간이 평균 17년이라고 한다. 골골백세를 원하는 사람은 없겠지만, 현실은 골골백세로 살아간다. 어른들 말씀대로 나이가 들어갈수록 억울하고 서러운 마음 그지없다. 자고 나면 아픈 곳이 생기고 나름대로 열심히 체력단련을 해도 표가 나지 않는다. 그도 그럴 것이 중장년기에는 소실되는 근육량이 보충하는 속도 이상으로 나타나기 때문에 현상 유지도 어렵다. 그렇게라도 유지해 가지 않으면 정말 산 송장이 될 수 있다. 힘들어도 마음을 다잡고 꾸준히 운동으로 건강체력을 유지해 가야 한다. 당신의 체격을 믿지 말고 진짜 체력을 길러야 한다.

　내가 아는 지인 중에 말기암 진단을 받은 후 항암치료를 마다하고, 마지막 죽기 전 자전거 여행을 결심한 분이 있었다. 오랜 공직생활에 마음고생이 심했는데 불치의 병을 얻었다는 생각에 서럽고 억울한 감정이 들어 견딜 수가 없었다. 이렇게 허망한 것을 무엇 때문에 무엇을 위해 나의 삶을 살지 못하고 아등바등 살아왔던지 회환의 눈물만 나왔다. 정말 눈 깜짝할 잠깐의 인생을 가슴 조이며 혼자서 삭여온 시간이 주마등처럼 지나갔다. 마지막 길이라 생각하니 가슴이 무너져 내렸다. 마음을 단단히 먹고 주변 정리를 마친 후 정말 천국소풍에 나섰다. 정말 지탱할 힘도 없어 배낭 하나에 옷가지와 최소한의 물품만을 챙겨 자전거에 의지하여 전국일주를 시작했다. 목표를 정하지 않고 바람 따라 구름 따라 가다가 지치면 쉬고 배고프면 먹고 졸리면 자고, 정말 자유로운 영혼으로 하루하루를 보냈다. 자신과 화해를 청하며 말을 건네고 이름 모를 산천초목과도 다정히 이야기를 걸며 난생처음 무아의 세계를 경험하였다. 매일이 마지막 날이라는 생각으로 있는 힘껏 자전거 페달을 밟아 나아갔다. 그렇게 한 달여 기간을 쉬엄쉬엄 달려 4대강 종주를 마칠 즈음에, 죽기는커녕 왠지 힘이 나는 느낌과 함께 한결 몸이 가벼워짐을 느꼈다. 참으로 신기방통할 따름이었다. 자전거 페달에 몸을 맡기고 물과 최소한의 식사, 그리고 진통제 외에는 별다른 처방을 한 것이 없는데 몸에 변화가 있음을 직감할 수 있었다. 아직 죽지 않았으니 남아있는 힘으로 원 없이 세계일주를 계획하고 일정을 예약하였다. 이스라엘 순례 여정을 시작으로 세계 각지를 자전거 한 대에 의지하여 장장 3개월 동안 세상을 유람하였다. 마음의 집착을 내려놓고 열린 마음으로 세상과 호흡하니 모두가 스승이고 감사의 대상이 되었다. 그렇게 무념무상으로 사랑하고 감탄하며 감사한 마음으로 순례의 여정을 마쳤을 때, 이미 암세포가 쪼그라져 문제가 되지 않았다. 그분의 신실한 믿음 때문이었는지 자전거 라이딩 때문이었는지 알 수는 없지만, 암은 기적같이 치료되었고 지금도 여전히 왕성한 활동으로 건강한 노년을 보내고 있다.

제7장 다시 고3이 되어

　직장에서 퇴직하더라도 본격적인 은퇴가 시작되기 전까지 어떤 형태든 경제활동을 지속해야 한다. 노후준비가 충분하여도 나름의 활동공간을 만들어서 사회와 교류해야 건강을 지키며 일상을 유지해 갈 수 있다. 60세 이상 고령자의 경제활동 인구가 60%에 육박하는데 대부분 생계유지 목적에서이다. 한마디로 먹고살기 위해 일자리를 찾고 있는 것이다.

　퇴직 후 최소한 10년은 적극적인 경제활동을 이어가야 한다. 그러나 재취업의 기회는 생각만큼 쉽지 않다. 다행히 특기가 있거나 연고가 있어 연속적인 경제활동이 이루어지면 최상이지만 쉬운 일은 아니다. 퇴직이 가까워져 오면, 구체적인 계획을 세워서 준비해야 하지만 거정만 할 뿐 실행하는 경우는 드물다. 대부분은 일단 사회에 나가 천천히 생각하며 미래를 준비해 가겠다는 생각이다. 몇 개월 실업수당 받으며 조급하게 찾아보지만, 성에 차는 자리를 얻기는 하늘의 별따기이다. 막막하고 무너지는 경험을 피하고 싶다면 스스로 달라져야 한다. 사형수가 기일을 기다리는 심정으로 보내서는 아무것도 달라지지 않는다. 설령 좋은 커리어를 가시고 있어도 나이 50에 튕겨 나와서 원하는 일자리를 찾는 것은 사회초년생보다 더 어렵다.

요즘 청년들이 대학을 졸업하고 곧바로 취업이 이루어지면 개 탔다고 한다. 그런데 아무리 어렵고 제한된 자리라도 본인의 방향을 정하여 착실히 준비한 청년들에게는 다른 이야기이다. 조직이 원하는 실력은 기본이고 자기의 경쟁력을 높이기 위해 다각적으로 고민하며 해답을 찾기 위해 노력한다. 면접관들은 취준생들의 눈동자와 입꼬리만 보고도 실력자와 그렇지 못한 경쟁자를 쉽게 분별해 낼 수 있다고 한다. 이제는 졸업장으로 취업하는 시대가 아니고 진짜 실력을 증명해야 원하는 자리를 얻을 수 있다. 실력이 부족하면 눈높이를 낮추어 찾아야 하지만 자존심 때문에 과신하며 백수 노릇을 하는 청년들도 많이 있다. 남부럽지 않은 스펙을 갖추고도 취업에 어려움을 겪는 사람이 분명 있지만, 마땅한 실력을 갖추지 못하고 좋은 자리만 탐하며 원망을 쌓는 사람들이 있다. 옆에서 보면 한심하고 자기 분수를 모르는 철부지로 보인다.

재취업을 준비하는 퇴직자도 마찬가지이다. 아무런 준비도 없이 어디서 모셔가기를 기대하는 것은 착각이다. 객관적으로 생각해보면 간단하다. 세월의 흔적이 느껴지는 데다 그나마 알고 있던 것도 모조리 고물이 되어 이제는 도움이 되지 않는다. 디지털세대에 끼기라도 하면 딴 세상에서 파견 나와 혼란을 겪는 것 같다. 그러니 비슷한 또래의 비슷한 형편의 사람들끼리 모여 신세 한탄만 하는 것이다. 새로운 세상 트렌드에 관심을 기울여 변화에 순응하며 스스로 발전의 기회를 만들어 가야 한다. 달가닥 달가닥 깡통 소리만 내며 어쭙잖은 훈계나 하면서 대접받을 생각을 하면 굶기 십상이다.

할 일이 없어지고 조급한 마음이 들게 되면 엉뚱한 생각을 하게 된다. 경험 없이 생계형 자영업에 나서거나 어떤 경우에는 주식에 손을 대거나 말도 안 되는 투자 제안에 넘어가기도 한다. 이러한 위험에 빠지지 않기 위해서는 어금니 악물고 미래 준비를 해가야 한다. 퇴직은 다가

오는데 어영부영 고민만 하다 아무런 계획 없이 직장을 나오게 된다. 청년세대의 일자리 찾기 노력보다 몇 배를 더 해도 어려운데 말이다. 무기력에 빠지지 않으려면 일찌감치 방향을 정하여 철저히 준비해 가야 한다. 고3 기간을 어떻게 보내느냐에 따라서 대학이 달라지고 진로가 달라지고 운명이 달라지듯, 퇴직예정자들은 퇴직 전 2~3년을 어떻게 준비하느냐가 향후 5년, 10년 인생을 결정하게 된다. 절대 나이 들어 나약하다 스스로에게 말하지 말자. 당신의 뇌가 기억한다.

우리나라 50대 남성의 50% 이상이 우울증에 시달리고 있다. 현직에서는 느끼지 못했던 50대 중장년에 대한 사회의 부정적 인식과 편견 및 선입견이 상상 이상이기 때문이다. 고지식하고 꼰대 근성이 있는 대상으로 인식하여 피하고 싶어 한다는 것을 알게 된다. 풍부한 경험과 식견을 가지고도 설 자리가 없고 재취업 기회를 얻기가 매우 어렵다. 사회활동에 어려움이 없고 충분히 기여할 수 있는 영역이 많음에도 제대로 평가받지 못하고 있는 것이다. 가장으로 남겨진 책무와 자신의 노후 준비까지 남아 있지만 현실은 나를 거부한다. 퇴직예정자는 이러한 사회적 분위기를 충분히 이해해야 한다. 이렇게 불리한 여건에서 재취업을 생각한다면 독한 마음을 갖고 다시 고3이 되어야 한다. 절박한 취준생이 되어 정보를 획득하고 학습의 강도를 높여 실력을 쌓아야 한다. 가급적 방향을 정하고 계획을 세워서 체계적으로 관리해 가는 것이 훨씬 효과적이다. 그렇지 않고 의욕만 앞세워 억지를 부린다고 되는 것이 아니다. 직장인들 중에는 끝나는 순간까지 직장형 인간으로 사는 사람들이 있다. 전전긍긍하면서 주도적인 자기 삶을 살지 못하고 있다. 연장된 한해 한해에 안도하며 똑같은 일상에서 혼절하며 살아간다. 그러한 사명감으로 열심히 달렸기에 지금까지 자리를 지키는지도 모른다. 그러나 모든 것에는 생각보다 빨리 끝이 보이고 나에게도 예외가 아니라는 사실이다. 이율배반적 생각이지만 내 인생을 책임지는 것은 회사가 아닌 오직 나 뿐이다. 시간이 지나면 자리를 내려놓고 내 길을 찾아가야 한다. 다른 생각도 할 수 있어야 한다.

　냉혹한 세상 현실에 어려워하며 고군분투하는 선배들의 모습을 오래 지켜보았다. 직장 내에서는 열정과 실력을 인정받았지만 여기서도 저기서도 개밥에 도토리 신세가 되어 버렸다. 각종 자격증과 화려한 스펙도 통하지 않고 오히려 그러한 스펙이 재취업에 장애가 되었다. 하루아침에 아무 쓸모없는 투명인간이 되어 한동안 치를 떨며 서러운 마음을 삭여야 했다. 어렵게 대학 시간강사 자리를 얻어 실력을 인정받아 강의를 추가해 가면서 가까스로 자리를 찾아간 선배가 있고 처음부터 학원 강사로 방향을 정하고 자기의 전공을 살려서 옮겨간 선배도 있다. 한결같이 자신의 방향을 정하고 필요한 자격요건을 갖추면서 준비해 간 사람들이다. 의외의 방향으로 쉽게 정착한 선배도 있다. 퇴직 후의 활동방향을 일찌감치 정해 택시 운전사의 길을 간 사람, 도배기술을 배워 자유롭게 시간을 사용하며 수익을 얻는 사람, 커피 바리스타를 준비하여 프랜차이즈 카페로 제2인생을 정착한 선배들이다. 자기 실력을 알고 인정하며 현실적 대안을 찾을 때 길을 찾기가 수월하다. 살아보면 깨닫게 되지만 인생이란 게 별거 없고 생각하기 나름이라는 사실이다. 부단히 고민하여 방향을 정했으면 그 방향으로 표나지 않게 불철주야 준비해야 한다. 1만 시간까지는 아니어도 자기의 목표를 위해 고3이 되어야 한다. 나이 50은 새로운 50년을 시작하는 청춘이며 열정과 의지만 있다면 얼마든지 사회적 역할과 자기의 역량 발휘를 지속해 갈 수 있다.

　다시 고3으로 고민할 것은 무엇일까? 내가 가진 특기, 그 특기는 경쟁력인가? 특기를 살려 계속할 수 있는 일인가, 도움이 되는 자격증, 인적네트워크, 이력서를 뿌려볼 만한 헤드헌터는, 향후 5년, 10년을 지속할 수 있는 일인가 등등. 이러한 브레인스토밍을 끝없이 적어가면서 압축해 가는 것이다. 그중 몇 개의 대안을 선정하여 그에 대한 구체적인 조사와 검토를 거쳐 현실성이 있는 분야의 실행계획을 만들어 본다. 그렇게 하여 자신이 잘 아는 분야에서 몇 가지를 두고 시도를 해보는 것이다. 이제 방향이 정해지면 진짜 고3이 되어 매진하면 된다. 자존심이나 체면을 고민하며 미적거리고 있다면 당신은 아직도 현실을 모르는 철부지이다.

큰아이가 대학 4학년이 되어 취업시장의 현실을 알고 나서는 취업에 대한 부담과 스트레스로 원형탈모가 생기고 밤잠을 이루지 못했다. 어려운 학업과 함께 밤낮으로 취업전선의 동향을 살피고 정보를 얻어가며 동료들과 스터디를 하고 입사지원서를 써갔다. 1년간 휴학을 얻어 각종 자격증을 취득하고 인턴생활을 병행하며 자신의 진로를 위해 안쓰러울 정도로 피나는 노력을 하였다. 더구나 엄중한 코로나 기간이어서 제대로 활동할 수도 없고 제약이 많아 준비에 어려움은 더했다. 2학기가 되어 본격적인 원서접수가 시작되었고 하루에도 몇 개의 자기소개서를 작성하는지 방의 불이 꺼지지 않았다. 서류전형에서 낙방하여 낙담하고, 1차 서류전형에 합격해도 1차 면접에서 낙방하여 또 낙담, 어렵게 오른 2차 면접에서 최종 탈락, 이러한 과정의 연속을 겪으며 정말 얼굴이 반쪽이 되어갔다. 낙방하고 탈락하고 또 낙방하고 탈락하는 과정 중에도 최선을 다하는 모습에 정말 감동하였다. 요즘 아이들이 우리시대보다 훨씬 똑똑하고 영리하다는 것에 탄복했다. 끊임없이 예상 면접 문제를 준비하여 서로 코칭해 가며 표정, 억양, 복장까지 하나하나 철두철미하게 준비하는 악마의 디테일에 깜짝 놀랐다. 심지어 질문의 난이도까지 나눠가며 돌발질문을 날리기도 하고 정답이 없는 난감한 질문을 돌파하는 요령까지 준비하는 자세에 감동하였다. 다행히 아이는 지원했던 한 곳에 합격하여 졸업도 전에 입사의 꿈을 이루었고 어엿한 직장인이 되어 벌써 입사 2년이 되어간다. 아이 스스로도 대학입시 못지않은 치열한 일 년을 보냈노라고 고백한다. 나는 새로운 출발을 준비하며 얼마만큼 절박감과 정성을 다해 노력하고 있는가? 걱정만 하고 있지, 우리 아이들만큼 처절하게 억세게 뭔가를 위해 준비하고 있는지 생각해야 한다. 먼지 쌓인 과거의 훈장만 믿고 누가 모셔가기를 기다리는가? 나이를 탓하고 환경을 탓한다고 달라지는 것은 없다. 나의 삶을 위해 정직히 열심히 준비하는 길밖에 없다.

중장년 일자리 정보

구 분	서비스 내용	연락처
워크넷	고용노동부 운영 일자리 정보 포털 중장년 취업정책 및 관련정보 제공	www.work.go.kr
나라일터	인사혁신처 공공기관 채용정보	www.gojobs.go.kr
알리오	공공기관 경영정보시스템 채용 공고	www.alio.go.kr
잡투게더	한국무역협회 운영, 73,000개 회원사 채용정보	www.jobtogether.net
서울시일자리 플러스센터	창업지원, 채용정보, 일자리 소식 등	Job.seoul.go.kr
한국시니어 클럽	노인 일자리 창출 및 활성화 지원	www.silverpower.or.kr
서울인생 이모작센터	지역사회 구직 희망 중장년 취업상담, 알선 지원	http://seoulsenior.or.kr
여성인력 개발센터	여성의 직업능력개발, 직업상담, 취업알선	

* 출처 : 한국고용정보원, 2019

나름대로 열심히 준비를 한다고 해서 마음같이 되는 것은 아니지만 가만히 앉아 시간만 보내고 있어서는 안 된다. 하늘은 스스로 돕는 자를 돕는다는 진리를 믿는다. 어떻게 살아도 살아지기는 하지만 정성 들여 열심히 준비하는 삶에 기쁨은 배가 된다. 비록 이전과 비교할 수 없는 자리일지라도 사회의 일원으로 역할을 얻어 일상을 유지할 수 있다면 감사해야 한다.

현실적으로 일하는 기간을 늘리면 노후생활을 유지하는 데도 도움이 된다. 노후자금을 꺼내 쓰는 시기를 늦출 수 있기 때문이다. 특기를 살려 경력을 발전시켜 갈 수 있으면 좋지만, 대부분은 플랜B를 염두하고 접근이 용이한 분야를 찾아 준비해 가야 한다. 어중간한 나이에 퇴직하고 마땅한 일자리를 찾지 못해 마음고생이 깊어지면 노화가 급속히 진행될 수 있다. 어떤 일이 되든 움직여야지 움직이지 않고 뇌를 사용하지 않으면 몸과 신체장기는 급속히 노화가 진행된다. 생명이 없는 기계나 건물 공간조차도 사람이 드나들고 가동을 해야 살아나지 움직이지 않고 멈춰 세워두면 금방 녹이 슬고 거미줄이 내려앉아 영영 고물이 되어 버린다. 몸을 움직여 일하는 것에 두려워하거나 슬퍼할 이유는 없다. 신체가 건강하다면, 아니 움직일 수만 있다면 늦게까지 활동하는 편이 몇 배 더 나은 일이다. 물론 생존과 생계유지를 위해 어쩔 수 없이 일해야 하는 것과는 다른 문제이다.

길거리에서 꽃을 파는 한 노인이 있었다. 하루에 10개의 꽃다발을 팔아 생계를 유지하는 가난한 노파로 비가 오나 눈이 오나 항상 그 자리를 지키며 지나가는 사람들에게 꽃을 팔았다. 그런데 이 노파는 한사람에게 단 하나의 꽃다발만을 팔뿐 절대 두 다발을 파는 법이 없었다. 추운 날씨 속에서 꽃을 파는 노파에게 지나가던 한 신사가 다가와 내가 전부 살 테니 빨리 정리하고 집에 들어가 편히 쉬라고 하였다. 그런데 웬일인지 노파는 마음씨 좋은 신사분에게 한 단밖에는 팔 수 없다고 하였다. 신사분은 궁금하여 노파에게 물었다. "어르신, 종일 힘드실 텐데 제가 전부 사드리면 일찍 들어가 쉴 수 있지 않습니까?" 그러자 추위에 몸을 떨고 있던 노파가 빙그레 웃으며 대답했다. "신사 양반, 당신의 호의는 고맙지만, 내가 꽃을 파는 이유는 돈을 벌기 위함만이 아니라 지나가는 사람들과 눈을 맞추며 대화하고 따뜻한 햇볕을 받으며 함께 살아가는 재미를 갖는 것이라오. 이런 재미를 빼앗기고 싶지 않소. 집에 들어가면 나 혼자서 이야기 한다오." 함께 부대끼며 눈을 마주치며 따스한 햇볕을 받으며 살아가는 것이 살아가는 재미라는 것이다.

만약 창업을 준비한다면 정부나 지자체에서 운영하는 창업지원제도와 서비스를 먼저 찾아보는 것이 순서이다. 특히 중장년층의 창업을 지원해 주는 프로그램을 활용하면 도움이 된다. 그리고 재취업이나 창업을 미끼로 이를 악용하는 취업사기가 일어나 소중한 노후준비자금을 잃을 수 있으므로 각별히 유의해야 한다. 부득이 창업을 준비해야 한다면 아래의 질문에 스스로 답해보며 준비상태를 점검해야 한다.

- 현실적으로 창업을 할 수 있을까?
- 어떤 일을 할 것인가?
- 업종과 창업 아이템 선정을 충분히 공부했는가?
- 예상비용과 예상매출액은 꼼꼼히 따져 봤는가?
- 창업비용은 마련되어 있는가?
- 창업과정을 도와줄 전문가가 있는가?
- 창업비용, 준비방법 등을 지원해 주는 제도나 서비스에 대해 알아 봤는가?

시니어 창업지원 기관

구 분	지원 내용	비 고
창업에듀온라인	중소벤처기업부와 창업진흥원에서 운영 단계별 창업에 대한 강좌 진행	
멘토링 플랫폼	예비창업자의 아이디어를 전문가 멘토링을 통해 구체화하는 프로그램	
실전창업교육	예비창업자를 대상으로 비즈니스모델 정립 과 사업계획서의 체계적인 준비를 통해 창 업자를 양성하는 프로그램	
중장년 기술창업센터	40대 이상 시니어 창업자를 위한 맞춤형 창업보육공간	
신사업 창업사관학교	창업 전 연습 삼아 자신의 아이템을 시험할 수 있는 '점포경험체험' 운영	
예비창업패키지	창업진흥원이 7개월 동안 예비창업자의 시 제품 제작을 지원하는 사업	
중장년 예비창업 패키지	중소벤처기업부에서 운영 만40세 이상 예비창업자 최대 1억 지원	

* 출처 : NH투자증권 100세시대연구소

제8장 홀로 아리랑

미국 하버드대 연구 결과에서 가족, 친구, 소속된 공동체와의 사회적 관계가 원만한 사람이 그렇지 못한 사람에 비해 더 행복하고 건강하게 오래 살았다. 인간은 홀로 존재할 수 없고, 살아갈 수도 없다. 실로 독거하는 것은 실존적으로도 매우 위험하다. 삶의 짐이 무거울 때 하루이틀, 한달살이는 충전의 시간이 될 수 있지만, 길어지면 폐인이 될 수 있다. 관계를 멀리하면서 홀로 행복하고 건강한 삶을 살기는 쉬운 일이 아니다. 어쩌면 혼자이고 싶을 때가 위험의 신호일 수 있다. 유아독존을 외치는 사람은 지금 친구가 필요하다는 구원 요청일 수 있다. 창조사에서 아담의 독처를 짠하게 여긴 신께서 배필 하와를 붙여 주지 않던가? 함께 부대끼며 정을 나누고 외로운 인생길에 말벗이라도 있어야 그나마 의지하며 살아갈 수 있다.

그런데 나이가 들면 혼자가 되어 간다. 모두가 떠나간다. 품 안의 자식도 떠나고 직장 동료도 떠나고 부모형제들도 하나둘 떠나간다. 심지어 배우자조차 떠난다. 직장생활 30여 년 마치고 퇴직 무렵이 될 때가 분기점이 된다. 자기실존에 대한 물음에서 시작하여 오랜 시간 틀 지워져 변해있는 자신의 모습을 인정하기까지 힘겨운 성찰이 이어진다. 스스로는 변한 게 없고 그대로 인 것 같은데 모두가 변해있는 나를 바라보고 있다. 서로가 서로를 다른 관점에서 바라보니 이해가 어렵고 매사가 어렵다. 내가 내린 결론은 나만 모르고 있기에 인정하고 수용하는 것이 정답이라는 것이다. 수용하지 못하고 인정하지 않으면 정말 모두가 소리 없이 떠나간다. 홀로 남는다. 나이 들면 고집만 세지고 목소리 커지고 말이 많아진다는데 새겨들어야 할 경고의 말이다. 과거에 묻혀 살고 빛바랜 훈장을 자랑삼아 끊임없이 가르치려 들면 모두가 떠나간다. 혼자 남는다.

노년에는 일차적으로 경제적 여유가 있느냐가 생활의 많은 변화를 가져다준다. 재정적 상황은 살아갈 의욕과 자신감의 근원이 된다. 내게 여유가 없으면 자리를 피하게 되고 관계 맺기를 부담스러워하면서 하나둘 관계가 끊어진다. 찾아오는 사람도 없고 밥 한번 먹자는 연락도 없고 그러다 보면 차 한잔 나눌 사람도 찾기가 어려워진다. 궁색한 빈털터리가 되고 보면 자식과 자녀 손까지도 걸음을 멀리하게 된다. 핑계가 많아지고 무소식이 희소식으로 변한다.

노년에 연금이 필요한 이유이다. 연금준비는 자기관리이고 관리 소홀은 전적으로 자기책임이다. 각자의 형편이 다를지라도 더 어려운 시기를 대비하여 따로 준비하는 일을 허투루 여겨서는 안 된다. 여유가 있어 준비하는 것이 아니고 필요를 줄여서 떼어 비상금을 만들어 가는 생각으로 해야 한다. 무엇보다 허투른 생각으로 무모한 투자에 헛발질을 하지 않는 것이 중요하다. 한 방에 가진 것조차 날려버리는 수가 많기 때문이다. 생각같이 마음대로 되지 않는 것이 인생이고 필연적 운명도 있다. 그러함에도 자신의 삶을 책임 있게 최선을 다해 사는 것이 우리의 책임이다.

설령 혼자가 되면서도 경제적 여유가 있어야 그나마 존엄을 지키며 삶을 살아 갈 수 있다.

　퇴직에 대한 두려움을 필자도 실감하며 퇴직을 앞두고 약 2년간은 소화도 안 되고 자다가도 놀라 깨어나곤 했다. 호랑이보다 더 무서운 것이 퇴직이라 말하기도 한다. 이미 투명인간으로 취급되며 스스로 동굴 속으로 파고들었다. 피할 수 없는 우울로 자기부정과 왜곡이 심해지고 세상 원망은 다 생겨났다. 가정에서도 천덕꾸러기 신세가 되기 십상이었다. 심리적 충격이었다. 명함첩을 정리하고 마음을 추스르며 새로운 관계망 구축과 현실수용의 마음을 다지며 회복의 단계를 만들어 갔다. 신앙공동체 지체들과 다양한 활동을 통해 준거집단을 만들고 관심 분야에 참여하면서, 동류집단과 교류를 늘려가면서 생활의 생기를 되찾게 되었다. 불필요한 일정들을 줄이고 운동하는데 흥미를 붙여 뛰고 달리면서 답도 없는 잡념들을 날려 보냈다. 내가 누려왔던 모든 것들에 감사하고 앞으로 펼쳐질 또 다른 역사를 꿈꾸며 강하고 담대한 마음으로 말이다.

　주된 일자리를 떠나면 일차적으로 사회관계망에 큰 변화가 일어난다. 직장과 연계된 톡방에서 나가기를 먼저 해야 하고 동료들도 낯선 타인으로 변하게 된다. 좋은 추억은 마음에 간직하고 그만 헤어질 결심을 해야 한다. 화려했던 인맥들과 명함첩을 깨끗이 정리하고 새로운 명함을 끼워가야 한다. 가장 가까운 부부와 자녀 관계부터 회복해 가며 마음의 안정을 다잡아 가는 것이 순서이다. 사회생활에 우선순위를 두고 살아오면서 가족관계가 서먹하고 깨져있는 상태로 퇴직을 맞이하는 사람들에게 가정은 또 다른 두려움이다. 손을 내밀어 부족했던 것들에 대한 진심 어린 고백이 있어야 한다. 가족과의 관계회복이 어려워지면 다음 과정들은 더욱 힘들어진다. 가족을 떠나서는 행복을 맛보기 어렵고 무엇보다 그간의 힘쓴 노고가 모두 허사가 되어 버린다. 끝까지 고집과 자존심을 꺾지 않으며 자기변화를 꾀하지 않으면, 급기야는 황혼이혼, 졸혼, 혼자살이가 현실이 될 수 있다. 혼자 사는 게 대수냐 할 수 있으나 얼마 못 가 노후절벽, 노후빈곤을 면치 못한다. 죽어라 열심히 쌓아온 공든 탑이 허무하게 무너지는 것이다. 혼자되는 것은 두려운 일이다. 특히 노년에 빈털터리로 홀로서기는 사는 것이 고행이자 가시밭길 인생이다.

코로나 팬데믹 이후 사회적 거리두기와 양극화 심화로 고령자들의 관계 단절과 고립이 더욱 깊어지고 있다. 독거노인의 고독사, 질병과 외로움을 견디지 못한 자살 등이 크게 늘고 있다.

고령자뿐만 아니라 급증하는 1인 가구 증가로 사회안전망 구축이 어느 때보다 시급한 과제이다. 40~50대 중년층, 그중 남성 1인 가구의 급격히 증가이다. 시대적으로 비혼, 이혼, 사별의 증가와 더불어 전통적인 가족제도 해체로 1인가구 비율은 세대를 불문하고 늘어나는 추세이다. 현재 65세 이상 노인의 25%가 독거노인인데 경제적 어려움이 가장 큰 이유가 되고 있다. 여러 불확실한 상황으로 원치 않아도 '혼자 사는 노후'를 항상 염두하고 살아야 한다. 시기의 문제일 뿐 언젠가는 혼자가 된다.

행복은 감정이 아닌 삶에 대한 태도라고 한다. 주어진 환경에 따라 결정되는 것이 아니라 자신이 만들어 가는 태도가 좌우한다. 우리의 감정이 의식을 지배한다. 그러므로 부정적 감정과 우울한 감정을 단절, 전환하지 않고 그 감정에 노예가 되어 버리면 불행을 달고 살게 된다. 요동하고 격동하는 감성의 흐름을 통제하지 못하면 한마디로 망한다.

환경이나 상대방의 변화를 기대하지 말고 내가 변해야 한다. 상대방이 볼 때는 내가 문제일 뿐 자신이 문제라 생각하지 않는다. 낯선 환경에서 친밀감 없는 타인의 냉정한 표정은 당연한지도 모른다. 그들도 나와 마찬가지일 것이다. 그렇다고 스스로 고립하여 마음과 생각을 지키지 못하면 더 이상 버티지 못한다. 선배들의 조언을 머리에 담아두고 있다. 부끄러워 하지 말고 뻔뻔해지고, 씩씩해야 한다. 웃음거리가 되어도 기죽지 말고 무조건 한 달만 버텨라. 그러면 모든 게 익숙해지고 내집 같이 편안해진다는 것이다. 언젠가 새로운 길에 들어설 때 정말 그렇게 할 작정이다.

철학자 폴 사르트르도 말한다. '인간은 타인의 눈길에서 지옥을 경험한다.' 남의 눈을 의식하는 순간 나의 삶은 없게 되고 그때부터 불행은 시작된다. 남을 의식하며 눈치 보며 살아온 관성에서 벗어나야 한다. 사실 혼자만의 착각일 뿐 아무도 나에게 그만한 관심이 없다. 불필요한 체면과 막연한 우월감을 가지고 남을 의식하며 바보 같은 삶을 살 필요가 전혀 없다. 당신은 단체사진을 볼 때 어디에 눈길이 닿는가? 오직 자신뿐이다. 초점은 항상 나이고 주변 사람은 모두 배경이다. 그렇지 않은가? 너무 신경쓸 필요가 없다.

제9장 아름다운 마무리 웰다잉

　우리나라에서 한 해 평균 30만 명이 세상을 떠난다. 동서고금을 막론하고 사람은 언젠가 죽는다. 그러나 준비되지 않은 죽음은 개인적으로 불행이고 사회적으로도 큰 부담이 된다. 삶의 주체로서 인생의 마무리에 대해 스스로 결정할 수 있어야 한다. 절체절명의 순간이 되었을 때 자기 삶을 어떻게 마무리할 것인지 외면하지 않고 직시할 수 있어야 한다. 아름다운 마무리란 단순히 생명의 소멸만이 아니라 사회적 관계, 물질적·정신적 유산의 정리까지 스스로 준비하고 결정하는 것이다. 웰다잉은 삶을 완성하는 마지막 선물이다. 웰다잉이란 살아온 날을 아름답게 정리하고 편안하게 죽음을 맞이하는 것을 말한다. 사람들은 생의 마지막 순간의 죽음 자체를 생각하고 언급하는 것에 여전히 불편함을 느낀다. 아직 부모가 살아 있는데 죽음을 논하는 것에 부정적으로 생각하며 금기시한다. 사실 우리는 매일 죽었다 태어나는 연습을 매일 밤 실습하며 죽음을 맛보고 있다. 밤새 안녕이라는 인사가 얼마나 반가운 안부인가? 죽음에서 다시 태어났으니 말이다. 생각해보면 죽음은 늘 우리 가까이에 있다. 인명은 재천이라서 죽음에는 순서가 정해져 있지 않고 하늘이 부르면 이유 없이도 달려가야 한다. 근년에 코로나 감염병과 러시아-우크라이나 전쟁으로 허무하고 가볍게 여겨지는 죽음에 깊은

묵상을 하게 된다. 최근 많은 사람들이 생의 마지막을 미리 준비하고 자기 존엄을 지키고자 하는 공감의 장이 다양하게 만들어지고 있다. 보건복지부 노인실태보고서에서도 65세 이상 응답자의 90%가 임종 전후의 상황을 스스로 정리한 후 임종을 맞고 싶어 한다. 코로나 펜데믹으로 생이별하고 죄인처럼 세상을 등져야 했던 허망한 순간을 경험하며 언제든 떠날 때를 염두에 두며 살게 되었다. 코로나 감염병으로 전세계 사망자 수는 2022년 말 기준 공식적으로 600만 명이라지만 이보다 많은 1,800만 명 이상으로 추산하고 있다. 엄청난 생명이 흔적도 없이 허망하게 세상을 떠나간 것이다.

웰다잉은 곧 존엄사를 의미한다. 존엄사는 소생 불가한 생명을 연장하는 치료를 하지 않고 중단함으로써, 인간답게 죽을 권리를 보장하는 것이다. 환자의 생명을 인위적으로 단축하거나 약물로 죽음에 이르게 하는 안락사와는 다른 의미이다. 연명치료는 의식불명이나 회복가능성이 없는 상태에서 인위적으로 연장하는 치료인데 본인과 가족 모두에게 큰 상처를 안겨주는 일이다. 여전히 의료기관과 각종 요양시설에서 지속되고 있는 무의미한 생명연장 조치로 낭비되는 사회경제적 정신적 비용은 산술적으로 가름하기조차 어렵다. 따지고 보면 서로에게 정말 못할 짓이다. 주체적 인간으로 기능할 수 없는 식물인간 상태의 당사자가 가장 비참한 일이고 사랑하는 사람의 비참한 모습을 하염없이 지켜보며 가슴 아파 해야 하는 가족들의 마음은 어떠하겠는가?

다행히 초고령화와 사회적 분위기에 맞춰 연명치료, 존엄사에 대한 법률이 제정되어 시행되었다. 2020년에 약칭 '연명의료결정법'이 제정되어 호스피스, 완화의료, 임종과정에 있는 환자의 연명의료와 연명의료 중단결정 및 그 이행에 필요한 사항을 규정하고 있다. 이 법에 따라 사전연명의료 의향서와 연명의료 계획서를 작성하여 미리 자신의 뜻을 남겨 놓을 수 있다. 사전연명의료 의향서는 19세 이상이면 누구나 작성할 수 있는데, 보건복지부 지정 사전연명의료의향서 등록기관을 방문하여 충분한 설명을 듣고 작성하면 된다. 사전연명의료의향서는 연명의료정보처리시스템에 등록 · 보관되어 법적 효력을 인정받게 된다.

웰다잉은 어차피 맞이하게 될 죽음을 의미 있고 유쾌하게 내가 결정할 수 있어야 한다는 인식의 발로에서 폭넓은 공감대를 얻고 있다. 죽음은 누구나 두렵지만 피하거나 외면할 수 없는 필연적인 문제이다. 세상에 올 때는 내 의지와 무관하게 운명적인 일이었다면 인생의 마지막은 나의 존엄을 지키면서 내 의지로 정리해 보고 싶은 것이다. 아울러 죽음의 실체에 대해 진지하게 구체적으로 들여다보는 건강한 성숙함도 엿보인다.

구체적으로 엔딩노트 작성, 버킷리스트 작성이 유행처럼 SNS에 공유되고 자서전을 쓰는 사람들도 눈에 띄게 늘었다. 백세 유병장수보다 어쩔 수 없는 불가항력적인 상황에서 더 멋지고 떳떳하게 담담하게 마지막을 정리하고 싶어 한다. 마냥 오래 사는 것이 축복은 아닌 것 같다. 통계청의 '2020년 고령자 통계'에서 65세 이상 고령자 4명 중 3명은 현재 삶에 만족하지 못하고 있다. 장수가 축복이라 생각하는 사람도 겨우 41%에 불과하다. 경제적 상황과 건강에 어려움을 겪는 고령자들이 많다는 것이다.

한 번쯤 자기 인생을 정리하고 싶은 순간이 찾아온다. 생사의 문제가 자신의 의지나 뜻대로 되지 않고 알 수 없는 힘에 의해 이끌려 가는 듯도 하다. 살아가지만 끝이 있음을 알기에 항상 준비하는 마음으로 감사하며 살아간다.

* 연명의료계획서 작성 요령

말기환자나 임종과정에 있는 환자는 연명의료에 관한 자신의 의사를 연명의료계획서로 남겨 놓을 수 있다. 연명의료계획서는 환자의 의사에 따라 담당의사가 작성하는 것이며 말기환자나 임종과정에 있는 환자에 대하여 작성하는 것이기 때문에 담당의사와 전문의 1인의 판단이 필요하다. 또한 이 서류는 의료기관윤리위원회가 설치되어 있는 의료기관에서 작성이 가능하다. 물론 이미 사전연명의료의향서나 연명의료계획서를 작성하였다 하더라도 본인이 의사를 변경하거나 철회할 수 있다. 아울러 갑작스러운 죽음으로 배우자와 자녀가 당황하지 않도록 미리 자연스럽게 본인의 의사를 남겨 두는 것도 생각해야 한다. 그래야 유가족에게 의사결정의 부담을 주지 않고 본인의 뜻에 따라 사후를 정리할 수 있다.

노후준비가 어느 정도 충분하다면 상속과 증여에 대해서도 미리 마무리 지어야 한다. 만약 상속 등을 사전에 준비하지 않으면 본인의 의지와 다르게 사용되거나 유가족 간 불필요한 다툼의 소지가 될 수 있기 때문이다.

에필로그

제법 긴 시간을 지나왔다. 새파란 나이에 입사해서 한 직장에서 30년, 한 업무에서 16년 그사이 나는 다른 존재가 되어 있었다. 다사다난이란 말이 여기에도 어울리는 말이었다. 한동안 종착역이라는 생각에 치를 떨었지만, 세월 앞에서 순응하는 법을 배우려고 노력했다. 거울 앞에 선 내 모습에서는 반갑지 않은 거룩한 훈장들이 삐죽삐죽 올라와 있다. 어느 때부턴가 거울을 보기가 싫어졌다. 사진 찍는 것도 부담스럽고 찍힌 사진을 보는데도 짜증이 올라온다. 흘러가는 순리에 순응하며 수용하고 인정하는 연습을 해보지만, 여전히 낯선 타인으로 다가온다. 새로운 출발이 다가오고 있다. 홀로 광야에 나서는 기분 그리고 알 수 없는 벅찬 가슴 떨림이 마음을 흔들어 놓는다. 시작이 있으면 끝이 있고 또 끝이 있으면 새로운 시작이 있는 법이다.

지난 3년은 그야말로 나의 실존을 조명해 보며, 냉탕과 온탕을 오가면서 단단한 매듭 하나를 완성한 시간이었다. 먹먹한 마음을 내려놓고 존재와 허락된 순간순간을 더 의미 있게 사용하기로 다짐한다. 주어진 달란트를 충분히 발휘하여, 건강한 투자문화 확산과 투자자들의 부유한 삶을 돕는 선한 도구로 사용되고 싶다. 특히 은퇴를 앞둔 중고령자들의 노후연금준비와 자산관리에 대한 현실적인 대안을 제시하고, 열심히 일한 당신들의 행복한 노년을 위해 투자의 지혜를 나누고 싶다.

이 책은 나름의 은퇴전문가로 다른 사람의 은퇴와 연금투자를 조언하고 교육하던 입장에서, 이제는 반퇴의 당자자가 되어 실존적으로 다가왔던 은퇴와 연금에 대한 고백서 이기도 하다. 경험되지 않은 오늘 하루는 누가 무슨 말을 해도 진정한 나의 삶은 아니다. 그러함에도 끝없는 잔소리와 애끓는 권면의 말이 누군가에게는 빛이 되어 주고 인생의 소중한 길이 되기도 한다.

지금까지 연금의 중요성 그리고 건강한 투자습관에 대하여 귀에 못이 박이도록 반복 강조하였다. 혈기왕성하고 존재감이 있을 때는 미처 느끼지 못하던 현실의 벽에 떠밀리어, 당사자가 되고서야 실감하며 깨달았다. 연금은 노후 목숨 줄이라는 것, 잘못된 투자습관이 급기야 노후절벽으로 내몰 수 있다는 것을. 다시 강조하지만 건강한 투자습관만이 건강한 삶과 행복한 삶의 기반이다.

그러기 위해서는 투자환상에서 벗어나야 한다. 투자상식을 벗어나 무모한 투자로 돈을 벌겠다는 생각을 해서는 안 된다. 여기에 흔들리면 반드시 넘어진다. 투자의 스승 워렌 버핏은 '주식을 통해 연수익 10%를 얻을 수 있다는 환상을 가진 사람이라면, 빨리 환상에서 벗어나라'고 말한다. 누군가가 주식투자로 매년 두 자릿수 수익률을 올릴 수 있다고 한다면, 사기꾼이거나 투자의 신이 틀림없다. 시장대비 과도한 수익률보다 손실을 보지 않는 투자를 기본으로 해야 한다.

건강한 투자는 상식과 투자원칙으로 감당할 수 있는 범위에서 시간에 투자하는 것이어야 한다. 이유 여하를 막론하고 빚투와 단타매매로 높은 수익을 기대해서는 안 된다. 그보다는 시장의 흐름에 일희일비하지 말고, 여유자금으로 목표수익률을 정하여 지수형 상품에 꾸준히 적립투자하는 게 올바른 투자방법이다. 시장은 끝없이 오르거나 한없이 내리기만 하지는 않는다. 일정한 주기와 사이클을 가지고 또 적절한 테마와 이유를 만들어서 상승과 하락이 순환하기 때문이다. 적립투자로 약 3~5년이면 기대수익을 실현할 기회가 반드시 온다.

이것이 일반 투자자가 실패하지 않고 장기투자하는 마음 편한 투자법이다. 그리고 투자는 이해가 쉽고 간단한 구조의 상품이라야 한다. 구조가 복잡하고 이해가 어려우면 그만큼 위험도 커진다. 단지 눈에 보이는 것에, 다른 사람의 말에, 자꾸 마음을 뺏기지 말아야 한다. 투자도 자신의 상식과 원칙을 믿고 하면 된다. 과연 누가 나를 대신할 수 있는가? 오로지 본인의 판단과 선택 그리고 자신의 책임이다.

한편으로 투자자 교육의 중요성을 강조하고 싶다. 경제활동의 주체로서 합리적 소비와 건강한 투자에 도움을 주는, 다층적 투자자 교육 시스템이 마련되어야 한다. 금융경제 교육은 생존의 문제이고 공동의 부를 확대해 가는 일에도 필수적인 과제이다. 잘못된 투자습관이 가난한 가계경제로, 고단한 노후생활로 연결되는 악순환이 되어서는 안 된다. 소득과 소비와 투자에 대한 체계적인 금융경제 큰 흐름을 올바르게 교육해야 한다. 많은 투자자들이 자기과신의 착각 속에서 투자라 말하지만, 잘못된 투자를 하고 있다. 오히려 투자로 손해 보는 것을 한번은 겪게 되는 통과의례 정도로 치부해 버린다. 시작이 잘못이면 좋은 결과를 기대하기는 어렵다. 위험천만한 위험자산 투자는 처음부터 제대로 잘 알고 시작해야 한다.

노후설계 전문가로 오랜 시간 일해오면서 우리 사회의 당면한 문제들도 보게 된다. 당면한 문제들이 단순히 엄살이나 공포감 조성의 차원이 아니라, 눈앞의 심각한 현안들이다. 저출산, 고령화 심화는 예측불허의 기괴한 미래를 만들어 낼 것이다. 사회적 재앙이자 국가의 지속 가능성까지 염려되는 심각한 문제이다. 갈수록 청년세대는 줄고 장수노인들만 늘어나는 역불균형 사회가 도래하는 것이다. 당면한 저출산 문제 해결과 급증하는 중고령자들의 안정된 노후생활에 영향을 주는, 공적연금과 사적연금의 효율적 운영 방안에 대한 사회적 합의가 급선무이다.

장수사회의 백과사전이라 하는 일본을 반면교사로 초고령사회 도래를 사전적으로 대비해야 한다. 이미 고령사회의 검은 유령이 우리 앞을 서성거리고 있다. 준비 없는 이별만큼이나 준비 없이 맞이하는 무전장수의 고통은 더 할 수밖에 없다. 무전장수, 골골장수는 끝이 아니며 현재진행형으로 재앙이다. 노후연금 준비의 중요성은 아무리 강조해도 지나치지 않다. 일찍부터 시작하여 제도와 시스템적으로 연금부자의 꿈을 노후준비 목표로 삼아야 한다. 손 벌리지 않고 생이 끝나는 순간까지 주체적 인간으로 존엄을 지켜가기 위해서, 연금부자가 되어야 한다. 마냥 알아서 하겠다 할 게 아니라 실천하는 것이 중요하다. 눈앞에서 부모님이 겪고 있는 노후를 바라보자. 바로 20~30년 후 내 모습의 투영이다.

자신의 암울한 노후를 상상하는 사람은 아무도 없을 것이다. 통계청 자료에 의하면 우리나라 고령자 절반 이상이 74세까지 생계형 일자리를 떠나지 못하고 있다. 고단한 노년에 쉬고 싶어도 은퇴하지 못하는 신세이다. 새벽 전동차 문을 박차고 쏟아져 나오는 생업전선의 고령자들, 한 끼 식사를 위해 뙤약볕에 줄을 서야 하는 사람들, 살아 숨 쉬는 것이 원수라 생각하는 사람이 할 둘이겠는가? 공동묘지에 이유 없는 무덤 없듯 곤고한 노년을 보내는 사람들의 사정도 수만 가지이다. 나의 미래를 구체적으로 생각하며 사전에 준비하는 것만이 방법이다. 젊은이들이 생각하는 부모님의 생존 희망 나이가 63세라는 사실을 들은 적이 있다. 농담이겠거니 싶지만 아마 100% 거짓은 아닐 것이다. 누군가에게 짐이 되는 것을 좋아할 사람은 없다. 그러기에 본인의 미래는 자신이 책임지고 설계하여 준비해 가야 한다. 부모님 부양과 자식들의 양육이 현실적 문제이기는 하지만, 본인의 미래에 대한 앞가림을 소홀히 하다가는 큰 코다칠 수 있다. 당신의 노후를 자녀가 책임져 줄 수 있는가? 오히려 스스로 노후대비를 하지 못한 원망의 화실이 향하기 쉽다.

지금은 나의 때, 나의 인생을 살 차례이다. 답이 없는 길일지라도 묵묵히 헤쳐나가면 새로운 길이 아름다운 지도를 만들 수 있다. 우리의 삶은 Living longer가 아닌 Living better가 관건이다. 무엇보다 건강부터 챙겨야 한다. 특히 건강수명을 좌우하는 시기가 50대라 한다. 여기에 50~60대 남성의 1인 가구수 증가와, 고독사 증가 소식이 동시대인으로서 마음을 울린다. 답이 없는 길에서 마음이 흔들릴 때는 운동으로 다잡을 수 있다. 몸이 상하면 영혼도 따라 병이 든다. 이유를 만들어 내지 말고 자신에게 맞는 적절한 운동을 선택하여 지속적이고 꾸준하게 재미를 붙여서 6개월만 유지하자. 그다음부터는 몸이 먼저 움직일 것이다. 건강체력이 평생연금이다. 의료비 절감은 덤이다. 당신의 당당한 인생후반을 격렬하게 응원한다.

참고 문헌

1) 100세 시대, 다시 청춘(이성민 지음)
2) (50부터 따박따박 들어오는) 평생월급(송승용 지음)
3) 노후, 돈 걱정 없이 살고 싶다(백정선, 김의수 지음)
4) 고령사회 생존전략, 퇴직연금(박동석, 지영한, 조진형 지음)
5) 연금으로 평생월급 500만원 만들기(이현종 지음)
6) 100세시대 은퇴대사전(송양민, 우재룡 지음)
7) 반퇴의 정석(김동호 지음)
8) 2022, 시니어 트렌드(고려대학교 고령사회연구센터 지음)
9) 은퇴자금 관리의 성공법칙(김병기 지음)
10) 은퇴부자들(고준석 지음)
11) (입사하는 그날부터 당신의 은퇴 디데이는 다가온다) 은퇴달력(유지송 지음)
12) 쉿, 퇴직연금도 모르면서 - 은퇴설계를 하고 있다고 말하지 마라(김현기 지음)
13) 지혜롭게 나이 든다는 것(마사 누스바움, 솔 레브모어 지음)
14) 퇴직연금 100% 활용하기(유판영 지음)
15) 100세 시대, 행복한 노후를 위한 은퇴설계(이병권 지음)
16) 당신의 노후는 당신의 부모와 다르다(강창희 지음)
17) 마법의 연금 굴리기(김성일 지음)
18) 연금부자들(이영주 지음)
19) 돈의 속성(김승호 지음)
20) 노인을 위한 시장은 없다(조지프F, 코클린)
21) 중년건강백과(오한진 지음)
22) 자산관리 올-인-원(영진미디어. 이혜나, 김재관 외 3명)
23) 4050후기청년. 당신의 진짜 인생이 시작된다(송은주 지음)
24) 2020년 하류노인이 온다(후지타 다카노리 지음)
25) 남자가 은퇴할 때 후회하는 스물다섯가지(한혜경 지음)
26) 미래에셋투자와연금
27) NH투자증권100세시대연구소
28) 한국주택금융공사
29) 농어촌공사 농지은행
30) 산림청
31) 국민건강보험공단
32) 노란우산공제